中外文**稀有版本**文献

《路德维希·费尔巴哈和德国古典哲学的终结》

④

机械论的唯物论批判

【德】弗里德里希·恩格斯 ◎ 著
杨东莼 宁敦伍 ◎ 译

《路德维希·费尔巴哈和德国古典哲学的终结》的出版与传播

(代序)

马克思主义的产生和发展一直离不开翻译,它同形形色色的错误思潮进行斗争的过程同样离不开翻译。马克思主义奠基人(尤其是恩格斯)极为重视翻译工作,认为这是一项意义重大的革命工作,"马克思的理论正是在目前对社会主义运动产生着巨大的影响"①,然而,只有准确翻译出版马克思的著作,才能帮助剔除掉社会主义运动中错误思潮对工人的影响,比如恩格斯打算出版《资本论》的法译本,目的就是希望"使法国人摆脱蒲鲁东用对小资产阶级的理想化把他们引入的谬误观点"②。恩格斯同样重视马克思主义著作的翻译,"最近十年国际社会主义文献的巨大增长,特别是马克思和我以前的著作的译本的数量"的增长,认为这些"文献的增加……是国际工人运动本身相应发展的一个象征"。③ 因此,梳理《路德维希·费尔巴哈和德国古典哲学的终结》(简称《费尔巴哈论》)的翻译出版对于了解和掌握社会主义运动的发展和马克思主义的传播情况具有重要意义。

---

① 《马克思恩格斯文集》第 5 卷,北京:人民出版社 2009 年版,第 34 页。
② 《马克思致路德维希·毕希纳(1867 年 5 月 1 日)》,《马克思恩格斯全集》第 31 卷,北京:人民出版社 1972 年版,第 546 页。
③ 《资本论》第 3 卷,《马克思恩格斯文集》第 7 卷,北京:人民出版社 2009 年版,第 3 页。

一 《费尔巴哈论》的最初出版和译介

《路德维希·费尔巴哈和德国古典哲学的终结》及其序言是恩格斯晚年时期最重要的著作之一。恩格斯在1886年初接受《新时代》杂志社约稿，以德文写了一篇关于施达克《路德维希·费尔巴哈》的书评。这篇长篇的书评发表在1886年《新时代》杂志第4期和第5期。时隔两年之后，为了便于阅读和传播，恩格斯又于1888年在斯图加特出版单行本，并且给这个单行本写了序言。

这个小册子甫一出版就受到了同情和信仰马克思主义的人（尤其是那些理论家兼革命家）的关注。《费尔巴哈论》出版后不久，法国人就开始关注这个小册子。1894年，巴黎的杂志《新纪元》第4期和第5期上刊登了劳拉·拉法格翻译并经恩格斯审阅过的译文。恩格斯对这个小册子的整个翻译过程都给予了关注。在翻译过程中，恩格斯就给左尔格写信说："劳拉·拉法格正在把我的《费尔巴哈》译成法文，而且即将在巴黎出版。"① 此外，恩格斯还把这件事情告诉了考茨基，并对这个译本给予了高度评价："劳拉·拉法格正在把我的《费尔巴哈》译成法文供《新纪元》发表和以后出单行本，狄茨知道这件事定很高兴。前一半我已看过。她的译文忠实而流畅。"②

除了上述译本，《费尔巴哈论》陆续出版了不同语言的译本，它们分别是：（1）1890年，这个小册子的波兰文版翻译出版；（2）1892年，这本书出版了保加利亚文译本；（3）同一年，葡萄牙译本问世。③

---

① 恩格斯：《致弗里德里希·阿道夫·左尔格（1893年12月30日）》，《马克思恩格斯全集》第39卷，北京：人民出版社1974年版，第184页。值得注意的是，我们一般将《路德维希·费尔巴哈和德国古典哲学的终结》简称为《费尔巴哈论》，而恩格斯似乎将之简称为《费尔巴哈》。实际上，我们在后文中还会看到，不同的人对这部著作的简称不尽相同，因此我们在阅读与之相关的文献时要注意这一点。

② 恩格斯：《致卡尔·考茨基（1894年1月9日）》，《马克思恩格斯全集》第39卷，北京：人民出版社1974年版，第190页。

③ 参见《马克思恩格斯文集》第4卷，北京：人民出版社2009年版，第603页，注释168。

然而尽管恩格斯在写《费尔巴哈论》时居住在伦敦,但这本非常重要的小册子的英译本出现得比较晚。根据资料显示,《费尔巴哈论》最早是在 1917 年翻译成英文的,题目是《费尔巴哈:社会主义哲学的根源》。完整的英译本最早出现在 1941 年,译者是刘易斯,他还写了评论性导言。截至目前,这个小册子共有四个完整的英文译本,它们分别是 1936 年杜德编辑出版的收录了马克思和恩格斯关于辩证唯物主义的其他材料的伦敦和纽约版、1941 年的纽约版、1946 年拉斯克编的莫斯科和伦敦版,以及 1950 年的莫斯科版(这个版本包括马克思的《关于费尔巴哈的提纲》)。[①]

尽管处在遥远的东方,日本在马克思主义著作的译介方面并不逊于某些西方国家。《费尔巴哈论》的最早日文本于 1927 年就已经出现,这在某种程度上不但推动了日本马克思主义的发展,而且还有助于中国马克思主义思想的引介和传播。[②]

二 《费尔巴哈论》在俄国的传播

作为世界上第一个社会主义国家,单独研究《费尔巴哈论》在俄国的译介出版具有特别的意义。根据已有的文献资料,我们能够判断这

---

① Feuerbach, *The Roots of the Socialist Philosophy*, Translated with a critical introduction by Austin Lewis, Chicago: Charles H.Kerr & Co., 1916. 几个完整的译本分别是:(1) *Ludwig Feuerbach and the Outcome of Classical German Philosophy*, With an appendix of other material of Marx and Engels relating to dialectical materialism, Edited by C.P.Dutt, London: Lawrence & Wishart, 1936; New York: International Publishers Co., 1970. (2) *Ludwig Feuerbach and the Outcome of Classical German Philosophy*, New York: International Publishers, 1941. (3) *Ludwig Feuerbach and the Outcome of Classical German Philosophy*, Edited by I.B.Lasker; Moscow: Foreign Languages Publishing House, 1946; London: Lawrence & Wishart, 1947. (4) *Ludwig Feuerbach and the End of Classical German Philosophy*, Moscow: Foreign Languages Publishing House, 1950; Moscow: Progress Publishers, 1969. 这些版本的信息参见尤班克斯编:《马克思恩格斯著作目录和马克思主义参考书目》,北京:书目文献出版社 1987 年版,第 44—45 页。

② 关于日文本最早出现年份的判断,本文转引自韩立新:《"日本马克思主义":一个新的学术范畴》,见〔日〕望月清司:《马克思历史理论的研究》,韩立新译,北京:北京师范大学出版社 2009 年版,"总序"第 3 页。关于日本马克思主义对中国马克思主义的影响参见下文第四章第三节的相关内容和注释。

个本子最早受到关注并试图传入的国家之一就是俄罗斯。1889年，《费尔巴哈论》的俄译文就在圣彼得堡的《北方通报》杂志（第3期和第4期）上发表了，不过题目改成了"德国古典唯心主义哲学的危机"，遗憾的是，在发表的过程中，杂志没有标明作者，仅仅是在文章下面注上了译者格·弗·李沃维奇的署名"格·李·"。关于这个版本与马克思主义之间的关系我们无从考证，但之后几乎所有的译本都与马克思主义组织和马克思主义的传播有关。

（一）劳动解放社与《费尔巴哈论》翻译出版

我们知道，普列汉诺夫的译本是比较早的，而且也是比较权威的译本。1892年《劳动解放社》在日内瓦用单行本出版了由格·瓦·普列汉诺夫翻译的全译文。与众不同的是，普列汉诺夫在把弗·恩格斯德文版的《路德维希·费尔巴哈和德国古典哲学的终结》译成俄文后，在出版时附加上了序言和注释，这个序言就是《译者的话》，注释则包括两部分，即："普列汉诺夫为恩格斯《费尔巴哈与德国古典哲学的终结》一书俄译本第一版所写的注释"和"原校订本第一版的注释"。①他所附加的序言和注释对于我们准确把握马克思主义有着非常重要的作用。但普列汉诺夫的《费尔巴哈论》俄译本之所以能够产生巨大影响，是因为俄国的马克思主义者是在有组织地翻译马克思和恩格斯的著作，而这个组织就是劳动解放社。

劳动解放社，俄国的第一个马克思主义组织，于1883年9月25日在日内瓦成立，于1903年解散。这个组织成立伊始就发表了普列汉诺夫起草的被视为劳动解放社成立宣言的文章《关于出版〈现代社会主义丛书〉问题》，其中明确指出俄国"革命的知识分子首先要确立现代社会主义世界观"，但当时的社会主义出版物"很难满足"这一要求，

---

① 《普列汉诺夫为恩格斯〈费尔巴哈与德国古典哲学的终结〉一书俄译本第一版所写的序言（〈译者的话〉）和注释》，载《普列汉诺夫哲学著作选集》第1卷，北京：生活·读书·新知三联书店1961年版，第502—563页。

因此它开始着手出版《现代社会主义丛书》①，开始"系统地传播马克思和恩格斯的著作"。②

普列汉诺夫认为，《现代社会主义丛书》是一种新的尝试，并提出了自己的主要任务："（1）通过把马克思和恩格斯学派最重要的著作（注意到不同修养程度的读者需要一些原著）译成俄文的方式，传播科学社会主义思想。（2）从科学社会主义观点和俄国劳动人民的利益出发，批判在我们革命者中间占统治地位的学说，并深入研究俄国社会生活中的最重要的问题。"③ 劳动解放社在组织翻译马克思和恩格斯著作的过程中得到了恩格斯的大力支持和高度评价。恩格斯不但推荐可以优先翻译的著作，替译者解答问题，而且答应对某些著作的翻译给予一切帮助。恩格斯对劳动解放社以及它翻译的自己和马克思的著作最初的俄译本给予了很高评价，认为劳动解放社是"他能够把自己和马克思的著作委托出版的唯一的侨外俄国革命团体"④。

在《现代社会主义丛书》中，劳动解放社选译的重要著作包括《费尔巴哈论》。⑤ 列·阿·列文认为，《现代社会主义丛书》中选译著作的质量比较高，而且这些译本对俄国的社会主义革命运动具有重要意义。此外，这套丛书还有一个优点——"附有译者的序言和注释"，但他又认为，"在很多序言和注释中存在严重的错误"。他专门指出，普

---

① 〔俄〕普列汉诺夫：《关于劳动解放社的三篇史料·关于出版〈现代社会主义丛书〉问题》，载《世界历史》1983年第5期，第91页。

② 周邦：《"劳动解放社"的历史地位和作用》，载《国际共运史研究资料》1983年第2期，第30页。

③ 《格·瓦·普列汉诺夫遗著》第8卷第1册，1940年莫斯科版，第29页。另参见《关于出版〈现代社会主义丛书〉问题》以及列文的《马克思恩格斯著作的发表和出版》，周维译，北京：生活·读书·新知三联书店1976年版，第135页。

④ 《格·瓦·普列汉诺夫遗著》第8卷第1册，1940年莫斯科版，第29页。另参见《关于出版〈现代社会主义丛书〉问题》以及列文的《马克思恩格斯著作的发表和出版》，周维译，北京：生活·读书·新知三联书店1976年版，第136页。

⑤ 另外还有4本书，即恩格斯的《社会主义从空想到科学的发展》（1884年、1892年、1902年）、马克思的《关于自由贸易的演说》（1885年）、马克思的《哲学的贫困》（1886年）和恩格斯的《论俄国的社会问题》（1894年）。马克思和恩格斯的这5本著作分别是由普列汉诺夫和查苏利奇翻译完成的，前者翻译的是《关于自由贸易的演说》和《费尔巴哈论》，其余由查苏利奇译完成。

列汉诺夫给《费尔巴哈论》写的序言就有观点和立场上的错误，比如他认为普列汉诺夫提到的"象形文字论"就具有"康德主义的符号论"色彩，它是对"马克思主义的认识论"的修正。①

应该说，正是由于劳动解放社，马克思和恩格斯的著作才通过普列汉诺夫等人得到了通俗解释，推动了俄国马克思主义的产生和发展。列宁对此评价道："俄国的马克思主义是在十九世纪八十年代初期的一个侨民团体（劳动解放社）的著作中产生的。"②这个团体则成了俄国"科学社会主义的奠基者、代表者和最忠实的捍卫者"③，它的理论活动为俄国的社会民主主义运动的发展和工人阶级政党的建立扫清了道路，因而在列宁看来它"在理论上为社会民主主义奠定了基础"，"走了迎接工人运动的第一步"。④

（二）第一次俄国革命时期《费尔巴哈论》的译介和传播

在劳动解放社解散之后，俄国紧接着进入了第一次革命时期（1905—1907年）。列文认为，这一时期是"在俄国出版和传播马克思和恩格斯著作方面的新的标志"，由于革命形势的发展，政府逐渐放开管制，开始允许在俄国刊印马克思主义的著作。⑤ 在这一时期，马克思主义著作的翻译出版出现了一些新特征，除了像布尔什维克这样的马克思主义者出版马克思和恩格斯的著作，孟什维克也开始关注这一领域。一般来说，在此期间，马克思恩格斯的著作出版在俄国经历了三个阶段："（1）国外阶段，（2）受到审查阶段，（3）不受审查阶段。"⑥

---

① 参见〔苏〕列文：《马克思恩格斯著作的发表和出版》，周维译，北京：生活·读书·新知三联书店1976年版，第133—134页。
② 《列宁全集》第15卷，北京：人民出版社1959年版，第367页。
③ 周邦：《"劳动解放社"的历史地位和作用》，载《国际共运史研究资料》1983年第2期，第36页。
④ 《列宁全集》第20卷，北京：人民出版社1958年版，第275页。
⑤ 〔苏〕列文：《马克思恩格斯著作的发表和出版》，周维译，北京：生活·读书·新知三联书店1976年版，第135、154页。
⑥ 〔苏〕列文：《马克思恩格斯著作的发表和出版》，周维译，北京：生活·读书·新知三联书店1976年版，第160页。

在第一个阶段（即国外阶段）的 1905 年 7 月，孟什维克编辑出版了一套《科学社会主义丛书》，其中包括恩格斯的《费尔巴哈论》。根据列文的看法，这一版本仍是普列汉诺夫翻译，并新加了长篇序言，扩充了注释，因此是一个相对完整的版本。但是由于普列汉诺夫与孟什维克主义发展的密切关联，所以他的序言和注释中包含着严重的错误，比如，他"把马克思和恩格斯的唯物主义解释成为独特的斯宾诺莎主义"，并对革命中无产阶级的领导权和领袖（即列宁）进行了攻击。然而，随着革命的失败，马克思和恩格斯的个别著作开始被取缔，其中包括恩格斯的《费尔巴哈论》。因而，被保留下来的主要是 1905 年以前的版本。①

（三）苏维埃建立后《费尔巴哈论》的翻译出版

随着十月革命的胜利和苏维埃制度的建立，在苏联党和国家领导人的关心下②，马克思和恩格斯著作的研究、译介和出版传播进入了一个新阶段，苏联不但建立了世界上第一个马克思恩格斯列宁学院，而且对其著作的出版更具规模。当时，国家给马克思恩格斯列宁学院及其杰出的领导人、著名马克思主义文献学家梁赞诺夫规定的任务是"收集、保存、研究和科学地发表马克思、恩格斯……的遗著"③。

为此，马恩学院建立了一个科学图书馆，并于 1923—1926 年间开始拍摄保存在德国社会民主党档案中保存的马克思恩格斯手稿和书信的原件。在广泛收集资料的基础上，马恩（列）研究院在 1928 年开始出版《马克思恩格斯全集》（俄文版第一版）以及《马克思恩格斯文库》

---

① 〔苏〕列文：《马克思恩格斯著作的发表和出版》，周维译，北京：生活・读书・新知三联书店 1976 年版，第 167、161 页。

② 比如，列宁早在 1921 年就询问梁赞诺夫关于马克思恩格斯的书信和著作的收集情况："你们图书馆里有没有从**各种报纸**和某些杂志上**搜集来的**马克思和恩格斯的**全部书信？**……有没有**全部书信的目录？**" 2 月 2 日，列宁再次给梁赞诺夫写信："……（5）我们有没有希望在莫斯科收集到马克思和恩格斯发表过的**全部材料？**（6）**在这里已经收集到的材料有没有目录？**（7）马克思和恩格斯的书信（或复印件）由我们来收集，此议是否可行？"参见《列宁全集》第 50 卷，北京：人民出版社 1988 年版，第 107 页。

③ 〔苏〕列文：《马克思恩格斯著作的发表和出版》，周维译，北京：生活・读书・新知三联书店 1976 年版，第 172 页。

（并不是 MEGA¹），后者主要收录的是马克思恩格斯之前没有发表过的原始文献。① 在苏联，马克思恩格斯著作的出版随着社会形势的变化不断变化，但苏维埃俄国始终重视马克思恩格斯等著作的出版。1933年，苏联又出版了两卷本的《马克思恩格斯文选》，其主要收录的是"主要的（篇幅不大的）著作"，《费尔巴哈论》被收录于第一卷。

1948年，国家政治书籍出版社出版了《费尔巴哈论》，其中收录了马克思的《关于费尔巴哈的提纲》。列文认为，这是一个最准确的版本，因为普列汉诺夫之前的译本已经根据德文原文进行了校订和修改。②

《费尔巴哈论》在《马克思恩格斯全集》俄文版的第一版和第二版中均被收录。在俄文版第一版中，它被收录于第14卷第633—678页，在第二版中被收录于第21卷第267—317、370—371页。

三 《费尔巴哈论》在国内的译介和传播

在19世纪末20世纪初，中国面临亡国灭种的大危机，如何走出这种危机，实现民族复兴，几乎成了近现代志士仁人的共同目标。经过数十年的探索，他们认识到只有开启民智、启蒙民众，才能实现救国之目标。毫无疑问，翻译介绍西方思潮是实现启蒙和救亡双重目的的重要途径。梁启超先生在《论译书》中写道："苟其处今日之天下，则必以译书为强国第一义，昭昭然也！"③ 实际上，在中国翻译史上占据重要地位、对中国翻译确定了标准的严复早就认识到了这一点，他指出："然终谓民智不开，则守旧维新两无一可。即使朝廷今日不行一事，抑所为皆非，但令在野之人后生英俊洞识中西实情者日多一日则炎黄种类未必

---

① 〔苏〕列文：《马克思恩格斯著作的发表和出版》，周维译，北京：生活·读书·新知三联书店1976年版，第174—175页。
② 〔苏〕列文：《马克思恩格斯著作的发表和出版》，周维译，北京：生活·读书·新知三联书店1976年版，第201页。
③ 梁启超：《论译书》，见《翻译研究论文集（1894—1948年）》，北京：外语教学与研究出版社1999年版，第10页。

遂至沦胥；即不幸暂被羁縻，亦将有复苏之一日也。所以屏弃万缘，惟以译书自课。"① 在整个西学东渐的思想大潮和救亡图存的过程中，由于马克思主义的科学性以及在实践上取得的胜利，马克思主义经典著作的翻译同样受到了重视。而在马克思主义所有的经典著作中，恩格斯的《费尔巴哈论》成了最受关注且译本最多的著作之一。

（一）新中国成立前《费尔巴哈论》的中文版本

尽管在新中国成立前还没有国家作为后盾来支持马克思和恩格斯著作的翻译，但他们的著作仍然有不少人感兴趣，而且在某种程度上还不自觉地形成了一种"百花齐放"的局面。恩格斯的《费尔巴哈论》就有多个译本。兹根据出版时间列举如下：

最早的应该是彭嘉生先生的译本，上海南强书局于1929年初出版，书名为《费尔巴哈论》。② 这是一个非常完整的译本，附有恩格斯序言，而且译者在翻译过程中给四章分别加上了小标题："从黑格尔到费尔巴哈""观念论与唯物论""费尔巴哈的宗教哲学及伦理学"和"辩证法的唯物论"。此外，这个译本还有两点值得注意。一是它在附录中增加了五篇文献：（1）马克思的《费尔巴哈论纲》③，（2）恩格斯的《费尔巴哈论》补遗④，（3）恩格斯的《史的唯物论》⑤，（4）马克思的《法兰西唯物史论》⑥，（5）恩格斯的《马克思的唯物论及辩证法》⑦。二是它在正文前附上了董克尔撰写的《编者序言》（写于1927年2月），在

---

① 严复：《严复集》第三册，北京：中华书局1986年版，第525页。
② 有的研究文献认为，《费尔巴哈论》最早的中译本是林超真的译本（该译本的详细情况见下文），但根据笔者的考察，这里似乎存在一些误解。真正的译本应该是彭嘉生的译本。
③ 即马克思版本的《关于费尔巴哈的提纲》。——编者注
④ 编者未能考察出这部分的准确出处。
⑤ 根据译者的注释，这部分取自《社会主义从空想到科学的发展》（译者名之为《从空想到科学的社会主义底发展》）英译本1892年的序言。参见恩格斯：《费尔巴哈论》，彭嘉生译，上海：上海南强书局1929年版，第146页。
⑥ 即《神圣家族》中的"对法国唯物主义的批判的战斗"部分。
⑦ 根据译者的注释，这部分是从马克思的《经济学批判》的评论（1895年）中抄录出来的，但译者又指出恩格斯将这一评论发表于1859年《大众》（Das Volk）上。显然，这个解释存在着矛盾，因此，我们也未能完全判断出这一部分的准确出处，以后有待继续考证之。

书后附有译者后记（写于1929年12月）。这个译本是根据法国人赫尔曼·董克尔（Hermann Duncker）编辑的德文本翻译的，同时参照了英译本和日译本。① 这个译本分别在1932年和1935年进行了再版。中共中央马克思恩格斯列宁斯大林著作编译局（以下简称为"中央编译局"）图书馆收藏了该译本。②

同年12月出版了林超真的译本，其书名接近原书，为《费儿巴赫与德国古典哲学的末日》，而且附有恩格斯的序言、普列汉诺夫的序言（俄文本第二版序）以及《关于费尔巴哈的提纲》。③ 这个译本载于《宗教·哲学·社会主义》。这个译本是根据拉法格等人翻译的法译本翻译过来的④，而且译者在翻译时没有参考恩格斯的德文原文，只有部分内容与俄文进行了对照。

第三个译本是向省吾翻译，书名为《费尔巴哈与古典哲学的终末》。这个译本是全译文，但没有收录序言，该译本由上海江南书局于1930年4月出版。这个版本在目录中标上了五篇附录性文献，但在正文中却没有刊印出来。这个译本与彭嘉生的译本一样，附上了两个序言，即译者序（写于1929年9月）和编者序（亦即赫尔曼·唐克尔⑤所写序言）。这个译本依据的蓝本是德文《马克思主义文库》第3卷，同时参照了日译本。

---

① 为了让读者更加全面地了解早期译者的序言，我们在本书的附录"研究文献精选"中把董克尔的编者序言收录其中。客观讲，尽管这个编者序言与目前的研究比起来比较简略，但它也表明了早期人们对《费尔巴哈论》的关注（角度）。

② 参见《费尔巴哈论》，上海：上海南强书局1929年版。同时参见北京图书馆马列著作研究室编：《马克思恩格斯著作中译文综录》，北京：书目文献出版社1983年版。

③ 名为《马克思：费儿巴赫论纲要》，参见恩格斯：《宗教·哲学·社会主义》，林超真译，上海：亚东图书馆1929年版，第229—372页。

④ Fr. Engels, *Religion, Philosophie, Socialisme*, Traduit Par Paul et Laura Lafargue, Paris, Librairie G. Jacques et Oie, 1901.

⑤ 原文如此，即为董克尔，不同版本译法不同，保留原文译法。——编者注

第四个译本是杨东莼①、宁敦伍翻译出版的《机械论的唯物批判论》，它是由上海昆仑书店于1932年5月出版，其中收录了除了马克思恩格斯之外的马克思主义者普列汉诺夫所写的注释。这本书在书后所附的附录最为全备，包括8篇文章：（1）马克思的《费尔巴哈论纲》，（2）恩格斯的《费尔巴哈论》补遗，（3）恩格斯的《史的唯物论》，（4）马克思的《法兰西唯物史论》，（5）恩格斯的《马克思的唯物论及辩证法》，（6）马克思的《费尔巴哈论纲原稿译文》，（7）马克思的《观念论的见解与唯物论的见解之对立》②，（8）《蒲列汉诺夫对费尔巴哈的序文和评注》。③ 书前有《发行者序言》，署名：赫尔曼·唐克尔。

第五个译本是青骊所译，由上海社会主义研究社于1932年11月出版，书名为《费尔巴哈论》。这个译本的最大特点是英汉对照，其中第31—97页为中译文，分四节，每节有标题，文前有序言。这本书的附录也收了马克思的《费尔巴哈论纲》，书前还有中译者序言（写于1932年11月20日）、英译者导言以及《社会主义名著译丛总序》。本书是根据黎威奥斯丁的英文本转译的。

第六个译本是摘译本，译者柳若水以黑格尔哲学批判为主题选取了费尔巴哈、马克思和恩格斯等人的十篇关于黑格尔哲学的著作，撷取其中的重要段落，翻译之后集结成册，书名为《黑格尔哲学批判》。这本书收录的是恩格斯的《费尔巴哈论》的第1节，并将之命名为《从黑

---

① 杨东莼所翻译的最为人所熟知的著作是摩尔根的《古代社会》。摩尔根的书受到了马克思和恩格斯的高度关注，并被二人在不同的文献中大量引用。尽管人们没有研究《费尔巴哈论》与摩尔根的《古代社会》之间的关系，但众所周知，马克思和恩格斯对《古代社会》所做的研究成果都是在《费尔巴哈论》之前出版的，这两本书之间的关系，尽管在文本上没有直接相关性，但在思想上应该是一致的。

② 这部分内容出自《德意志意识形态》（原文译为《德意志观念形态论》）中的"费尔巴哈"章的"一般意识形态，特别是德国哲学"部分。

③ 普列汉诺夫所写的《费尔巴哈论》俄译本第一版序言和第二版序言都收录其中，但与第一版序言密切相关的注释没有收录。除此之外，这部书收录的附录内容与彭嘉生译本大体上相同，但内容更丰富。

格尔到费尔巴哈》(von Hegel bis Feuerbach)①。

第七个译本是韬奋摘译的《费尔巴哈论》第四章的一个脚注,篇名为《恩格斯的自白》,载《读书偶译》。②

第八个译本,同时也是对新中国成立后翻译的《费尔巴哈论》影响最大的译本,是由张仲实先生翻译、生活书店于1937年12月出版的。这本书甫一出版就受到欢迎和关注,因此时隔不久(1938年2月)就在汉口再版。这个译本是全译文,而且附上了序言,还附录马克思《关于费尔巴哈的提纲》,书前有译者序言(写于1937年8月1日),以及《伟大的哲学家》和《费尔巴哈与新兴哲学》两篇介绍文章。这个版本是竖排平装本,书名定为《费尔巴哈论》,书的扉页上印有"世界名著译丛之二"字样。接下来,在1938年4月,上海书店仍以《费尔巴哈论》为名进行了再版。这个版本目前由上海图书馆收藏。

接近新中国成立时,即1949年9月,北京解放社重印,但注明的却是初版。这一版仍为竖排平装本,但书名已经改成了《费尔巴哈与德国古典哲学的终结》(仍是全译文),而且这个版本附上了序言和马克思的《费尔巴哈论纲》,书前有译者序言(写于1949年6月8日),文中有著者注、俄文版编者注和译者注。本版根据《马克思恩格斯文选》(两卷本)1948年俄文版重新校正。

在新中国成立后,这个版本不断出版,根据资料显示,在新中国成立之后至少出现过多个版本,都是以新中国成立前的译本为基础进行的再版。现对这些版本列举如下:

(1)在新中国成立之初,《费尔巴哈论》就在1949年11月出版了解放社上海版的竖排平装本。这个版本是根据1949年9月校正版重印的,本版现收藏于浙江省图书馆。(2)解放社于1949年11月出

---

① 参见《黑格尔哲学批判》,上海:辛垦书店1935年版,第172—189页。其中收录了费尔巴哈的《黑格尔哲学批判》,马克思的《黑格尔法律哲学批判导言》(即《黑格尔法哲学批判导言》)、《黑格尔辩证法及哲学一般之批判》(即《1844年经济学哲学手稿》中的《对黑格尔的辩证法和整个哲学的批判》)和《黑格尔现象学批判草案》,恩格斯的《关于黑格尔》和《从黑格尔到费尔巴哈》。

② 参见韬奋编译:《读书偶译》,上海:韬奋出版社1937年版,第119页。

版了大连版的竖排平装本,这个版本也是根据1949年9月校正版重印的,目前该版由中央编译局图书馆收藏。(3)根据资料显示,北京人民出版社于1949年9月出版了《费尔巴哈与德国古典哲学的终结》(第一版),书后附有《译者后记》(写于1953年3月3日),书名根据《马克思恩格斯文选》(两卷本)俄文版校订,并经陈昌浩校阅。1954年8月,北京人民出版社出版了第二版。1957年10月,北京人民出版社第三版,尽管书名是《费尔巴哈与德国古典哲学的终结》,但书后附加上了65条注释和人名索引以及《普列汉诺夫为恩格斯〈费尔巴哈与德国古典哲学的终结〉一书俄译本所写的序言和注释》和《对普列汉诺夫译文的注释》,译者于1956年9月24日为第三版写了《中译本第三版校订后记》。(4)1964年6月,人民出版社出版大字本的《费尔巴哈论》,共分为2册,为横排函装本,并于1965年1月改版,书名为《费尔巴哈与德国古典哲学的终结》,书后附注释(87条)和人名索引,以及《普列汉诺夫为恩格斯〈费尔巴哈与德国古典哲学的终结〉一书俄译本所写的序言和注释》,本书马恩著作部分是张仲实译,经中共中央编译局根据《马克思恩格斯全集》俄文第二版第21卷和第3卷做了一些校订,并采用了有关本书的注释,书后普列汉诺夫为本书俄译本缩写的序言和注释部分是由中共中央编译局根据《普列汉诺夫哲学著作选集》第1卷和《普列汉诺夫全集》第18卷俄文版译出的。

第九个译本是由曹真翻译、上海文源出版社于1949年10月出版的竖排平装本《费儿巴赫》,书后附上了马克思的《费儿巴赫论纲要》(即《关于费尔巴哈的提纲》),但是这个版本没有刊印恩格斯后来写的序言。

新中国成立前最后一个译本是著名文学家周建人摘译的版本,摘译的内容仅有第2章前半部分和第4章前半部分,篇名为《鲁德维息·费尔巴哈》,著者译为"恩格尔斯"。这个版本载于英·E.朋司编辑的《新哲学手册》(第6—19页)。

(二) 新中国成立以后《费尔巴哈论》的翻译出版

新中国成立后，为了更全面系统地传播马克思主义，巩固马克思主义指导思想的地位，中共中央于1953年成立了中央编译局，开始组织对马克思恩格斯等马克思主义经典作家著作的翻译、出版等工作。除了张仲实的译本在新中国成立后仍然在不断再版之外，还有一些版本值得注意。其中之一是集体翻译、唯真校订的《费尔巴哈与德国古典哲学的终结》，这个版本载于《马克思恩格斯文选》第2卷（1965年），并且附加上了序言。其二就是目前我们看到的《马克思恩格斯全集》中文版第一版。《马克思恩格斯全集》是在《马克思恩格斯全集》俄文版第二版的基础上翻译过来的，时间持续了将近30年（最早于1956年出版的《马克思恩格斯全集》第3卷至1985年出版的多个卷次）。①《费尔巴哈论》收录于1965年9月出版的《马克思恩格斯全集》第21卷，其中全面收录了《费尔巴哈和德国古典哲学的终结》的全文及其《序言》。这个版本是在张仲实的译本的基础上根据《马克思恩格斯全集》德文版第21卷校订的，校订时还参考了俄、英等译文和其他有关的中译文。

1972年4月，北京人民出版社出版了一个横排平装本，其中包括正文、序言以及马克思的《关于费尔巴哈的提纲》，后面还附上了33条注释以及几篇附录，其中包括：(1)《普列汉诺夫为恩格斯〈费尔巴哈与德国古典哲学的终结〉一书俄译本所写的序言和注释》，(2)《〈普列汉诺夫哲学著作选集〉俄文版编者为普列汉诺夫的序言和注释所加的注释》。最后是在1972年出版《马克思恩格斯选集》时，编选者把《费尔巴哈论》（包括序言在内）又收录其中。

新中国成立后除了上述中译本之外，民族出版社根据中共中央编译

---

① 相关资料参见中央编译局网站,http://www.cctb.net/wxzl/jd/maen/。

局的中译本翻译、出版了多个民族语言的版本，其中包括蒙文版（1975年3月）、藏文版（1980年4月）、维吾尔文版（1975年10月）、朝鲜文版（1974年10月）、哈萨克文版（1980年2月）等民族文字译本。内蒙古人民出版社于1957年4月出版蒙古人民共和国达什多尔吉译的蒙文译本。

尽管《费尔巴哈论》已经有多个版本，但新中国的编译和研究人员并没有停止对它进行完善。在这里有两个小例子可以证明国内马克思主义研究翻译人员在完善《费尔巴哈论》中译本上所做的努力。

第一个例子是关于"哲学的基本问题"及其相关内容之翻译的不断完善。众所周知，像《费尔巴哈论》这样的经典著作往往会有多个译本，通过对比能够发现，后来的译本整体上明显优于之前的译本。就拿"哲学的基本问题"的翻译来说，较早的林超真的译本是这样翻译的："一切哲学尤其是近代哲学之根本大问题，就是关于思想和真实的关系问题，换一句话说，也就是精神和物质的关系问题。……那些认为物质——自然界——本来存在的哲学家就属于唯物论的各派。"① 张仲实的译本对这一内容的翻译如下："一切哲学，特别是近代哲学的最重大的根本问题，便是思维对存在的关系问题。……凡承认自然界为基本东西的，则属于各种不同的唯物论。"② 目前我们最常见的译本是这样翻译的："全部哲学，特别是近代哲学的重大的基本问题，是思维和存在的关系问题。……凡是认为自然界是本原的，则属于唯物主义的各种派别。"③ 正如人们所指出的那样，其中变化最为突出的是"本原"的翻译——它"从最初的'精神先存在'，到后来的'精神'先于自然界

---

① 林超真编译：《宗教·哲学·社会主义》，上海：亚东图书馆1929年版，第299—301页。
② 《费尔巴哈和德国古典哲学的终结》，张仲实译，上海：解放社1949年版，第34—36页。
③ 《马克思恩格斯文集》第4卷，北京：人民出版社2009年版，第277—278页。

而存在,再到'精神对自然界来说是本原的',这里显然……是概念意思上的改变。"① 这种术语的遴选和修改证明,《费尔巴哈论》的翻译已经达到了相当高度水准。

第二个例子是一篇整体讨论《费尔巴哈论》译本改动的文章——《〈费尔巴哈论〉译文的修改情况》②。中央编译局的编译人员所撰写《〈费尔巴哈论〉译文的修改情况》针对的是《马克思恩格斯选集》第4卷译文存在的两个主要问题:其一是对之前不确切的译文进行修订,其二是对原译文中遗留的俄文的表达方式进行了修订。③ 应该说,编译人员对以前译文中的一些不准确甚至错误的地方进行了校正,有些校正仅仅是字面上的修改,有一些则是根本性的改变。比如第一种情况,有这样一句话,"Ebensowenig wie die Erkenntnis kann die Geschichte einen vollendenden Abschluss finden in einem vollkommen Idealzustand der Menschheit"。这句话最初被译为:"历史同认识一样,永远不会**把人类的某种完美的理想状态看作尽善尽美的**",但这句话的真正内涵是:"历史不会达到完美的理想状态而终结",据此,他们把原译文改为"历史同认识一样,永远不会**在人类的一种完美的理想状态中结束**"。④

对于第二种情况,俄文译文在翻译过程中可能就存在着问题。比如:"Die Menschen machen ihre Geschichte, wie diese auch immer ausfalle,

---

① 徐素华:《马克思恩格斯著作在中国的传播:MEGA² 视野下的文本、文献、语义学研究》,北京:中国社会科学出版社2013年版,第119—120页。在这部分,尽管我在查看到徐素华引用的几个译本之前已经注意到了这些区别,但本文在这里仍直接采用了徐素华的研究成果。

② 这篇文章作为附录收录于吴振海主编:《〈费尔巴哈论〉教程》,天津:天津人民出版社1987年版,第214—252页。此文最初发表于《马列著作编译资料》第2辑,北京:人民出版社1979年版。本书在这一部分基本上摘录的是这篇文章的内容。

③ 众所周知,《费尔巴哈论》的最初中译本是从俄文转译过来的。如果说我们像伽达默尔所说的那样认为文本具有不可译性,那么转译就会出现更多的问题。或许这就是人们强调要回到(原始)文本,并强调要以 MEGA² 来翻译《费尔巴哈论》的最根本原因。

④ 吴振海主编:《〈费尔巴哈论〉教程》,第246页;另参见《马克思恩格斯文集》第4卷,北京:人民出版社2009年版,第270页。

indem jeder seine eignen, bewusst gewollten Zwecke verfolgt, und die Resultante dieser vielen in verschiedenen Richtungen agierenden Willen und ihrer mannigfachen Einwirkung auf die Aussenwelt ist eben die Geschichte."这段话最初译为:"人们通过每一个人追求他自己的、自觉预期的目的而创造自己的历史,却不管这种历史的结局如何,而这许多按不同方向活动的愿望及其对外部世界的各种各样影响所产生的**结果**,就是历史。"后来编译组人员将之改译为:"无论历史的结局如何,人们总是通过每一个人追求他自己的、自觉预期的目的来创造他们的历史,而这许多按不同方向活动的愿望及其对外部世界的各种各样作用的**合力**,就是历史。"① 对于这句话,我们来看一看关键词"Einwirkung",如果将之译为"影响",从字面上看似乎也没有什么错误,但是如果将之译为"合力",那么这会解决人们对唯物史观的攻击,并处理好个人意志与历史规律之间的辩证关系。应该说,这是一个较好的处理方式。但是,这篇文章中的一些改译也有一些不尽如人意之处。比如:"Wie in Frankreich im achtzehenten, so leitete auch in Deutschland im neunzehnten Jahrhundert die philosophische Revolution den politischen Zusammenbruch ein."原文曾译为:"正像在十八世纪的法国一样,在十九世纪的德国,哲学革命也作了政治变革的前导",编译组成员将之改为:"正像在十八世纪的法国一样,在十九世纪的德国,哲学革命也作了政治崩溃的前导。"② 但是我们如果再考察一下最新的中译本就会发现,译文仍然保留了"政治变革"的译法。实际上,如果我们根据恩格斯文章的现实语境不难看出,"变革"仍然是一个更加恰当的译法。

---

① 参见吴振海主编:《〈费尔巴哈论〉教程》,第251—252页;《马克思恩格斯文集》第4卷,北京:人民出版社2009年版,第302页。
② 吴振海主编:《〈费尔巴哈论〉教程》,第251页;《马克思恩格斯文集》第4卷,第267页。现在的译文是:"正像在18世纪的法国一样,在19世纪的德国,哲学革命也作了政治变革的前导。"

（三）"Ausgang"的翻译问题：一个个案

《费尔巴哈论》的德文全称是：*Ludwig Feuerbach und der Ausgang der klassischen deutschen Philosophie*。尽管我们在上文已经提到了翻译人员对《费尔巴哈论》中很多核心思想和术语的翻译进行了反复斟酌，无疑，这对我们准确把握恩格斯的思想非常关键，但还有一个关键术语的翻译及其理解需要给予重点关注，那就是究竟如何翻译和理解恩格斯这篇论著之题目中的术语"Ausgang"。

根据《新德汉词典》，"Ausgang"的含义有8项之多，其中与《费尔巴哈论》相关的包括："结果、结局"，"末端、尽头……（一个时期的）末尾、结束"，"出口、出口处"以及"开端、起点、出发点"等含义。在《费尔巴哈论》中，最贴近的含义应该是"（一个时期的）末尾、结束"，这个时期可以理解为"德国古典哲学时期"。但是，如果认为恩格斯在使用"Ausgang"时仅指这个时期的结束，那么有一些问题是难以理解的，比如对黑格尔以及青年黑格尔派之思想的理解和评价问题。① 但从另外一个角度来看，这个术语毕竟还包含着另外一个含义——"开端、起点、出发点"。这是不是意味着，恩格斯是在指证费尔巴哈的唯物主义哲学为当时的哲学思想在思辨哲学领域内绕圈子指出了一条新的路向呢？这一点在《费尔巴哈论》的结尾处似乎能够得到

---

① 我们在恩格斯晚年的很多著作中都看到，对黑格尔以及马克思批判尤甚的布鲁诺·鲍威尔，恩格斯都给予了较高的（同时也是较为客观的）评价。对于黑格尔及其哲学的积极评价，我们在《费尔巴哈论》中就能够窥见一斑，比如他在直陈黑格尔及其哲学的巨大影响时指出："可以理解，黑格尔的体系在德国的富有哲学味道的气氛中曾发生了多么巨大的影响。这是一次胜利进军，它延续了几十年，而且决没有随着黑格尔的逝世而停止。"（《马克思恩格斯文集》第4卷，北京：人民出版社2009年版，第273页。）其中，我们还看到了恩格斯对青年黑格尔派的褒扬。除此之外，恩格斯还专门撰文赞扬鲍威尔在思想领域中的革命性作用。在1882年4月份撰写的《布鲁诺·鲍威尔和早期基督教》一文中，恩格斯对鲍威尔的历史价值和地位给予了较高的评价，他认为，尽管人们（即官方神学家）对鲍威尔的逝世持有一种冷漠的态度，但是后者"比所有这些人更有价值"。因为在解决早期基督教如何能够产生并取得历史统治地位，并使之从一个被压迫阶级的宗教转变为"罗马世界专制皇帝的最好手段"问题上，"布鲁诺·鲍威尔的贡献比任何人大得多"，尽管这些研究仍然存在这样或那样的问题。参见《马克思恩格斯全集》第19卷，北京：人民出版社1963年版，第327—329页。

佐证，因为恩格斯在那里指出，在"有教养的"阶级抛弃理论转向实践的过程中，德国人似乎失去了理论兴趣。但在他看来，"德国人的理论兴趣，只是在工人阶级中还没有衰退，继续存在着。在这里，它是根除不了的"。而且只有德国的工人阶级及其主导的社会运动才是真正的"德国古典哲学的继承者"。① 在某种意义上，德国古典哲学在终结的地方直接指向了另外一个出路，那就是马克思主义。

但是在翻译过程中，由于理解上的问题，各种版本的不同译法却导致了各种误解。比如在英文版中，较为流行的译本对"Ausgang"的就有两种译法，一种是译为"Outcome"（结果、成果），另外一种就是"End"（终结、目的）。但是，《马克思恩格斯全集》中文版在翻译这个术语时，基本上采取的是第二种译法，即将"Ausgang"译为"终结"。然而，这种翻译却最终导致了人们对马克思和恩格斯对待德国古典哲学甚至是对哲学的态度产生了误解。因为，根据后一种译法，德国哲学（尤其是思辨的观念论哲学）随着马克思主义的出现已然消亡，从此以后再没有哲学可言。

正是为了矫正上述翻译所带来的理解上的误解，所以一些专业的哲学家兼翻译家才主张重新理解这个术语，矫正以前的翻译。贺麟先生即为一例。根据他的回忆，中央编译局和中央党校专门就《费尔巴哈论》的翻译修改召开了一个研讨会，他在会上指出，"Ausgang""译为'出发'或'出路'比较合适"，他的理由除了"Ausgang"的本义外，还有两个文本上的证明，其一是"至于费尔巴哈，虽然他在好些方面是黑格尔哲学和我们的观点之间的中间环节"；其二是"在这种情况下，我感到越来越有必要把我们同黑格尔哲学的关系，我们怎样从这一哲学出发又怎样同它脱离，作一个简要而又系统的阐述"。② 贺麟先生指出，根据恩格斯的论述，费尔巴哈在黑格尔哲学和马克思主义哲学之间作为中间环节确实起到了重要作用。既然是中间环节，那么题中应有之义

---

① 《马克思恩格斯文集》第4卷，北京：人民出版社2009年版，第312—313页。
② 《马克思恩格斯文集》第4卷，北京：人民出版社2009年版，第265—266页。

是,它既非某个理论体系的开端,也不是一个理论的终结点,它仅仅是为某个走到穷途末路的哲学找到一个桥梁。① 不难看出,贺麟先生的理解与恩格斯的解释是一致的。

如果将贺麟先生的观点加以拓展和具体化,那么对于费尔巴哈来说,他在以黑格尔为核心的德国古典哲学中确实起到了桥梁作用,因为当思辨哲学在面对幽暗闭塞的社会现实面前而无所作为时,就必须寻找另外一个出路。找到这个出路的人,恩格斯看来,就是费尔巴哈,而这个出路,就是他的"唯物主义"。如若要把"Ausgang"翻译为"终结",那么这种"终结"也仅仅是针对以黑格尔哲学为代表的思辨哲学的"终结",而不是整个西方哲学思想,甚至不是其他哲学体系的终结。② 但对于西方哲学中的其他哲学流派来说,费尔巴哈甚至对其产生和发展没有产生任何影响。③

也许正是认识到了这一点。朱光潜先生才提出了与贺麟先生译法不同、内涵一致的译法,即"结果"或"成果"。朱先生也通过马克思恩格斯的文献指出,把"Ausgang"译为"终结"或"终点"的译法显然没有充分考察到原作者的意图,因为不管是在马克思的《资本论》中,还是在《费尔巴哈论》中,都不能让马克思和恩格斯的理论达到内在的一致性。朱光潜进而指出,英、法、俄等译本对"Ausgang"的翻译都不准确,中文更是以讹传讹。在"1962年柏林德国科学院新出版的多卷本《现代德语大词典》"中,在例证"Ausgang"的第44项的含义时,列举的就是恩格斯的《费尔巴哈论》,在这里它的含义是"一个时间段落",同时通过对照1964年出版的马克思的《1844年经济学哲

---

① 中央编译局马克思恩格斯室编:《马克思恩格斯著作在中国的传播》,北京:人民出版社1983年版,第176—177页。

② 我们在下文将会指出,就算是费尔巴哈,也没有完全"终结"黑格尔派哲学或"唯心主义",因为他在实践领域仍然在继续坚持"唯心主义"。这也是马克思恩格斯批判费尔巴哈"半截子唯物主义"的原因之一。

③ 比如,费尔巴哈同时代的叔本华和尼采的意志论哲学甚至之后的现象学等都仍然在西方哲学传统中占据着重要甚至是主流位置。

学手稿》的译本，得出了译为"结果"或"成果"更为合理的结论。①尽管这种译法也具有一定的模糊性——在中文当中，人们很少将"结果"或"成果"理解为阶段性的，而是一般将之理解为结论性的——但这毕竟肯定了德国古典哲学的价值和意义，因而也为开放性理解它留下了空间。

通过"Ausgang"的翻译不难看出，包括《费尔巴哈论》在内的马克思恩格斯著述的中文译本在翻译者和研究专家的努力下变得越来越准确可信。所以我们有理由相信，随着整体编译水平的提高，人们不再经过转译（主要是经过俄文版和日文版等），而是越来越直接面对最初乃至最原始的文本——《马克思恩格斯全集》中文第二版基本上是依据原文（即最权威的版本 MEGA²）翻译过来的——所以《马克思恩格斯全集》第二版的翻译应该是值得信赖的，当然前提是在翻译过程中必须充分借鉴前人的研究、翻译成果。当然，由于收录《费尔巴哈论》的MEGA² 第 I 部门第 30 卷刚刚于 2011 年出版，《马克思恩格斯全集》第二版还没有翻译和出版这一文献，所以未来是值得期待的。②

（本文来自 2016 年中央编译出版社出版的田毅松所著《恩格斯〈路德维希·费尔巴哈和德国古典哲学的终结〉研究读本》有关内容。）

---

① 关于马克思，这里指的是他在《资本论》第 1 卷第二版的跋中对黑格尔及其哲学的尊重和强调——"我公开承认我是这位大思想家的学生，并且在关于价值理论的一章中，有些地方我甚至卖弄起黑格尔特有的表达方式。辩证法在黑格尔手中神秘化了，但这决没有妨碍他第一个全面地有意识地叙述了辩证法的一般运动形式。"（《马克思恩格斯文集》第 5 卷，北京：人民出版社 2009 年版，第 22 页）关于恩格斯，指的则是在《费尔巴哈论》结尾处的论断——"德国的工人运动是德国古典哲学的继承者。"（《马克思恩格斯文集》第 4 卷，北京：人民出版社 2009 年版，第 313 页。朱光潜：《美学拾穗集》，北京：百花文艺出版社 1980 年版，第 43—44 页。）

② 值得注意的是，尽管有些版本在 MEGA² 中已经有了最新版本，但这些最新成果在最新翻译的马克思恩格斯文献中并没有体现出来。比如《资本论》及其手稿在 MEGA² 中作为一个部门单独列出，并且已经完全出齐，然而有的学者指出，不管是《马克思恩格斯全集》第二版的第 44—46 卷，还是《马克思恩格斯文集》第 5—7 卷，都没有吸收 MEGA² 的编辑成果。

機械論的唯物論批判

恩格斯原著

蒲列哈諾夫註釋　　楊東蓴寶敦伍合譯

1 9 3 2

崑崙書店版

機械論的唯物論批判

恩格斯原著

蒲列哈諾夫註釋　　楊東蓴甯敦伍合譯

崑崙書店版

一九三二年五月初版

1—1000冊

版權所有

實價一元

崑崙書店發行

上海浙江路保康里五〇二號

機械論的唯物論批判目次

發行者序言……………………………………………………… 1

路德維希費兒巴哈與古典哲學之終結

序……………………………………………………………………17

一　從黑智兒到費兒巴哈……………………………………21

二　觀念論與唯物論…………………………………………39

三　費兒巴哈的宗教哲學與倫理學…………………………58

四　辯證法的唯物論…………………………………………73

附錄

一　費兒巴哈論綱……………………………………………103

二　費兒巴哈論補遺…………………………………………108

三　史的唯物論………………………………………………115

四　法蘭西唯物論史…………………………………………148

五　馬克思的唯物論與辯證法………………………………162

六　費兒巴哈論綱原稿譯文…………………………………171

七　觀念論的見解與唯物論的見解之對立…………………175

八　蒲列哈諾夫對費爾巴哈的序文和評註

　　一　「費爾巴哈論」俄譯第一版序文………………183

　　二　「費爾巴哈論」俄譯第二版序文………………187

　　三　評註…………………………………………………226

發行者序言

恩格斯的"路德維希・費兒巴哈論"，在今日，人們已經不是為了哲學家費兒巴哈才去讀牠。費兒巴哈在今日的意義，和他在前世紀（即十九世紀。譯者附註。）四十年代的人望，比較起來，却強烈地衰退了。自支配階級看來，則費兒巴哈對於宗教及教會的鬥爭，過於激烈，支配階級杜絕他在大學取得位置的門徑，並慢慢地使他餓死；但自革命的勞動者社會看來，則費兒巴哈並未充分進步，這位度着遁隱生活的自由思想家兼無神論者的費兒巴哈，對於普羅列達里亞的階級鬥爭之直接參加，却不曾奮起。因此，費兒巴哈，就站在兩個戰線的中間。並且因此，他從歷史落伍了。縱令他的主著"基督教之本質"（Das Wesen des Christentums）（在一八四一年一八四三年及一八四九年，發行過三版，第四版在一八三八

機械論的唯物論批判

年纔出版。）有勒克拉姆版（Reclamverlay）的民衆版，（一九〇四年）可是，在今日却不太爲人所誦讀了。這可無理，"基督敎之本質"，確是反抗敎會正統派與超人世的宗敎思辨之如火如荼的鬪爭書。

在現代精神史中，費兒巴哈以中間體（Zwischenglied）的資格，於黑智兒與馬克思之間，於辯證法的觀念論與辯證法的唯物論之間，取得一個重要地位。但馬克思與恩格斯正當地被稱爲"費兒巴哈主義者"，却不過一個短時間而已。一八四五年馬克思已經超越了費兒巴哈，而向前進展。這事實，從馬克思有名的"費兒巴哈諸論綱"中，可以看出來；尤其是，從最近爲李雅剎諾夫，在馬克思遺稿中所搜集出來的"德意志觀念形態論"（Deutschen Heologie）裏面，關於研究費兒巴哈的一部分，可以看出來，"德意志觀念形態論"，是馬克思與恩格斯於一八四五年至一八四六年共同起草，而在全體上，不會付印的一本論爭書。

這裏，我們並無深究馬克思主義一方和黑智兒的辯證法之關係，他方和費兒巴哈的唯物論之關係的必要，也無深究馬克思將費兒巴哈的抽象的唯物論，擴大爲具體的史的唯物論之必要。這種深究，已充分見於恩格斯的敍述中。（卽指路德維希費兒巴哈與古典哲學之終結一書。譯者附註。）但不論怎爭，從

發行者序言

那時所發表的文獻中，（通信集等等），去列舉關於馬克思與恩格斯對於費兒巴哈之個人關係的數個事實，看來却是適當的。

給與馬克思與恩格斯以確切影響的，是費兒巴哈那一部著作呢？　恩格斯在他的"路德維希費兒巴哈與古典哲學之終結"一書中，只說及"基督教之本質"。（一八四一年版）在馬克思寫給費兒巴哈而現今尚保存着的惟一書信中，——信內，猛烈地要求費兒巴哈寫一篇史林格批判，——馬克思也說到一八四三年刊行的"基督教之本質"第二版的序言。（註）

（註）參看卡兒．格林著"費兒巴哈通信與遺稿"，勒不士格一八七四年刊行，第一卷三六〇頁一八四三年十月三十日馬克司寫給費兒巴哈的信。

墨林格在他編輯的"馬克思恩格斯遺稿集"（Marx Engels-Nachlassausgabe）（第一卷，三三六頁，與"馬克思傳"中五四頁。）裏面，用充分的理由，證明費兒巴哈所給與馬克思最強烈的印象，實係由費兒巴哈的"對於哲學之改革暫定諸論綱"而發生的。

這些論綱，見於一八四三年路格所著的最近德意志哲學與政論珍奇集裏面。　這珍奇集，此外，還包含有出自馬克

4　　　機械論的唯物論批判

思手筆的最初政治著作"對於最近普魯士檢閱介之評論"。(Bemerkungen ueber die neueste preussische Zensuristruktion）

不過，約莫一年前，即一八四二年三月二十日，馬克思向路格約定了，做一篇關於"宗敎的藝術"的論文，——這論文從來就沒有刋行，——並在這時候，馬克思寫了以下一段：

"在這論文本身上，我必然要說到宗敎之一般的本質，說到這個處所，我就有幾分和費兒巴哈相衝突，這衝突，並不關於原理，而關於原理的理解。 不論怎樣，宗敎在這個處所，是無所獲的。"（參看柏恩斯坦著"社會主義文獻"，一九〇二年五月刋行，第一卷三八九頁。）

關於上述費兒巴哈所作諸論綱，接着馬克思於一八四三年三月十三日，同樣地寫了一封信給路格，其中說道：

"費兒巴哈的名言，從我看來，祇有在他論述自然過於多論述政治過於少一點上，我就認爲不當，但這一點，却是今日的哲學，所藉以成爲眞理的惟一紐帶。"（參看"社會主義文獻"，第一卷，三九七頁。）

自其他之點而言，從費兒巴哈所作諸論綱中取出一命題來考究，這是有趣味的。　這命題說：

"思惟由存在而生，但不是存在由思惟而生。"（參看"費兒巴哈全集"，一九〇四年刊行，第二卷，二三九頁。）

在馬克思史的唯物論有名的中心命題裏面，所響應的反命題，便是：

"不是人類的意識，決定他們的存在，倒是人類之社會的存在，決定他們的意識。"（參看一八五九年刊行"經濟學批判"馬克思的序言。）

但是，在這裏，馬克思是怎樣較為深刻，怎樣較為具體呵！只要對照費兒巴哈與馬克思這兩個命題，便足夠明示他們精神上的接近，和馬克思之強力的優點。

當我們尚未深究馬克思與恩格斯研討費兒巴哈時所發生的思想交換以前，這裏，還要確定：何時我們才開始遇見恩格斯對於費兒巴哈所下的論評呢？在一八三九年十月，還向友人通信，說"我現在是一個熱心的司特老司主義者"（Straussianer）註一的恩格斯，——司特老司自由精神諸著作，覺這般影響於這位受過嚴格的敬虔的教育且非常苦於宗教上諸問題的青年之上，——看來，似乎是在他于一八四一年至一八四二年瀦居柏林時，才知道費兒巴哈的著作。在柏林，恩格斯於青年黑智兒學派朋黨中，即於"自由思想家"

6	機械論的唯物論批判

朋黨中，體驗了費兒巴哈"基督敎之本質"的解放作用。"一般都感激這書：我們曾經都有一個時期成為費兒巴哈派。"實際上，恩格斯又在他的諷刺的基督敎英雄詩中，（一八四二年四月）——"這是鹵莽地被恫嚇了的可是不可思議地又被解放了的聖經，"—— 將費兒巴哈，看作是對僞信作戰的領導者，來讚美費兒巴哈。 在那詩裏面，對於費兒巴哈是這樣說的：

"他本身，是大膽的無神論者之整個軍隊，

他本身，是兇惡的惡魔名簿之整個財寶，

他本身，是誹謗與輕蔑之整個大流，

這就是可怕的費兒巴哈，——聖約翰呵，施以幫助罷！"（註二）

（註一） 恩格斯初期著作集 (Schriften der Fruehzeit) 古司達夫·邁爾發行，柏林 Springer 書店，一九二〇年版，七七頁。

（註二） 恩格斯初期著作集，二二六頁。

並且，在那約莫於同一個時代，恩格斯匿名刊行的著作"史林格與天啟，對於自由哲學最近的反動企圖之批判"（勒不士格 Binder 書店，一八四二年刊行。）裏面，也好幾次，將費兒巴哈看作是黑智兒的"最近的繼承者，"去論述費兒巴哈；但恩格斯所單獨論述的，却是費兒巴哈的"基督敎之

本質":

"因此,費兒巴哈,對於基督教的批判,乃是思辨宗教論的必然的補充,思辨宗教論的基礎,是由黑智兒建立的。……費兒巴哈,將宗教上諸規定,復歸於主觀的人類關係。"(二五頁)

這似乎是恩格斯一時地爲費兒巴哈所捉住,較馬克思還要厲害。(註)所以,恩格斯對於費兒巴哈的批判,其發生,也要稍許遲緩。

(註) 參看"德法年鑑"(Deutsch-Franzoesischen Jahrbuecher)(一八四四年刊行。)中恩格斯著"英國的狀態"(Die Lage Englands)最後一節,即其一例。("馬克思恩格斯遺稿集,"四八二頁以下。)在這節裏面,恩格斯也與一八四三年費兒巴哈所作諸論綱發生關係。

馬克思與恩格斯之間的書信往來,在一八四四年九月纔開始。當時,他倆正計畫和寶厄作他倆文字上的大清算,即計畫來寫"神聖家族,或批判的批判之批判,對於白魯諾·寶厄及其同黨"(Die Heilige Familie oder Kritik der kritischen Kritik. Gegen Bruno Bauer und Konsorten)(一八四五年刊行。)一書。這書的序文,——這是一篇用"眞正的人本主義,在德國,除唯心論(Spiritualismus)而外,再無其他較危險的敵人，"那一最初命題，同時並着重費兒巴哈的人本主義口號的序文，(譯者附註)——實在，也附着一八四四年九月的日期。 在同年刊行的"德法年誌"他倆諸論文中，及在"神聖家族"中，馬克思，尤其是恩格斯，都直截了當同意於費兒巴哈。 從這兩部書裏面所引用的數段，都給牠附在傍註中。

(譯者附註) "神聖家族"序文："真正的人本主義，在德國，除唯心論或思辨的觀念論而外，再無其他較危險的敵人；唯心論拿自己意識或精神，去代替現實的個人，並和傳教師鼻孔出氣，宣言精神是創造人生的，肉是無用之物。 不用說，這無力的精神，只是想像中的精神而已。 我們所要攻擊寶厄的批判的處所，正是這種當作滑稽盡而再生的思辨哲學。 自我們看來，這思辨哲學，完全表現了基督教的德意志的原理，這原理，將批判本身，轉變為超絕的力，以圖牠的最後撐扎。……一八四四年九月，於巴黎，恩格斯馬克思'(參看墨林格編"馬克思恩格斯遺稿集"，第二卷，一〇三頁。)

接着數週期及數月間的通信，——可惜！只保存着恩格斯的信，——都好幾次述及費兒巴哈。 恩格斯，於一八四四年十一月寫了一段：(第一卷，七頁。)

"費兒巴哈，從神走到人，因此，不用說，人還裝飾着抽象之神學的神聖外表。 走到人的真實的道路，正和這個相反。……人在他不曾於經驗的人類上，建立他的基礎一範圍以內，人終久是幽靈，簡單說，如果必得使我們的思想，換言之，即使我們人，爲某一眞實的東西，那末，我們就應該從經驗論及唯物論出發，我們應該從個別的東西，以導出一般的東西，決不是如黑智兒一樣，從自己自身，(aus sich selbst) 或從空氣而導出。"

其次，一八四五年二月二十二日，恩格斯的信，特別重要：

"他（指克里格）從這裏起程的次日，費兒巴哈給我的信就到了，我們就是這樣的寫給他。費兒巴哈說：在他以著述家的資格，代表共產主義，並從事共產主義工作以前，他首先必得從根本上消滅宗敎的污物；並且在拜厄地方，他爲整個生活所拘束，使他不能到達這一步；但是，他是共產主義者，並且在他看來，成爲問題的，只是實行共產主義的方法。"（一五頁。）

恩格斯還附添一句：他希望慫勇費兒巴哈，也到布魯塞爾（馬克思滯居在這地方）來。否，恩格斯在他從前的旅行計劃中，還說："如果費兒巴哈不來，我便到費兒巴哈那裏去，並且倘若有錢及時間，我還得再到倫敦一趟。"（一六頁。）

10　　機械論的唯物論批判

反之，一八四六年的信，論到費兒巴哈時，却根本地比較冷酷起來了，比較批判起來了。 一八四六年八月十九日，恩格斯寫道：

"我在繼承者中，稍稍翻閱費兒巴哈的"基督教之本質"。 除數個明白事實不論外，其他全部，都和從前一模一樣。 始初，——這時，他純粹爲自然宗敎所局限，——他已經迫於不得已，多半守着經驗的地盤；但後來，他就變成糊雜了。 三番兩次地，又說到本質及人等等。我要仔細讀這部書，倘若我對這部書有興趣，還得於最短期間，將其主要處所，爲你摘錄出來，因此，你可以用這摘要，代替費兒巴哈原書。"（二三頁以下。）

這一點，就是"德意志觀念形態論"在一八四六年八月還未完結的明證。 九月十八日，恩格斯又歸復到費兒巴哈：

"從費兒巴哈原書作成摘要，到現在，我因某種恐怖，還不能決定。 在巴黎這地方，我們的精力，已完全呈現無氣力的（疲乏）了。"（三五頁。）

業已約定從費兒巴哈原書的摘要，結局，恩格斯寫在一八四六年十月一封長信中。（四五頁至四九頁。） 在這長信裏，恩格斯對於從費兒巴哈原書所引用的許多處所，都多少不客氣地與以註釋。 其中如次說道。

"對於藉悟性的存在物而生的自然創造之攻擊，對於由無而生的創造之攻擊，以及對於其他等等之攻擊，——大部分是人類化了的唯物論，質言之，卽是譯成爲和誦的捉住市民之心的德國話中 materialismno vulgaris。（卑俗的唯物論。）"（四六頁。）

從此以後，費兒巴哈的名字，差不多完全從他倆所有通信中消失去了。馬克思與恩格斯恰好就終結了費兒巴哈。費兒巴哈，對他倆，再也不存有可以足道的話。費兒巴哈停住不前了，大約停住在他一八四三年所已到達的一點。但馬克思與恩格斯却遙爲超越費兒巴哈，而邁進。(註) 關於這點，恩格斯的"費兒巴哈論"，業已詳細說明；"費兒巴哈論"，是因一八八六年斯塔克著述對費兒巴哈所下的批評而成功的。

（註）一八六七年四月二十四日，於囘顧到"神聖家族"時，馬克思寫給恩格思道："崇拜費兒巴哈，在今日實給與人們以極滑稽的感覺。"

現今，在我們看來，恩格斯的"費兒巴哈論"是極重要的，因爲牠論述馬克思主義之哲學的基礎，極爲詳細。明白把握馬克思恩格斯的世界觀，在戰鬥的普羅列達里亞言，是有特殊意義的，因此，就必得企圖，至少將馬克思與恩格斯之哲學上的根本議論，結集於民衆版之中。從這兩位科

12	機械論的唯物論批判

學的共產主義老祖師之間的分工而言，則恩格斯的工作，其主要，都獻身於馬克思主義之辯護與普及，反之，馬克思則獨於擔任經濟學理論的工作。因此，在這裏，特別是恩格斯諸著作，在我們而言，其所以成為問題，就不是偶然的了。

從其他之點而言，利用這機會，對於以下一狡滑見解，還得與以指斥，這見解，認為根本上，恩格斯實係代表着和馬克思相異的立場。(註) 這時候，為得要攻擊馬克思主義諸主要要素，但又要不失為馬克思主義者，於是，對於恩格斯就鳴鼓而攻，在這樣情勢之下，人們都相信，這是一種正當事體。然而，如我們所熟知的一樣，恩格斯的主要著作，(例如"反杜林格論") 其原稿，都經馬克思嚴密看過的。還有一層，馬克思與恩格斯，關於他倆所研究的一切思想，也時常詳細地討論着。馬克思的確不曾對於馬克思主義的曲解和誤解，讓其通過去。因此，人們就絕不能想拏恩格斯，從修正主義的立場，去訂正馬克思主義了！

(註) 例如奧大利馬克司主義者亞勒弗列·柏藍道爾 (見柏藍道爾的"歷史哲學家的馬克思，"柏林 Cassirer 書店出版，一九二〇年刊行，一七三頁。) 與馬克思·阿德勒 (見"馬克思研究"第三卷，二九八頁。) 便是如此，其他如喬治·羅卡茲的"歷史與階級意識，(malik 書店出版，一九二三年刊行。) 亦莫不如此。

發行者序言

在一八九〇年的一封信中，恩格斯對一個熱心求知的學生寫道：（"社會主義文獻"，第二卷，七二頁。）

"從而，我向你指示我的著作，即"杜林格君之科學之變革"（Herrn E. Dnehrings Umwaelzung der Wissenschaft）（即反杜林格論。譯者附註。）與"費兒巴哈論"，關於史的唯物論，我所知道的最詳細的敍述，我都寫在這兩部書裏面。"

"反杜林格論"中，關於史的唯物論一部分，又為恩格斯本人，總括在"從空想到科學的社會主義之發展"（Entwicklung des Sozialismus von der Utopie zur Wissenschaft）那本小宣傳書裏面；這小宣傳書，我們以民眾版形式，刊行為共產主義初步教科書第七卷。（註）不過，恩格斯的"費兒巴哈論"，到今日，還只有原本的原文出版。

> （註）恩格斯，拉德克"到科學與行動的社會主義之發展"（Die Entwicklung des Sozialismus zur Wissenschaft und Tat）（柏林，Viva 書店出版，一九二四年刊行。）

因為在今日的讀者看來，有若干歷史上的瑣事，殊為隔閡，（註）所以，我在"費爾巴哈論"上面附加較多的旁註。但這小冊子，却必得是為每個勞動者所可理解的。因此，又附加一個外國用語表。

14　機械論的唯物論批判

（註）在傍註中，有些重要的而且和費兒巴哈有關的處所，都是從"德意志觀念形態論"引來的。

附錄裏面，收集了許多出自馬克思與恩格斯諸著作中的論文及引用文，這可以使唯物論的主題得到更進一步的解明。這些論文及引用文。約莫有廣大的一部分，是從難於獲得的著作中摘錄下來的，這種摘錄，可以加倍正確地將這些論文及引用文概括起來。　附錄裏面，不得不收錄一八四五年的馬克思的"費兒巴哈諸論綱"，這是用不着說明的。我們保有誦讀這論綱的方法，這方法是恩格斯所訂正的。　這論綱的原稿，重印在"馬克思恩格斯文庫"中。（第一卷，二二七頁至二三〇頁。）

同樣，"費兒巴哈論"原文一部分的增補，也收錄在這本書裏。這一部分，以'費兒巴哈論補遺"一名稱，發見於恩格斯遺稿中，現今在恩格斯的"自然辯證法"德文版中，才開始公布。（按馬克思恩格斯文庫德文版第二卷三八二頁至三八五頁，收錄了"費兒巴哈論補遺"，　譯者附註。）

恩格斯的"史的唯物論"一論文——本來是"從空想到科學的社會主義之發展"英文版的序言，——具有特殊意義，因為恩格斯在這序言中，業已和不可知論（Agnostizismus）絕緣，而補充了唯物論之認識論的方面。　恩格斯這論文，又包含有較長的引用文，這引用文出自神聖家族中馬克思所寫的關於哲學史的一章。我們基於這一點，所以將這一章其餘的部分，即將法蘭西唯物論的發展之概觀一部分，也收在這附錄裏面。

"最後，又將恩格斯對於"馬克思經濟學批判"（一八五九年）所寫的較長的解說之一節，也收入在附錄中，這一節，恩格斯以極度的教訓形式，敍述從黑智兒到馬克思的途程。

在本書所收錄的材料之外，如果再將恩格斯的"社會主義之發展"第二章添加進去，（註一）那末，我們就連同在這裏所附加的傍註，去用以顯示馬克思恩格斯唯物論的特徵，便可以多少獲得一切重要處所了。要使馬克斯主義世界觀，不爲一切曲解及混沌的折衷主義的嘗試所淆雜，而得到純粹的保存，那末，注意去讀以上這些材料，似乎是迫切的必要。從前的馬克思主義德國社會黨，發展爲以宗教的感情世界去賣俏獻媚的改良黨，我們看到這一點，所以將嚴格的唯物論的根本立場，從而將馬克思主義（註二）無神論的根本立場，發揚光大，便極其正當了。尤其是，從那些以恩格斯的"費兒巴哈論"用作參考書及教科書的普羅列達里亞自由思想家而言，則行將明示：在什麼地方，純正的馬克思主義，到今日還獨自地爲人們所擁護所尊重呢？

機械論的唯物論批判

（註一）共產主義初步教科書，第七卷，二三頁，至三三頁。

（註二）參看涅林"宗教論"，柏林，文學及政治書店出版，一九二六年刊行。

一九二七年二月於柏林。

博士赫爾曼・唐克爾。

序

卡兒・馬克思，在"經濟學批判"（柏林一八五九年刊行。）序言中，曾說及我倆一八四五年於布魯塞爾所工作的事情，即說及"協力完成我們的見解，——質言之，即由馬克思所成就的唯物史觀，——對於德意志哲學觀念論的見解之對立，事實上，並清算我們從前哲學上的意識。這企圖，係以批判後期黑智兒派哲學的形式而實行的。兩厚冊八開本的原稿，久已交給威斯特華倫的出版所，後來，我們纔接到因為環境改變，不許付梓的消息。因為我們達到了我們的主要目的，——自己清算，——所以我們情願讓原稿(註)，給耗子去咬牙切齒地批判。"

(註) 原稿一部分，現今公布在"馬克思恩格斯文庫"中，由莫斯科馬克思恩格斯研究所反刊行。（見"馬克思恩格斯文集"德文

機械論的唯物論批判

版第一卷，二〇五頁至三〇六頁，馬克思恩格斯的"費兒巴哈論"。）

注意：其中注解，——凡註解不曾用祂遺（恩格斯的）二字明記着的都是，——與各章題名，都是刊行者附加的。

此後經過四十年，並且馬克思也死了，在這期間，我們沒有機會復歸到這題目上來。說到我們對於黑智兒的關係，（註）在好些處所，我們也曾發表過，可是從來就沒有總括說過。說到費兒巴哈，我們連一回也沒有復歸去論述過，（指四十年間。譯者附註。）但在許多關係上，費兒巴哈却成爲黑智兒哲學與我們的見解之間的中間體。

> （註）尤其是參看"資本論"第一卷第二版跋文中馬克思的詳論——即黑智兒辯證法和馬克思辯證法之比較——及"反杜林論"中恩格斯的敍述。（參照恩格斯"社會主義之發展"。共產主義初步教科書，柏林 Viva 書店出版，二八頁以下，及本書附錄。

在這期間，馬克思的世界觀，遠至超過了德意志及歐羅巴的境界，並且在世界上一切文明的言語（即文明國度的意思。譯者附註。）中，都找到了牠的擁護者。他方面，古典派德意志哲學，在外國，尤其在英國及斯堪的納維亞，發生一種復活的現象，並且甚至在德國，似乎人們也飽嘗着折衷論味道不佳的羹湯，這羹湯，是在哲學名義之下，於各大學喝賸下來的。（註）

> （註）當時德意志新黃德派正在勃興。

在這樣情勢之下，我覺得簡單總括地敍述我們對於黑智兒哲學的關係，敍述我們怎樣由黑智兒哲學出發，以及怎樣從黑智兒哲學分離出來，便益加需要了。同樣，我完全承認，當我們的狂飇時代 (Sturm und Drang Periode)（本為一七七○年至一七八○年德國文學革命運動時代之名，恩格斯借此以喻他們的狂飇時代。譯者附註。）費兒巴哈所給與我們的影響，要較其他後期黑智兒派哲學家為大，我覺得這種承認，是還未償還的名譽債。所以在"新時代"(Neue Zeit)編輯部請求我對於斯塔克的"費兒巴哈論"加以批判時，我就樂意把捉這機會。我的論文，發表於一八八六年"新時代"第四期及第五期上面，現今在這裏，加以校正，又印成單行本。

在這論文付梓以前，我又取出一八四五年至一八四六年的舊稿，重閱一遍。其中，關於論費兒巴哈一章，是沒完成的。其已完成的部分，係由唯物史觀之說明而成立的，這一部分，也只證明當時我們關於經濟史的知識，還是何等的不完全。並且，在舊稿中，還缺少對於費兒巴哈學說本身的批判，不過這於眼前的目的，沒有用處。但是，我在馬克思的舊鈔本中，却找到了論費兒巴哈的十一個論綱，附在本書附錄中。這是馬克思急忙寫下的大要，以待日後工作的，絕對不付定規去付梓；然而這却是一種極可貴重的最

| 20 | 機械論的唯物論批判 |

初文獻，其中種下了新世界觀之天才的萌芽。

一八八八年二月二十一日於倫敦。

　　　　　　　　　　斐里德里希·恩格斯。

路德維希費兒巴哈與古典哲學之終結

恩　格　斯

一　從黑智兒到費兒巴哈

擺在面前的**一本書**,^(註一) 使我們上溯到一個時代,就時間上言,距離我們,已足有一世代,^(註二)但在德國今日一輩人看來,就好像已經相隔一整個世紀那樣久。然而,這是準備德國一八四八年革命的時代;並且從那時以後我們所成就的事業,都祇是繼續一八四八年的事業,都祇是履行這革命的遺囑。

(註一)　指哲學博士斯塔克著"路德維希．費兒巴哈論",司徒嘉德 Enke 書店,一八八五年刊行。(恩格斯註。)

(註二)　恩格斯的"費兒巴哈論"於一八八六年四月及五月才開始發表。

恰如十八世紀的法國一樣,十九世紀的德國,也因哲學上的革命,導成政治上的崩壞。但這二事情,是何等不相同呵! 法國人對於整個官家科學,對於教會,時常還對於

機械論的唯物論批判

國家，都給以公開的鬥爭；他們的著作，在國外——荷蘭或英國——印刷，他們本身，每每都說不定，何時會因此下獄到巴士的裏面去。　反之，德國人，則他們是大學敎授，是國家任命的青年敎師，他們的著作，是公認的敎科書，並且成為全發展之究極體系的黑智兒（註一）哲學，差不多擡高到普魯士王國國有哲學的地位。　在這些敎授背後，在他們衒學的不可解的文字背後，在他們這不活潑的沈悶時期中，難道潛伏着革命嗎？　難道當時認爲代表革命的人們，不正是激烈反對這種使人頭腦紛亂的哲學（黑智兒哲學。譯者附註。）的自由主義者嗎？　但是，凡屬政府與自由主義者所未見到之處，至少，在一八三三年，却爲一個人見到了，這人就叫做亨利。海涅。（註二）

　　（註一）　黑智兒生於一七七〇年，死於一八三一年。　一八一八年被任爲柏林大學哲學敎授。

　　（註二）　亨利．海涅著"德國宗敎及哲學史"（一八三四年刊行。）中說道："我們的哲學革命，完成了。　黑智兒終結了這革命的偉大境界。"

　　試擧一例。　從來沒有一個哲學的命題，和黑智兒有名的命題——"一切現實的，都是合理的，一切合理的，都是現實的。"（註一）——一樣，這般異常地取得了褊狹的的政府之恩寵，惹起了同樣褊狹的自由主義者之憤怒。可是，這一點，就明明是視存在的事物為神聖的東西，對於專制制度，警察國家，專斷裁判，出版檢查法，都與以哲學的祝福。斐里德里希・威廉第三(註二)就採取這種見解，他的臣民，也是一樣。然而，在黑智兒看來，一切存在的事物，絕不是因其存在，就直截了當是現實的。黑智兒認為只有那一同時是必需的事物，才夠得上說牠是具有現實性的性質的東西；"現實性，在牠的展開中，顯示為必需性；"所以，並不是政府的任何條令，——黑智兒本人，就舉出"某種租稅令"為例——黑智兒都直截了當認為是現實的。但凡屬是必需的，結局，牠自身都顯示為合理的，從而，黑智兒命題，應用在當時的普魯士國家，便不外表示："這個國家，在牠為必需的時候，牠是合理的，和理性適應的；可是，倘若在我們看來，覺得這國家惡劣，但縱令惡劣，牠若仍舊存續時，那末，政府惡劣之原因與說明，便存在於和政府惡劣相適應的臣民惡劣之中。這就是當時普魯士人，有他們所應有的政府。

(註一) 出自黑智兒的"法律哲學概要"。(一八二一年刊行。)黑智兒的"歷史哲學"(勒克拉姆"世界文庫"第四八八一號至第四八八五號，七四頁。)說道："只有由神的世界計劃所實現的事物，才有實現性，凡屬不依照這計劃的事物，都只是無價值的存在。"

24　機械論的唯物論批判

（註二）一七九七年至一八四〇年，統治普魯士。

但這裏，黑智兒所謂現實性，決不是在一切環境與一切時代之下都適合於既存社會的或政治的狀態之一種性質。恰恰相反。例如，羅馬共和國，是現實的；但傾覆牠的那羅馬帝國，也是現實的。一七八九年法蘭西王國，是非現實的，換言之，卽失了一切必需性，而成爲非合理的東西，以致爲大革命——這就是黑智兒每每以極度感奮而談論的大革命，——所毀滅。所以在這情況中，王國便是非現實的東西，而革命爲現實的東西。似此，則從前一切現實的東西，在發展進程中，便成爲非現實的，而失了牠的必需性，失了牠的存在根據，失了牠的合理性；瀕於死滅的現實，爲新的活潑潑的現實所代替，——如果舊的東西，充分感悟，不加抵抗，而歸于死滅，則新的現實，和平地出現；如果舊的東西，反抗這個必然性　則新的現實，以暴力而出現。

因此，黑智兒命題。就因黑智兒辯證法(註一)本身，而轉化爲和牠相反的東西。卽：凡在人類史領域中爲現實的東西，都要隨着時間的進展，而成爲非合理的東西，因此，也就是久已定規了牠是非合理的，牠從來就具有非合理性；並且凡在人類頭腦中認爲合理的東西，縱令牠和現存的外觀上的現實相抵觸，牠也都定規了要成爲現實的東西。似此，一切現實的之爲合理的這命題,按照黑智兒思惟方法一切法則,便轉化爲另一命題:凡是現存的東西,都值得毀滅(註二)。

（註一）這是在矛盾中思惟之（因此，同時也是現實性之）自己發展的黑智兒學說。這自己發展，不斷地造出正命題（肯定）及反命題,（否定）而融合爲合命題。（否定之否定）

（註二）出自歌德著"浮士德"墨斐斯托之言:"凡是生起的東西,都值得毀滅。"

但是,黑智兒哲學——我們這裏所論述的,只限於黑智兒哲學,我們認爲這哲學,是從康德（註）以來全部哲學運動之終結,——之眞意義與革命性,正在於牠一舉終結了那認爲人類思惟及行動的一切創造物能永遠適合一見解。哲學以認識眞理爲己任,從黑智兒看來,眞理,決不是一經發見以後,祗要強記心頭的那些既成的獨斷命題之總和;眞理,存在認識自身過程中,存在具有長期歷史的科學發展中,科學從低級認識階段,上昇到高級認識階段,但科學不會因一種所謂絕對眞理之發見,進到某一點,就裹足不前,就再也無所活動,而只拱手閑着,驚訝旣已獲得的絕對眞理。在哲學認識領域上,是如此,在其他一切認識領域上,及實踐的行動上,亦莫不如此。歷史也和認識一樣,在人類完滿的理想狀態中,並找不出完成的終結點;完滿的社會,完滿的"國家"，都是只能在空想中存在的事物；反之，一切連續繼起的歷史狀態，亦不外是由低級進到高級的人類社會無限發展道程中之一時的階段而已。 每一階段，都是必然的，所以每一階段，在發生這一階段的時間與條件上，都有其存在根據；然而，每一階段，都會衰萎下去，並且對於在其本身胎內漸次發展的新而較高的條件，又失了其存在根據；每一階段，不得不將其地位，讓給較高的階段，但較高的階段，又必按着順次，走上衰萎和沒落的路上去。 恰如布爾喬沍亞藉大工業，競爭，及市場，實際上，消滅了一切安定的舊日建立的而為人所尊敬的制度一樣，辯證法的哲學，也消滅了一切永遠適合的絕對真理一觀念，以及與此觀念相應的人類絕對理想狀態一觀念。 在辯證法的哲學面前，不存有永遠適合的東西，絕對的東西，以及神聖的東西；牠指明一切事物的可毀滅性，在牠面前存在的東西，除了生成與毀滅之不斷的過程，除了由低級進到高級無限上昇之不斷的過程，並無別的，這哲學本身，也就是這種過程，在思惟的頭腦中之純粹反映。 固然，這哲學也有其保守方面；牠承認一定的認識階段與社會階段，在發生這些階段的時代與環境上面，有其存在根據；然而也就僅在那時代與環境為止。 這見解的保守主義，是相對的，牠的革命性，是絕對的，—— 牠所認可的惟一絕對。

（註）康德生於一七二七年，死於一八〇四年，一七五五年以來，掌教哥尼斯堡大學。

上述這見解，是否完全和今日的自然科學狀態一致，這問題，此處無須深究，自然科學預言地球本身的存在，會有一個可能的末日，地球適於人類住居的性質，也會有相當確實的末日，因此，又認定人類史，不但有向上的梯階，而且有向下的梯階。然而，無論如何，我們離社會史由向上而向下的轉變點，還頗遙遠，所以，不得苛求黑智兒哲學，說牠不曾把握牠那一時代的自然科學完全沒有列入議事日程的問題。

但是，這裏所應說的一點，即：以上所說的發展，在黑智兒，並未說到這般鮮明。這發展，是黑智兒方法的必然結論，但黑智兒本人，未曾這般明瞭地導出這結論來。可是，這理由却簡單，即：因黑智兒以形成哲學體系為必要，並且又因依從來的要求，哲學體系，不得不以某種絕對眞理為終結。所以，黑智兒在一方面，尤其是在邏輯上，力說這永遠眞理不是別的，祗是邏輯過程，祗是歷史過程本身，但在他方面，却迫着黑智兒本人，對於這過程，也與以終結，這正是因為黑智兒對於他的哲學體系，無論何處，都必與以終結之故。在邏輯上，黑智兒能將這終結，又形成為發端，因為在這情況中，這終結點即絕對觀念——只有在黑智兒知道：對於這絕對觀念，絕對地不能明白說下去時，才是絕對的，——"外化"（entaeussert）到自然中去，換言之，即轉變，到了以後，這絕對觀念，在精神中，換言之，即在思惟中及歷史中，又回歸到牠本身上去。但在整個哲學的終結裏面，像這樣由終結逆轉到發端去，便只有一個方法為可能。即認為人類一經認識這絕對觀念時，歷史就終結了，並且又認為絕對觀念一認識，在黑智兒哲學中，已經達成了。然而，因此，黑智兒哲學體系之全部獨斷的內容，便被解釋為絕對觀念了，而和他消滅一切獨斷論的辯證法相矛盾；所以，革命的方面，就窒息於居優勢的保守方面之下。在哲學的認識上，是如此，在歷史的實踐上，亦莫不如此。這就是說，人類既以黑智兒這樣的人到達了完成絕對觀念的地步，那末，人類也就必得從實踐上，到達那種人類能將這絕對觀念實現於現實界一地步。因此，當時人為得實現這絕對觀念所提出的政治要求，也就不能過於苛刻。所以，我們在"法律哲學"（黑智兒的法律哲學。譯者附註）結論中，就發見絕對觀念，必得實現為身分代表制的君主立憲(staendische Monarchie)這就是斐里德里希·威廉第三般勤向他臣民所約定的不免現的一種政制，（註）也就是有產階級的適應於當時德意志小市民諸環境的一種穩健而有制限的間接統治；在這情況上，黑智兒又以思辯方法，向我們證明貴族之必要。

（註） 其目的，在於鼓動國民和拿破崙戰爭。（一八一三年及一八一五年。）

單就哲學其內部必需一種體系而言，便充分說明：為什麼會由始終一貫的革命的思惟方法，而產生非常溫穩的政治結論。這結論的特殊形式，不用說，就是因為黑智兒為德國人，和他同時代的人歌德一樣，都帶着一點斐利斯人（Phi..ister）（斐利斯人，是巴勒士丁西南地方的人，他們憎恨猶太人，反對基督敎。但在現今用語中，斐利斯人，却通常用為俗人和固陋之人的意思。 譯者附註。）的性癖而來的。 歌德一如黑智兒，在其各自的領域內，他們各各都是奧林比亞的薛烏斯，（奧林比亞，是希拉諸神會萃之處。薛烏斯，是奧林比亞諸神的主神。 譯者附註。）但他倆，都完全不曾脫掉德意志的斐利斯人的性癖（註）

（註） 參看墨林格編"馬克思恩格斯遺稿集"，第二卷，三八八頁中，一八四七年，馬克思對於歌德的批評：（和卡兒・格林辯論之時）"所以，歌德有時偉大，有時渺小，有時是豪慢的嘲世的厭世的天才，有時是思前顧後謙遜而褊狹的斐利斯人。"

但以上所述，對於下面一事體，却無損於毫末，即：黑智兒哲學體系，包含有較以前任何哲學體系所不能及的偉大

機械論的唯物論批判

領域，並且在這領域內所發展的思想之豐富，就是在今日看來，還令人吃驚。"精神現象學"（這可以說是和精神發生學及精神古生物學平行的一種學問，牠考究經過種種階段的個人意識之發展，認爲這發展，是人類意識在歷史上所經過的階段之縮短的再現。）"邏輯""自然哲學"，"精神哲學"，並且，最後一種，又分爲各種歷史的下位形態來研究，卽："歷史哲學""法律哲學""宗敎哲學""哲學史"，"美學"等等，——黑智兒在以上種種歷史領域上，從事於發見並證明其發展之一貫的線索；並且因他不但是一位創造的天才，而且是一位淵博的學者，所以不拘在那方面，他都開闢了一個新紀元。(註) 不用說，在這裏，(卽以上各領域。譯者附註)黑智兒爲哲學"體系"之必要所逼迫，每每不得不從哲學上武斷的構想，以求他的遁逃的出路，這一點，到今日還是爲反對他的侏儒所叫囂。　然而這種構想，却不過是他的工作之輪廓和建築基石而已；人們在這裏，用不着留戀，却要深入到宏大的建築物裏面去。人們在這裏面，便會發見到今日還充分地在發揮其價値的無數寶貝。　在一切哲學家的情況上，會要毀滅的暫時的東西,正是這哲學"體系"，這只是因爲這體系，係由人類精神之不可毀滅的慾求——卽克服一切矛盾的慾求，——而發生。但，如果一切矛盾，一舉被消解了，那末，我們便到達所謂絕對眞理，而世界史也就終結了，可是縱令世界史再也無事可做，但世界史還要向前進行，——這時候，不可消解的新矛盾，又發生了。 要哲學來逐行消解矛盾這個任務，就無異要一個一個的單獨的哲學家，來逐行只有那全人類在其進步的進展中才能完成的任務一樣，——我們一旦洞悉了這一點，（引導我們得到這洞察的，除了黑智兒，結局再也沒有他人，）那末，從來在哲學一名詞意義之下的整個哲學，也就隨之終結了。 從而，人們就拋棄了用這樣的方法由各個單獨的人所不能到達的"絕對眞理，"而去追求可以到達的相對眞理，相對眞理，是用實證科學的方法，是用那種藉辯證的思惟以總括實證科學之成果的方法，而到達的。 於是，哲學一般，就以黑智兒而告終；這就是一方面因爲黑智兒將哲學全部的發展，大規模地總括在他的哲學體系裏面，他方面因爲黑智兒指示我們一條道路，從哲學體系的迷宮，走到現實地實證地去認識世界，——縱令這個指示，在黑智兒自己是無意識的。

　　（註） 恩格斯於一八六五年寫給蘭格的信中，（見"新時代"第二十八卷，第一號，一八四頁以下。）以如次的言語結尾。 "不用說，我決不是一個黑智兒派，但我對於這位放弊的偉大人物，却抱著非常的敬畏和依戀。"

機械論的唯物論批判

黑智兒哲學體系，在富於哲學空氣的德國，會發生怎樣偉大的影響，這是不難想像的。這體系的勝利，繼續好幾十年，卽令在黑智兒死後，這勝利也還未靜止。反之，恰好從一八三〇年至一八四〇年，"黑智兒風"，（Hegelei）却獨占地風靡一時，甚至多少傳染到反對黑智兒的人身上去；正是這個時代，黑智兒的見解，有意識地或無意識地，極強烈地侵入到種種科學上去，而且充滿於通俗讀物及日刊新聞上面，——這讀物和新聞，是"受有敎育的意識"（卽受有敎育的人士。譯者附註。）之思想上的材料。但是，黑智兒體系各方面的勝利，却不外是牠的內部鬪爭之序幕而已。

我們業已明白黑智兒全部學說，充分具有包容關於實際問題種種黨派見解的餘地；而且當時德國的理論界，關於實際問題的事件，首先就是宗敎和政治。凡是着重黑智兒體系的人，在宗敎和政治兩方面，便稍稍帶着保守的態度；凡是以辯證的方法爲重的人，在宗敎上和政治上，便屬於極端的反對派。從黑智兒本人來說，縱令在他著作中，略爲流露革命的憤激，但全體上，多半傾向於保守方面；他的體系，較諸他的方法，更多耗費他的"思想上的辛苦勞作。"當一八三〇年代之末，黑智兒學派的分裂，便益加顯明了。左翼，卽所謂靑年黑智兒派，當其和誠虔的正敎派及封建的反動派鬭爭時，便漸次拋棄那種對於緊急時事問題所持的貴族哲學的愼重態度，——黑智兒學說，從來卽因這種態度，而得到國家的默許，甚至得到國家的保護；到一八四〇年，正敎派的僞善及封建專制的反動，伴着斐里德里希·威廉第四（註一）同時登位時，青年黑智兒派，公然揭起黨派旗幟，便成爲不可避免的事體了。這時候，固然還是用哲學的武器來鬭爭，但業已不是爲得抽象的哲學上的目的來鬭爭；却是要直接傾覆傳統宗敎及現存國家。在"德意志年誌"（dentsche Tahrbucher）時代（註二）關於實際問題的終極目的，大半還裝扮哲學面具，可是當一八四二年"萊茵新聞"（Rheinische Zeitung）時代（註三）青年黑智兒學派，便拋棄這面具，赤裸裸地表示他們新興急進的布爾喬汜亞哲學，不過爲得掩蔽檢查官的耳目，還用着哲學的小面具。

（註一）一八四〇年至一八五九年爲其執政期間，死於一八六一年。

（註二）一八三八年以後，由路格編輯的"德意志科學與藝術的哈爾年報"（Halleschen Yahrbuecher fuer deutsche wissenschaft und Kunst）一八四一年以後，因檢查的緣故，就以"德意志年誌"名義，在馬克思與寶厄共同工作之下而發刊。一八四四年，路格和馬克思又編輯一種姊妹雜誌，名曰"德法年誌"。

機械論的唯物論批判

(註三) 一八四二年一月一日以後，在哥隆出版。 從一八四二年十月至一八四三年三月，其間都是馬克思主筆。

然而，當時政治是荊棘叢生的原野，所以，主要鬪爭，都轉向着宗教；這種鬪爭，間接依然是政治鬪爭，尤其在一八四〇年以後是如此。 司特老司(註一)著一八三五年出版的"耶蘇傳"(Leben Jesu)便是這種鬪爭的最初導火線。 這書裏面所說的福音書神話形成理論，後來為白魯諾・寶厄，(註二) 以福音書全部故事為福音書作者本人的創作一證據所反駁。 兩者的論爭，都扮裝為哲學上"自己意識"(Selbstbewusstsein) 對 "實體"(Substanz) 的鬪爭；於是福音書的聖跡故事，是發生於原始共產團體胎內之無意識的傳統的神話創造呢還是福音書作者本人的創作呢一問題，便漸次擴大而發展為：世界歷史中具有決定的原動力的，是"實體"呢還是"自己意識"呢一問題，最後就出現了今日的無政府主義的預言者司特勒爾，(註三)——巴枯寧採擇他的處所很多，便以他的至上的"惟一者"，(Einzige) 擡高至上的"自己意識"。

(註一) 司特老司生於一八〇八年，死於一八七四年，耶蘇傳所給與恩格斯的影響 事實，可參看古司達夫・邁爾著"青年期的恩格斯"，二七頁至三二頁。

（註二）　白爾諾，寶厄生於一八○九年，死於一八八二年。他對於基督敎之發生所下的批判諸著作，公布於一八四○年一八四一年及一八五○年以後。

（註三）　司特勒爾生於一八○六年，死於一八五六年，其主著爲"惟一者及其財產"(Der Einzige und sein Eigentum) 一八四五年刊行。

關於黑智兒學派崩壞過程一方面，我們用不着再來詳述。在我們看來，較爲重要的，就是：勇猛果敢的青年黑智兒派一集團，因爲迫於反對既成宗敎的實際上的必要，而折轉到英法唯物論上面去。在這折轉時，青年黑智兒派，便和他們的學派體系，立於衝突地位。這就是說，唯物論，認爲自然是惟一的現實，反之，在黑智兒體系中，却認爲自然不過是絕對觀念的"外化"而已，也可以說是觀念的降格；黑智兒體系，不拘在那一情況中，都認爲思惟及其思想的產物卽觀念，乃是本源的東西，而自然却是派生的東西――卽經過觀念一般的恩許，才得存在的派生物。人們便在這個矛盾之中，左來右去地摸索。

這時候，費兒巴哈的"基督敎之本質"（註一）就出世了。因爲這書，將唯物論直截了當又擡高到皇帝的寶座上面，所以一擧就將上面所說的矛盾打得粉碎。自然之存在，是和

機械論的唯物論批判

一切哲學無關係的；自然是我們人類所因以發育的基礎，人類本身，就是自然的產物；在自然與人類之外，並不存在何物，創造我們的宗教空想的那一位於人類之上的本質，只是我們自己的本質之空想的反映。——因此，束縛就被解除了，"體系"就被粉碎了，被拋棄了，只能存於幻想中的矛盾，也被消解了。——人們要從這書獲得一個觀念，就必得體驗這書本身所發生的解放力的效果。一般都感激這書：我們曾經都有一個時期成為費兒巴哈派。馬克思怎樣以熱情歡迎這新見解，怎樣極度受了這書的影響，——縱令他有許多批判，——可以從"神聖家族"（註二）中看出來。

（註一）費兒巴哈生於一八〇四年，死於一八七二年。"基督教之本質"刊行於一八四一年，第二版刊行於一八四三年，一九〇四年勒克拉姆"世界文庫"又收為第四五七一號至第四五七五號。

（註二）馬克思與恩格斯合著"神聖家族或批判的批判之批判"，一八四五年刊行。例如"馬克思恩格斯遺稿集"第二卷二四八頁，就說："費兒巴哈——因他將形而上學的絕對為神，消解在'其基礎建立在自然上面的'現實的人類裏面，所以他站在黑智兒立場上，完成了並批判了黑智兒，——因同時要去批判黑智兒思辨哲學及一切形而上學，以描此偉大的優妙的特質，所以他才開始完成了對於宗教的批判，"或在一九四頁以下："誰毀滅了概念的辯證法呢？卽誰毀滅了惟有哲學家才知道的神之戰爭呢？這就是費兒巴哈。誰將人

一　從黑智兒到費兒巴哈

——不用說，不完全是人一意義，而好似是人在其為人一意義以外，還有其他意義一樣，——代替了舊日的虛妄及無限的自己意識呢！這就是費兒巴哈，也只有費兒巴哈。"

縱令費兒巴哈這書有錯誤處所，但這錯誤，却促成了牠的一時的效果。這書美文的——有許多處所，却過於誇張，——體裁獲得較多的讀者，並且直承多年來流行着抽象而難解的黑智兒風之後，這書却正是當時人的一服清涼劑。費兒巴哈對於愛，過度地與以神化，也同樣獲得較多的讀者，在世人不能忍受"純粹思惟"（即黑智兒哲學。譯者附註。）的已成的至上權威時，這種愛之神化，雖然不能取得這一權威的承認，却也取得其寬恕。但我們不應忘記：一八四四年以來，像疫病一般地，蔓延於"受有教育的"德意志（即德意志知識分子。譯者附註。）之間的"真正社會主義"，（註）恰恰和費兒巴哈這兩個弱點相結合，這就是說，以美麗的辭句，代替科學的認識，以利用"愛"而求人類之解放，代替藉生產之經濟上的改造以求普羅列達里亞之解放，簡約言之，就是將科學的認識及普羅列達里亞之解放，化為討厭的美文和悶鬱的愛之說教，其典型，就是卡兒·格林。

　　（註）共產黨宣言。（共產主義初步教科書，四四頁以下。）

進而，更有不可忘記的：即黑智兒學派，業已消解了，

機械論的唯物論批判

但黑智兒哲學，却不曾批判地被克服。司特老司和寶厄兩人，各各採取黑智兒哲學的一方面，而互相攻擊他一方面。費兒巴哈打破了黑智兒體系，乾脆拋却這體系。但單是認為某一哲學為錯誤，却還不是終結了這哲學。並且，像黑智兒哲學，對於國民精神發展上，發生這樣非常的影響，其龐大的業績，更不是人們單單不理會牠，就可算是被終結了的。黑智兒哲學，應當用這哲學特有的意義的揚棄，(aufheben 去"揚棄"他，這就是說，黑智兒哲學形式，要批判地給牠毀滅，而救出由這哲學所獲得的新內容。這一事象如何的發生，且待以下分解。

可是，恰如費兒巴哈直截了當終結了他的黑智兒一樣，一八四八年革命，也直接了當終結了整個哲學，同時，費兒巴哈本人，也被擁押着到陰影中去了。

二 觀念論與唯物論

一切哲學，尤其是近代哲學的根本大問題，就是思惟與存在的關係一問題。 遠古以來，人類對於他們自己的肉體構造，全無所知，而爲夢象（註）所鼓動，從而就到達一種觀念，認爲思惟與感覺，不是他們肉體的活動，而是內在於這肉體中並且在人死後離開肉體的那特殊靈魂的活動——從這時代以來，人類的思想，就不得不用在這靈魂對於外界的關係一問題上面。 如果死後，靈魂離開肉體，還繼續活着，那末,便無理由，可以想像靈魂，也有一個特殊的死；所以，**靈魂不滅一觀念**，就緣之而生。 靈魂不滅，在未開化時代那一發展階段上，絕不是安慰，而是人們不能抗逆的命運，有如希拉人一樣，並且常常認爲牠是積極的不幸。 人生不**滅這無聊賴的想像**，並不是從宗敎上的安慰之要求導來的,

機械論的唯物論批判

而是由於一般知識貧乏所發生的狼狽情況的結果，卽由於在肉體死後，對於曾經相信的靈魂，無法布擺而來的結果。由全然同一的方法，卽由自然力之人格化，就形成了最初諸神，隨着宗教向前發展，這些神，便益加帶上超世界的形態，到了以後，由那一經過精神發展隨而自然到來的抽象過程，我差不多可以說這是蒸溜過程，——便從許多多少受有制限以及相互制約的諸神中，在人類頭腦裏面，就發生了一神教的上帝這個觀念。

（註）甚至在今日野蠻人及較低級的未開化人之間，那種認為在夢中所出現的人類形態，就是暫時離開肉體的靈魂一觀念，還是普遍的；因此，現實的人類，對於他在夢象中向夢見的人所發生的行為，便認為眞有責任。例如黎海猥於一八八四年在古巴拉島印第安人之間，便發見了這種思想。（恩格斯註）

思惟對於存在，精神對於自然的關係一問題，卽全部哲學的最高問題，正如一切宗敎一樣，其根源也都存在於野蠻時代狹隘無知的觀念中。但是，當歐羅巴人類從基督教中世紀長期冬眠狀態覺醒時，這問題才開始以牠的充分明瞭的形式提出來，才開始獲得牠的整個意義。關於思惟對於存在的地位一問題，也在中世紀煩瑣哲學（Scholastik）中發生重大作用，那時的問題，卽什麼是本源的東西，是精神呢還

二　觀念論與唯物論

是自然呢這問題，逆向着敎會的意思，就發展爲：是神創造世界呢還是世界從永久之昔就存在着呢一問題。

由於各各對於這問題的答案之不同，**哲學家就分裂爲兩大陣營。** 那些主張對自然而言，精神是本源的東西的人，結局，這些人，又承認存在某種宇宙創造，——在哲學家的情况而言，例如黑智兒，這種宇宙創造，便較基督敎的宇宙創造，還要荒唐無稽，——這些人，就形成爲觀念論一陣營。其他認爲自然是本源的東西的人，就屬於唯物論的種種派別。

觀念論與唯物論兩名詞所表示的意義，除以上所述的意義以外，並無其他意義，這兩名詞的其他意義，我們在這裏是用不着的。 如果將其他意義插入到這兩名詞裏面，那末，在以後便會看見將要發生何種的混亂。

但是，思惟與存在的關係一問題，還有他方面的意義：即我們對於周圍我們的世界之思想，和這世界本身，有什麼關係呢？ 我們的思惟，能夠認識現實世界麼？ 我們能夠在我們的觀念及概念裏面，由現實世界，以產生現實世界的正確映像麼？ 在哲學用語中，這問題，就叫做思惟和現實之一致的問題，並且大多數哲學家，都以肯定態度，來答覆這問題。 例如在黑智兒看來，對於這問題的肯定答覆，便是自明的；因爲如他所見，我們在現實世界中所認識的東西，

機械論的唯物論批判

正是這世界之思想的內容，這就是他所謂絕對觀念之漸進的現實化，絕對觀念，是從永久之昔以來和世界獨立而先於世界就存在於某處的；但這樣一來；思惟能夠認識自從最初以來即成為世界之思想的內容的那一內容，便用不着說明了。同樣，這裏所要證明的東西，早已潛伏在這前提裏面，也就極其明白了。 但這一點，並不妨礙黑智兒從他的思惟與存在之一致一證明中，而引出別一結論，即：他的哲學，因為在他的思惟而言，是正確的，從而也就是惟一正確的哲學，並且要證明思惟與存在之一致，人類就必得將他的哲學，從理論轉移到實踐，並依從黑智兒的根本原則，以改造整個世界。這是一個幻想，是黑智兒和差不多一切哲學家所共同抱着的幻想。

但此外還有許多哲學家，反對認識世界之可能，或至少反對完全認識世界之可能。 近代人休謨(註一)和康德，便屬於這些哲學家裏面，他倆在哲學發展上，發生重大作用。 對於這見解(卽反對認識世界為可能一見解。譯者附註。)之決絕的反駁，只要這反駁從觀念論立場出發為可能，黑智兒便早已說過了；在這觀念論立場中，費兒巴哈所附加進去的唯物論，却富於才華，而缺少深刻。 對於這見解以及對於其他一切哲學狂想之當頭一棒的反駁，便是實踐，質言之，卽實驗與產業。

二 觀念論與唯物論

如果我們能夠證明我們對於某一自然事象的理解之為正確，同時，如果我們自己能造出這種自然事象，如果能從發生牠的諸條件，以產生這自然事象，如果另外還能使這自然事象合於我們的目的，而為我們使用，那末，康德的不可把捉的"事物即自(Ding an sich)愍隨而終結了。在動植物體中，所發生的化學物質，當有機化學，不曾從這一個到那一個配製這物質時，仍舊是那種事物即自。但在有機化學能配製牠以後，事物即自，便成為我們之物了，即如茜草色素亞里查琳，(Alizarin)(註二)便是一例，我們再也用不着讓原野的茜根草，去生長亞里查琳，我們却可以更廉價更簡單地，從煤黑油中製造出來。哥白尼(註三)的太陽系，二百年間，都是一種假說，對於這假說，雖有百分之九十九的人信以為確，可是依然不外一假說而已；但等到勒未累(註四)根據這太陽系已有的材料，不但推算必然存有一個未知的遊星，而且推算到這遊星在天體中所佔的位置的時候，並且等到加爾，(註五)接着確實發見了這遊星的時候，哥白尼的太陽系，才得到實證。縱令如此，但如果新康德派，企圖在德國，謀康德思想的復活，如果不可知論者，(註六)企圖在英國，(在英國，休謨思想是決沒有滅絕的，)謀休謨思想的復活，那末，這就叫做忽視了多年來對於這些思想在理論上及實踐上所成就的

44　　機械論的唯物論批判

反駁，在科學上言，他們就是開倒車，在實踐上言，則他們不外是一面暗中接受唯物論，一面卻在世人面前否認唯物論，那種無恥態度而已。

　　（註一）　休謨生於一七一一年，死於一七七六年。於一七四八年，公布他的"對於人類悟性之研究"。

　　（註二）　從一八八六年以來，用人工就可以造出亞里查琳。

　　（註三）　哥白尼，生於一四七三年，死於一五四三年。

　　（註四）　勒未累，是法國天文學家，死於一八七七年。

　　（註五）　加爾是白勒斯勞的天文學家，於一八四六年，發見海王星。

　　（註六）　參看恩格斯的"史的唯物論"。（見附錄中。）

但從笛卡兒（註一）至黑智兒，從霍布士（註二）至費兒巴哈，這一長期間，推進哲學家向前突進的，決不是如哲學家所信仰，單獨由於純粹思惟的力量。恰恰相反。真正推勳他們前進的，却特別是自然科學及產業之強大不斷的急激進步。這事實，在唯物論者身上，已表現得明顯；但觀念論體系，也次第充滿着唯物論的內容，並且企圖用汎神論以調和精神與物質的對立，所以到了最後，黑智兒體系，也不外表示着，從牠的方法及內容上觀念論地倒立着的唯物論而已。

　　（註一）　笛卡兒，生於一五九六年，死於一六五〇年，法國思想家，近代哲學的建立者。

(註二) 霍布士，生於一五八八年，死於一六七九年。英國唯物論哲學家。英國革命時代的人。

斯塔克，在他論述費兒巴哈的特徵之際，首先他研究費兒巴哈對於思惟與存在的關係—根本問題所採取的態度，這是有理由的。他在簡短的序論中，用不必要的艱澀的哲學語句，敍述從來的哲學家，尤其是康德以後的哲學家的見解，關於黑智兒，則因他過於從形式上拘泥于黑智兒著作各個章句，所以他只簡短地敍述黑智兒，——在他敍述了這些以後，在這緒論中，接着又依從關於費兒巴哈哲學諸著作的順次，詳述費兒巴哈"形而上學"自身的發展徑路。這敍述，其工作是勤勉的，是概括的，只是一件，恰如他全書所有的毛病一樣，並非是不可避免的這個濫用哲學的表現法，也濫用在這敍述裏面。可是，他對於同一學派或費兒巴哈本人的表現法，其使用較少，而混用種種流派，尤其是近來極猖獗的自然哲學諸流派的表現法較多，則其毛病就更加厲害。

費兒巴哈的發展徑路，是一個黑智兒學派——不用說，不全然是正統派，——走向唯物論的發展徑路，這發展，到達一定階段，必然和牠的前輩（卽黑智兒。譯者附註。）觀念論體系，完全絕緣。最後因一種不可抵抗的力量，迫着費兒巴哈到達以下的見解，就是：黑智兒所謂"絕對觀念"之先世

機械論的唯物論批判

界的存在，即先於世界而存在的"邏輯範疇的先在"，不外是對於超世界的創造主的信仰之空想的殘滓而已；就是：屬於我們自身的並且藉感官可以知覺的物質世界，才是惟一現實的東西；就是：我們的意識與思惟，不拘牠表現得如何的超感覺，也只是物質的肉體的器官之產物，即頭腦的產物。物質不是精神的產物，精神自身，却不外是物質的最高產物。這樣的見解，不用說，是純粹的唯物論。可是，費兒巴哈到達這見解，也就停住不前了。這就是說，他不能克服從來哲學上的偏見，——這並不是反對唯物論的實質的偏見，而是反對唯物論的名稱的偏見。費兒巴哈說："從我看來，唯物論，是人類本質與知識之建築物的基礎；但是，從我看來的唯物論，決不是生理學者及狹義的自然科學家如倖雷斯珂（註一）所見的唯物論，從他們的立場及專門研究看來，唯物論，必然是建築物本身。（不是建築物的基礎。譯者附註。）退後說，我完全和唯物論者一致，但向前說，却不如此。"（註二）

（註一）倖雷斯珂，生於一八二二年，死於一八九三年。其主著為"生之循環"，一八五二年刊行。

（註二）參看"費兒巴哈通信及遺稿集"（萊卜七格一八七四年刊行第二卷三〇八頁）中遺留了的箴言。"基督教之本質"第二版（一八四三年刊行）序言中，費兒巴哈說："在本來的理論哲學領域上，

二　觀念論與唯物論

我和黑智兒哲學————在黑智兒哲學中所發生的，正是倒立的東西，立於直接反對地位，只有在以上所述的意義中的實在論（Realismus）唯物論，在我看來，才有價值。"（勃克拉姆"世界文庫"版三七頁。）

費兒巴哈，在這裏，將唯物論——這是以對於物質與精神有一定見解爲基礎的一般的世界觀，——和這世界觀在一定歷史階段中尤其是在十八世紀所採取的獨特形態，混爲一談。不但如此，他又將唯物論，和十八世紀唯物論所採取的淺薄化庸俗化的形態，混爲一談；——十八世紀唯物論，在今日還繼續存在於自然科學家及醫學家的頭腦中，五十年來爲畢希勒（註一）佛格特（註二）及俾雷斯珂所弘布。但是，恰如觀念論經過一系列的發展階段一樣，唯物論也莫不如此。自然科學領域上，每次發生劃時代的發見，唯物論就必得跟着改變牠的形態；自從唯物論研究方法，也應用到歷史上來，於是歷史上，就開闢了發展的新軌道。

（註一）路易·畢希勒，生於一八二四年，死於一八九九年。其主著爲"力與質"，一八五五年刊行。

（註二）卡兒·佛格特，生於一八一七年，死於一八九五年。他的"盲從與科學"，刊行於一八五五年。（馬克思在一八六〇年，對於佛格特君的反駁一文中，將佛格特的政治的告發行爲，與以清算。）

前世紀（即十八世紀，譯者附註。）唯物論，明明是機械論的

48　機械論的唯物論批判

唯物論，因爲在當時一切自然科學中，只有機械學，並且其中只有天體和地球兩固體底機械學，總括一句，只有力學的機械學，才到達了某種程度的成功。化學，還只存在於牠幼稚的燃素說（註一）形態中。生物學，尚在襁褓中；動植物有機體，只從粗枝大葉上去研究，並且只用純機械論的原因去說明，恰如自笛卡兒看來，動物是一架機械一樣，自十八世紀唯物論者看來，人類也是一架機器。（註二）對於化學的及有機的物質之事象，機械法則，固然也有用處，但比較其他較高的法則，却要退避三舍，所以像這樣專拿機械論的尺度，來應用到這些事象上去，就會形成古典派法國唯物論所特有的——但從其時代而言，却是不可避免的，——褊狹性。

（註一）化學家斯塔爾（生於一六六〇年，死於一七三四年。）認爲一切可燃性物體，都含有一種共通物質，即含有燃素。（可燃物。）

（註二）法國醫學家哲學家拉美脱理，（生於一七〇九年，死於一七五一年。）於一七四七年，公布其著作"人類是一架機械."

法國唯物論所特有的第二褊狹性，便是因爲牠沒有能力，把世界當作一個過程，當作在歷史進化中的一個物質，去理解而來的。這事實，正適合於當時的科學狀態以及和科學狀態有關聯的哲學思索之形而上學的即反辯證法的方法。自然存在於永久的運動裏面，這在當時人，也知道。但是運動，照當時的觀念來說，却是永久在同一個圈內循環，並且，因此，絕不能走出圈外一點，這運動，永遠反覆產生同一的結果。這種觀念，在當時，是不可避免的。康德的太陽系發生理論(註一)剛剛出現於這時候，而人們不外目為一種單純的奇談而已。地球發達史卽地質學，當時全然不知道，並且現今活着的自然物，乃係由簡單進到複雜的長期進化系列的結果一觀念，在當時尚未一般地從科學上構成起來。所以，非歷史的自然觀，也是不可避免的。因為黑智兒哲學中，也有這種自然觀，所以人們就不得以這一點來責備十八世紀的哲學家。在黑智兒看來，自然便是觀念之純粹的"外化"，自然沒有在時間上發展的能力，而只有在空間上的牠的森羅萬象的擴大，因此，自然就同時地相並地顯露包藏在牠內面的一切發展階級，而註定着永久不斷地循環於同一過程之上。黑智兒以空間上的發展——但他將一切發展的根本條件卽時間，置諸度外，——這種謬妄，加在自然上的時候，正是地質學動植物生理學以及有機化學構成的時候，正是在各方面，以這些新興科學為基礎，顯露着日後進化論之天才的先覺的時候。（例如歌德與拉馬克）(註二)因為黑智兒體系，要求這樣的見解，所以思惟方法，為得要偏愛體系，其自身，也就不得不成為不真實了。

| 50 | 機械論的唯物論批判 |

(註一) 康德的"一般自然史與天體論"，於一七五五年刊行。

(註二) 拉馬克生於一七四四年，死於一八二九年。於一八〇九年公布"動物哲學"。

這種非歷史觀，也一樣通行於歷史領域上。在歷史領域上，因為反對中世紀遺物的鬥爭的關係，所以人們的觀察，就偏狹起來了。人們認為中世紀，是由綿亙千年的野蠻狀態而來的歷史之中斷，而中世紀的偉大進步，——如歐羅巴文化領域之擴大，各地相並形成起來的活躍的偉大民族，最後，以及十四世紀十五世紀技術上的大進步，——這一切，人們却沒有看見。但因為這一點，所以對於偉大的歷史相互關聯，要形成一個合理的見解，便不可能了；歷史這東西，最高也就不外當作實例和說明的集合，以供哲學家的應用而已。

五十年間，將唯物論販賣到德意志來的那些庸俗的行商走販，從來就不曾踏破他們先師所劃的界線。(註) 從這五十年來所形成的自然科學的一切進步，都只被他們用為反對世界創造主存在的新證據，事實上，使理論再往前發展，却是在他們買賣以外的事業。縱令觀念論已到山窮水盡進退維谷，縱令由一八四八年革命，而致觀念論於死地，但是他們眼見唯物論一時地墜落得較觀念論更為低下，也就心滿意

二　觀念論與唯物論

足了。　費兒巴哈拒絕替這種唯物論擔當過失，這完全是正當的，只是一件，他不該將周遊說敎者的學說，和唯物論一般，併爲一談。

(註)　以下三節說明，在恩格斯遺稿中，還找到較長的一段文章，在這段內，詳述自然科學的發展。(見附錄.)

同時，在這裏有二事必得注意。　第一，費兒巴哈生時，自然科學，還在強烈的醞釀過程中，到最近十五年間，這醞釀過程，才獲得比較澄淸的結果，當時新知識的材料，雖以空前的數量供給出來，但在急忙地所發生的發見之混沌狀態中，要建立這些發見的關聯及秩序，那就要到最近才可能。誠然，費兒巴哈生時，還看見三大發見，卽細胞的發見，能力變化的發見，及由達爾文(註一)而命名的進化論的發見。但是，隱居鄕村的哲學家，(註二)對於這些發見，——這些發見，在當時，還爲自然科學家自身一部分所反對，一部分又沒有明白怎樣去充分利用牠，——又怎樣會充分地趕上科學的潮流，來正確地與以評價呢？　這個過錯，在這裏，只有歸咎當時可憐的德意志狀態，因爲這種狀態，哲學講壇的椅子，都爲那些穿鑿附會從事詭辯的折衷派所佔領，而嶄然見頭角的費兒巴哈，却不得不隱居於小鄕村中，以終其辛酸的餘生。因此，剝去法國唯物論一切褊狹性的那種歷史的自然觀，——

機械論的唯物論批判

這種自然觀，在今日才能成立，——在費兒巴哈不曾把握着，也就不是費兒巴哈的過錯了。

(註一) 達爾文，生於一八〇九年，死於一八八二年。一八五九年公布"藉自然淘汰而來的種之起源。"

(註二) 費兒巴哈於一八三七年退居鄉間·(即 Bruckbery 村) 一八七二年，他孤獨地死於經濟壓迫之下。

第二，費兒巴哈說，純自然科學的唯物論，誠然是"人類知識之建築物的基礎，不是建築物本身，"這完全是正當的。因為我們不但生活於自然中，而且生活於人類社會中，並且人類社會，也和自然一樣，具有牠特有的發展史和牠特有的科學。因此，就必要將社會科學，即將所謂歷史的及哲學的科學之總和，以與唯物論的基礎調和，而且在這基礎上，再建立起來。可是，費兒巴哈並不答應幹這工作。(註) 在這裏，不拘他有所謂"基礎"，可是他依然為傳統的觀念論所羈絆，"退後說，我完全和唯物論一致，但向前說、却不如此。"他用這句話，他自己便承認了他為觀念論所羈絆。但是，這裏在社會領域上不"向前"的是誰，不超過他一八四〇年或一八四四年的立場一步以外的是誰，這就是費兒巴哈自己，誠然，主要原因，也是由於他的遁隱生活的結果，所以縱令他較其他哲學家，特別富於社交才能，但這生活，

二 觀念論與唯物論

却追着他不能和才能與他相同的人作友誼的及敵對的論爭，以產生思想，反之，不得不從他離羣索居的頭腦中，以產生思想。 在社會領域上，他怎樣脫不掉一個觀念論者，以後還得詳述。

（丑）"德意志觀念形態論"（自一八四五年至一八四六年。）關於費兒巴哈的片斷中，二四一頁說："費兒巴哈對於感覺世界的見解，一方面爲感覺世界的純粹直觀所制限，他方面爲純粹的知覺所制限，以人而代替現實的歷史的人。 人，實在說起來，就是德意志人。" 二四二頁說："費兒巴哈不知道圍繞他的感覺世界，並不是從永遠之昔以來就直接存在着的永遠爲同一的事物，而是產業及社會狀態的產物；這就是說，感覺世界，是每一歷史時代中各時代的人的活動之結果及產物，各時代的各人，都繼續他們先人的事業，進一步地發達他們的產業及交通，並相應於變化不居的要求，以改變他們的社會秩序"。 二四四頁說："在費兒巴哈是唯物論者--範圍以內，在他看來，便不存有歷史；在他去觀察歷史--範圍以內，他便不是唯物論者"。（見"馬克思恩格斯文庫"，第一卷）

進而，這裏還要注意斯塔克在費兒巴哈非觀念論的處所，去求費兒巴哈的觀念論。 他說："費兒巴哈是觀念論者，他相信人類的進步。"（一九頁）"觀念論，依然是全體的基礎，全體的下部構造。 實在論，在我們看來，並非別的，只是當我們追隨觀念的大流時，防備陷入錯誤路上去的一層保障

機械論的唯物論批判

而已。 同情，愛，以及對於真理與正義的熱忱，難道不是觀念的力量嗎？"（序言第八頁）

第一，這裏所謂觀念論（註一）並非別的，只是觀念的目的（即理想的目的。譯者附註。）之追求。但這追求，至多，必然是指康德的觀念論及其"無上命令"（註二）而言，可是康德自己，叫做他的哲學爲"先驗的"觀念論，這種命名，正如斯塔克所想一樣，並不是因其以道德的理想爲主而如此，却完全是由於別的理由。 哲學的觀念論，以道德的理想，卽以社會的理想爲中心，那一迷信，發生於哲學的外部，這就是說，從熟誦席勒詩篇中關於他們所必需的哲學的片言隻句的德意志斐利斯人而發生的。 嚴格地批判康德的無力的"無上命令"，——因牠要求不可能的事物，從而就決不會到達某一現實的東西，所以牠無力，—— 刻薄地譏笑那種出自席勒的，對於不可現實的理想所抱的斐利斯人的狂信，從來就沒有一個人，能夠較諸恰恰集大成的觀念論者黑智兒（參看"精神現象學"）還要厲害。

（註一） 恩格斯在這裏力說：一方面在世界觀領域上，他方面在人生處世的領域上，觀念論與唯物論兩名詞所含有的概念內容之完全不同。

（註二） 這是在康德倫理學中道德法則之絕對的義務命令。

二 觀念論與唯物論

第二，人類的活動，不得不經過人類的頭腦，這一點，無論如何都是不可避免的，——即如：飲食，其始便是藉頭腦的媒介而感覺饑餓的結果，其終，便是藉頭腦的媒介而感覺饜飽的結果。 外界對於人類所發生的作用，表現於人類頭腦中，而反映為感情，思想，衝動，意志決定，要之，即反映為"觀念之流"，並且在這形態中，又成為"觀念之力"。如果人類一般地"追求觀念之流，"並承認"觀念之力"給與他自己的影響，——如果像這樣，就將人類形成為觀念論者了，那末，每一個有幾分照常態而發展的人，便生來就是觀念論者了，並且人世間一般地又怎樣還有唯物論者呢？

第三，認為：人類現在從全體上言，至少是向着進步的方向活動的，——這個信念，和唯物論與觀念論的對立，是絕對無關的。 法國唯物論者，正和自然神論者福祿特爾（註一）及盧梭（註二）一樣，都抱着這個信念，差不多到了迷信的程度，並且每每為這個信念，而大大的犧牲。 如果有某個人，以他的全生命，都獻給"對於真理與正義的熱忱"，——這句話，係就善意而說，——那末，其實例，就是狄德羅。（註三）所以，如果斯塔克認為這一切都是觀念論，那末，這就只是證明了唯物論這名詞和這兩傾向（即唯物論與觀念論。譯者附註。）的整個對立，在這裏，對於斯塔克便完全失去其意義了。

機械論的唯物論批判

（註一）福祿特爾，生於一六九四年，死於一七七八年。自然神論者，就是說，這些人還相信有神，不過他們不認為這神是世界統治者，而只認為是世界創造主而已，並且也就是說，這些人以自然宗教，來和教義的教會宗教對立。

（註二）盧梭，生於一七一二年，死於一七七八年。

（註三）狄德羅，生於一七一三年，死於一七八四年。

事實上，斯塔克在這裏，向着斐利斯人對於唯物論一名詞所懷的偏見，——這偏見，是從長久歲月以來，由僧侶的誹謗傳統下來的，——表示一種不可寬宥的退讓，——雖然，斯塔克或許出於無意識。斐利斯人，認為唯物論，是貪食，豪飲，耳悅，肉慾，虛榮心，金錢慾，貪婪，貪慾，營利，以及投機，一言以蔽之曰，唯物論是一切不潔淨的罪惡，——這是斐利斯人不自覺地為其奴隸的罪惡；他們認為觀念論，却是對於道德的一種信仰，普遍的人類愛，以及一般的"較善的世界；"這些，是他們在他人面前所誇稱的；但在他們因其日常"唯物主義的"奢侈，隨而必然困惱於惡醉或破產時，他們自己至多也就不過相信這些而已，因此，他們就高唱他們所愛唱的歌曲：人類是什麼；——一半禽獸，一半天使。

此外，斯塔克還苦心孤詣擁護費兒巴哈去對抗今日德意志號名為哲學家的專事浮誇的哲學講師之攻擊與說教。這一點，在那種對於德意志古典哲學這一後產富於興趣的人看來，的確重要，在斯塔克本人看來，似乎也是必要的。但是，關於這一點，我們却不願煩動讀者。

三 費兒巴哈的宗教哲學與倫理學

只要我們研究費兒巴哈的宗教哲學與倫理學，就會顯露他的真的觀念論。他絕沒打算廢棄宗教，他打算完成宗教。哲學本身，就得變為宗教。"人類各時期，只有由宗教的變化，才可以得到區分。歷史的運動，只有在牠深入人心時，才是到達根柢的運動。人心不是宗教的形式，所以宗教必得存在人心中；人心就是宗教的本質。"（見一六八頁斯塔克引用文。）在費兒巴哈看來，宗教是感情關係，是人與人之間的心的關係，這關係，從前是在現實之空想的映像中，卽在一神或多神的媒介中，——這些神，是人性之空想的映像，——以尋求牠自己的實相，但在今日，却在你與我之愛中，直接地並無需媒介地，以發見牠自己的實相。因此，最後，在費兒巴哈看來，兩性的愛，雖然不是實現他的新宗教的最

三　費兒巴哈的宗教哲學與倫理學

高形式，却也不失爲最高形式之一。

可是，只要人類存在，人與人之間的感情關係，尤其是兩性間的感情關係，也就存在。兩性愛，在過去八百年間，特別發達，並獲得一個地位，成爲這期間一切詩篇所必需的框軸。既成的諸積極宗敎，只是對於兩性愛的國家規定卽對於婚姻法，加上較高的尊嚴，這些宗敎，縱令在明天就會全體消滅，可是，却一點也不因牠消滅，而變化愛與友情的實踐。例如，從一七九三年至一七九八年，這個期間的法國，事實上，基督敎已完全消滅，甚至拿破崙要謀基督敎的再興，也就不能不遭受反抗與困難，但是，在這個宗敎中絕期間，却沒有發生對於費兒巴哈所謂宗敎的代用物一要求。

這裏，費兒巴哈的觀念論，就在於他不認爲基於相互愛情的人類相互關係，卽不認爲性愛，友情，同情，獻身等，乃係和特定宗敎——在他看來，這宗敎也屬於過去時代的，——無因緣而獨自存在的東西，反之，他却主張：只有這些關係，藉宗敎一名稱獲得較高的尊嚴時，才有牠的完滿價値。這就是說，費兒巴哈所認爲主要的東西，並非這純粹的人類關係之存在，而是要將這關係，理解爲眞正的新宗敎。這關係，只有在牠蓋上了宗敎的印章時，才能認牠爲完滿的東西。"宗敎"一名詞，出自religare，本來就有結合之意。

機械論的唯物論批判

所以每兩個人的結合。都可以說是宗敎。像費兒巴哈這種語源上的詳細考究，便形成爲觀念論哲學的最後手段。這就是說，他不從宗敎這名詞實際應用的歷史發展上，去考究牠有什麼意義，而着重於由語源上看來，應有什麼意義。因此，他就將兩性愛與性的結合，擡高爲一種"宗敎"了，而只是不讓觀念論所寶貴的宗敎這名詞，從言語上消失罷了。一八四〇年路易・布蘭派（註一）巴黎改良主義者，也恰恰是這樣主張的，這就是說，他們也認爲無宗敎的人類；不外是怪物而已，並且他們向我們說："所以無神論，就是你們的宗敎。"（註二） 如果費兒巴哈想在本質上爲唯物論的自然觀一基礎上，建立眞正的宗敎，那末，這就等於把近代化學家，理解爲眞正的鍊金術一樣。如果宗敎沒有牠的神，而能存在，那末，鍊金術，沒有牠的智者之石，也就能存在。還有一層，鍊金術與宗敎之間，却具有極密切的關聯。智者之石，具有許多類似於神的性質，並且紀元後一世紀與二世紀埃及希拉的鍊金術士，在基督敎敎義的發達上。也發生過關係，——關於這點，由哥布（註三）與柏德樓（註四）所蒐集的材料，便可明證。

　　（註一） 路易・布蘭生於一八一一年，死於一八八二年。他的"勞動之組織"，公布於一八四〇年。

(註二) Donc' l'atheisme c'est votre religion!

(註三) 哥布生於一八一七年，死於一八九二年。 他的主著為"化學史"。 一八四三年以後刊行。

(註四) 柏德樓生於一八二七年，死於一九〇七年。 法國化學家。

"人類各時期，只有由宗教的變化，才可以得到區分"，費兒巴哈這主張，斷然是錯誤。 認為歷史上大博換期，係隨伴宗教的變化而來的，—— 這也只有在考察從前成立的三個世界宗教（佛教基督敎回敎）的時候，就如此。 自然發生的古代氏族宗教與民族宗教，並無號召信徒之力，並且只要氏族與民族的獨立性破滅時，這種宗教，便失落一切抵抗力； 例如日耳曼民族，就是這樣，只要這民族，簡單地和行將崩壞的羅馬帝國相接觸，和那種剛為羅馬帝國所採用而且適合於帝國經濟政治以及思想狀態的世界宗教基督敎相接觸，日耳曼民族宗敎便完全消滅了。 我們在這種多少由人工而成的世界宗教上面，尤其是在基督敎與回敎上面，才開始看見一般的歷史運動，蓋上了宗敎的印章，就是在基督敎領域而論，對於真正具有普遍意義的革命所蓋下的宗敎印章，也就只限於從十三世紀到十六世紀這一期間的布爾喬汜亞解放鬥爭的最初階段，並且也不能如費兒巴哈所主張，舉人心及

| 62 | 機械論的唯物論批判 |

人類的宗敎要求，來解釋這事象，却只可拿整個中世紀的前史——這是除了宗敎與神學，便無其他觀念形態，——來解釋。 但是，當十八世紀布爾喬汜亞充分強大起來，而且具有適合於他們階級立場的獨有觀念形態時，他們便專靠法律與政治的觀念，以完成其偉大且確定的革命，卽法國革命。只有在宗敎擋住了布爾喬汜亞的進路時，布亞喬汜亞才去理會宗敎；可是布爾喬汜亞，却連夢中，也沒想到拏新宗敎去代替舊宗敎。 羅伯斯庇爾（註）怎樣因此而失敗，這是大衆所周知的。

（註） 羅伯斯庇亞生於一七五八年，死於一七九四年。 在他失敗前數月，他企圖將"神之禮拜"，扮演爲一齣歐劇。

我們和他人交際的純人類感情之可能性，到今日，已充分爲其基礎建立在階級對立及階級統治上面的社會——我們不得不在這社會裏面活動，——所妨礙，因此，我們沒有理由，把這種感情擡高爲宗敎，以致我們自己還進一步地妨礙這可能性。 同樣，對於偉大的歷史上的階級鬪爭之理解，也業已爲通常的歷史記述——尤其是在德國，——所充分模糊了，所以，我們就不應把這種階級歷史，轉變爲敎會史的純粹附錄，以致我們對於階級鬪爭的理解，完全成爲不可能。由上所述，便業已指明我們今日和費兒巴哈相隔離是怎樣的

三　費兒巴哈的宗敎哲學與倫理學

遠。　費兒巴哈贊美這新的愛的宗敎的"美辭麗句,"在今日完全不値一讀。

費兒巴哈認眞硏究過的惟一宗敎，就是西方世界宗敎的基督敎，基督敎的基礎，建立在一神論上。他證明基督敎的上帝，只是人的空想的反映，人的映像。但這上帝本身，却不外是一個長期的抽象過程的產物，却不外是以前許多氏族神及民族神之結晶的精髓。相應於這一說，從而人——他的肖像，就是那種神，——也就不是現實的人，而正是許多現實的人之精髓，正是抽象的人，因此，他本身也就是思想的肖像。費兒巴哈，在各方面，都力唱感覺性，都力倡要潛入到具體和現實性裏面去，可是同一個費兒巴哈，只要他更遠走一步，談到人與人之間的赤裸裸的兩性交際時，他就十足加一地抽象化了。

這種交際，費兒巴哈只看到道德的一方面。這拿黑智兒來比較，又使他們驚駭費兒巴哈的異常貧弱。黑智兒的倫理學或道德學，就是法律哲學，其中包括：（一）抽象的法，（二）道德，（三）風習；後者裏面，又包括家族，市民，社會，及國家。在形式上，這樣帶着觀念論的色彩，但在內容上，却又這樣帶着實在論的色彩。其中包括法律，經濟，政治的整個領域，並道德。費兒巴哈則恰相反。從形式上

64　　　　　機械論的唯物論批判

言，他是實在論的，他的研究從人出發，但他對於人所生活的世界，却絕對沒有說過話，所以，這種人，終久還是和宗教哲學中所說的人，是同一的抽象的人。　這種人，並不是從他母胎生出來的，而是從一神教的上帝所脫化出來的，因此，這種人，就不是生活於歷史地所成立的歷史地所決定的現實世界中；誠然，這種人也和別人交際，但每一個別人，也和這種人本身一樣，同是抽象的。(註一)　在宗教哲學中，還有男女之別，但在倫理學中，却消失了這個最後的區別。誠然，費兒巴哈間或也提出這樣的命題："如人在宮殿所想的，不和在茅屋所想的一樣。當你迫於饑餓與窮困，而無物質在你身中時，那末，在你頭腦中，感覺中，以及心中，也就沒有造成道德的物質。政治不可不成爲我們的宗教"。等等。但費兒巴哈絕對不知道去發展這些命題，這些命題，也就只是單純的語句而已；並且連斯塔克也不得不斷定：在費兒巴哈看來，政治是不能踰越的境界，並且"在他看來，社會學說即社會學，是一個不可知境。"(註二)

（註一）　參看馬克思恩克斯著"德意志觀念形態論"中關於費爾巴哈的斷片。（"馬克思恩克斯文庫"，第一卷，二六三頁以下）其中云："費兒巴哈相信：(Wigands 季刊一八四五年第二卷）他以公共人的資格，宣言他自己是一個共產主義者，並將人這個東西，轉變等一個稱號，從而又將共產主義者一名詞，(共產主義者，表示一種現存世界上一定的革命政黨的成員；)變為單純的範疇，———當他這樣相信時，便明示他陷於何等錯誤之中。 費兒巴哈，關於人的相互關係的整個演繹，不外證明了人是以相互為必要，而且常常以此為必要。他想創立關於這種事實的意識，他又想和其他理論家一樣，只是提示關於現存的正確的意識，但從現實的共產主義者看來，却要來試一試顛覆這些現存的事物。"

(註二) terra incognita

同樣，在討究善與惡對立時，費兒巴哈和黑智兒比較起來，便現得平凡。 黑智兒的意思是這樣："如果有人說，人生來就是善的，人們就相信這是說了偉大的話，但人們忘却：人生來就是惡的這句話，更要偉大。" 在黑智兒看來，惡是歷史的發展動力所顯現的形態。 可是，其中有二重意義：一方面，每一個新進步，都必然當作一種反抗神聖的罪過而出現，即當作一種反對舊時的趨於死滅的狀態———但在習慣上，認為這狀態是神聖的，——— 之叛逆而出現；他方面，自從階級對立出現以來，成為歷史的發展之槓桿的東西，恰好就是人的惡劣的情慾，卽貪婪與支配慾，例如，封建制度的歷史和布爾喬亞的歷史，便是不斷地表示這一點的惟一證據。 但費兒巴哈，却未曾研究道德上所謂惡在歷史上的作用。 在

機械論之唯物論批判

他看來，歷史是一般無趣味無祕密的領域。他的主張："本來，由自然生出來的人，也不外一個純自然體，而不是人。人是人的產物，文化的產物，歷史的產物。"——就是以這個主張而論，在費兒巴哈身上，也依然完全沒有結成果實。

費兒巴哈，對我們所說的關於道德方面的東西，從以下所述看來，便只見其極度貧弱。即：幸福衝動，是與生俱來的，因此，這衝動，就必得成為一切道德的基礎。但他於幸福衝動之上，又加上二重修正。第一，拿我們的行為之自然的結果去修正。即泥醉的結果，為宿醒；常常放縱的結果，為疾病。第二，拿行為之社會的結果去修正。即如果我們不顧及他人的同一的幸福衝動，那末，他人便會防衛他自己，而侵害我們自己的幸福衝動。由此推演下去，其結論就是：我們為得滿足我們的幸福衝動，就必得正確估計我們的行為之結果，他方面，又必得承認他人對這種衝動有同一的權利。因此，對於自己，就是合理的自己抑制；在和他人交際時，就是愛，——永遠都是愛；——這兩者，就是費兒巴哈道德論的基礎法則，其他法則，都由此導演出來，所以不拘是費兒巴哈才氣煥發的論述，也不拘是斯塔克對費兒巴哈所下的極有力的讚辭，都不能掩飾這兩個命題的貧弱和平凡。

三　費兒巴哈的宗敎哲學與倫理學

只是顧及自己個人去滿足幸福衝動，這是頂稀罕的事情，並且，要使幸福衝動，顧及到自己個人與他人兩方都有利益，也是決然辦不到的。　幸福衝動，需要顧及到外界，——外界，是滿足幸福衝動的手段，——所以，我們需要飲食，異性，書籍，談話，議論，活動，以及利用對象物與消費對象物。　費兒巴哈道德論的前提：或者是滿足幸福衝動的手段與對象物，任何人都是直截了當所具有的；或者是他的道德論，只給人以好看而不能實行的學說，二者必居其一，因此，這種學說，在缺少這種手段的人看來，便不值一文錢。　並且關於這一點，費兒巴哈本人，也曾以露骨的言語說道："人在宮殿所想的，不和在茅屋所想的一樣。　當你迫於饑餓與窮困，而無物質在你身中時，那末，在你頭腦中，感覺中，以及心中，也就沒有造成道德的物質。(註)

(註)　費兒巴哈在他生涯中最後多愁的十年的自傳裏面，也曾寫道：(見科夫特著"路德維希費兒巴哈"三一八頁，一九〇九年刊行)，"因爲人不能作什麼事，所以不是什麼，並且正因爲人什麼也沒有，只因爲這一點，所以什麼事也不能作，——這是一個否定的意識，誠然，我是極其渺小，——至少對世界而言，是如此，但是，這也只是爲窮乏而來的。　多多的給與我罷！如此，我便益加富足起來了，誰無財產，誰就無意志。"

68	機械論的唯物論批判

似此，承認他人幸福衝動的同等權利，這就好了嗎？ 費兒巴哈，認爲這種需要，（卽承認他人幸福衝動的同等權利，譯者附註）是絕對的，行於一切時代與一切環境都有效用。 但這種需要，從何時起就有效用呢？ 古代的奴隸與主人之間，中世紀的農奴與豪族之間，可以說得上幸福衝動的同等權利麼？ 難道被壓迫階級的幸福衝動，不是毫無情面地，"因爲法律的緣故"，而爲支配階級的幸福衝動所犧牲嗎？—— 誠然，這也是不道德，但這種同等權利，現今已被承認了。 自從布爾喬汜亞和封建制度鬪爭，又要發展資本主義生產以來，就迫於不得已，廢止一切身分上的特權，卽一切私人的特權，而首先導成私法上的個人同等權利，其次漸漸又導成公法上的法律上的個人同等權利，—— 自從這個時候，這種同等權利，就在一紙空文上被承認了。 但幸福衝動，由觀念上的權利所供給的，只是極少的部分，最大部分，還要由物質手段來供給；可是，因爲資本主義生產，只顧慮到享有同等權利的大多數人僅足以維持其最低限度的必要生活，所以從一般而言，資本主義生產，並不較以前奴隸制或農奴制，更是尊重幸福衝動的同等權利。 至於幸福的精神手段卽教育手段，是不是比較更好呢？ 甚至那個"薩多瓦校長，"（註）不還是神話中的一個人物麼？

(註) 一八六六年勒不士格柏懲開敎授之言："科尼格拉斯（卽薩多瓦）的勝利，卽普魯士的校長的勝利。"

不但如此。據費兒巴哈道德學說而言，則證券交易所，就是道德的最高殿堂，——但要假定爲人們在那裏都要不斷地善於做投機事業。如果我的幸福衝動，帶着我到證券交易所去，在那裏，我善於籌算我的行爲的結果，以致這結果，只使我得到愉快而不損失，換言之，就是使我不斷地賺錢，那末，費兒巴哈的法則，才是可遵從的。像這樣說來，那末，我也就沒有妨害他人的同樣幸福衝動，因爲他人和我一樣自由，也跑到證券交易所去，和我共同投機，在這個當兒，恰如我依從我的幸福衝動做去一樣，他人也依從他自己的幸福衝動做去。如果他失了本，這就證明他的行爲不道德，因爲他不善於籌算他的行爲的結果，並且我還要向他課以應得的處罰，我藉此就擺着現代的剌達曼塔斯(註一)的架子，意氣揚揚起來了。並且愛情，——只要愛情不是一個傷感的文句，——也支配着證券交易所，因爲在那裏，每個人都在他人身上，以滿足其幸福衝動，——這也就是愛情所當做的工作，這也就是愛情在實踐上所表示的。如果在那裏，我正確籌算了我的行爲的結果，而且投機事業收了功效，那末，我就完全遵從費兒巴哈道德的嚴格要求，我也就成爲富翁了。

機械論的唯物論批判

換言之，卽費兒巴哈道德，正適合於今日資本主義社會，——雖然他自己不希望或不打算。(註二)

(註一) 古代希拉人觀念中所謂地獄審判之一。

(註二) 這個最後文句：在一八八六年最初文章中，還是沒有。

但是，愛情呢！——誠然，自費兒巴哈看來，愛情不拘何處何時，都是魔術的神，牠可以拔除實踐生活上一切困難，——並且在分裂爲利害相反的階級社會中，也是如此。因此，愛情之革命性的最後殘餘，也就從哲學上消失了，剩下的，只是舊日的歌聲：彼此相愛呵！無性別無身分別地你們一齊挽抱着呵！——這就是一齊協調的夢想！

總而言之，費兒巴哈道德學說，是完全和他前人一切道德學說一樣。這種道德學說，是行諸一切時代一切民族一切環境而皆準的，但是，正因爲這一點，所以這種道德學說，是不拘何時不拘何地所不可應用的，其對於現實世界，也就和康德的無上命令一樣，都是一種無力的東西。實際上，每個階級，甚至每種職業，都各有牠獨自的道德，並且如果他們能不受處罰而行動，那末，這種道德，也就被破壞了；至於那結合一切而爲一個東西的愛情，却表現爲戰爭，衝突，訴訟，家庭糾紛，離婚，以及一部分人對於他部分人的儘可能的榨取。

三　費兒巴哈的宗教哲學與倫理學

但是，費兒巴哈所主張的有力的衝動，對於他本人，却這樣的無結果而終，這又是什麼理由呢？這個理由很簡單，就是因為費兒巴哈不能發見一條道路，從他所深惡痛切的抽象國，走到活躍的現實界去。他把住了自然與人，但自然與人，對於他，却依然是單純的名詞。不拘關於現實的自然或現實的人，他都不知道向我們說一點明確的東西。（註）然而，如果將人看做是歷史上的行動者，那末，便可以從費兒巴哈的抽象的人，過渡到現實的活躍的人。可是，費兒巴哈却反抗這個做法，因此，他所不理解的一八四八年，就只是指明了：他和現實世界最後絕緣，而隱退到孤獨生活去。使他到達這樣的景況，其罪過，大部分還是要歸咎於德意志的環境，這種環境，弄到他困苦零落。

（註）"費兒巴哈，特別說到關於自然科學的見解，……但無產業與商業，那末，自然科學又在那裏呢？實在說來，甚至純粹自然科學，也都只有藉商業與產業，藉人的感覺活動，才可以開始獲得他的目的與他的材料。"（馬克思恩格斯著"德意志觀念形態論"。"馬克思恩格斯文庫"，第一卷，二四三頁。）

然而，費兒巴哈所沒有完成的進步，無論如何，是必得完成的，形成費兒巴哈新宗教之核心的抽象人之禮拜，必得為現實的人的科學及其歷史的發展所代替。超越費兒巴哈並

72　機械論的唯物論批判

發展費兒巴哈的這項工作，發軔於一八四五年馬克思的"神聖家族"。

四　辯證法的唯物論

司特老司，寶厄，司特勒爾，費兒巴哈，只要他們不脫離哲學的地盤，便都是黑智兒哲學的支流。　司特老司著了"耶蘇傳"及"敎義論"（Dogmatik）以後，就專致力於芮農式的（註）哲學的與文學的美文學；寶厄則僅在基督敎發生史方面，有些許成就，但這方面，却係他的業績的顯著處所；司特勒爾始終是一個怪物，就是在巴枯寧把他和普魯東混合起來，並名這混合物為"無政府主義"以後，他依然是一個怪物；只有費兒巴哈，就以哲學家而見重於世。　然而外觀上高出一切科學之上且綜合一切科學的科學之科學卽哲學，在費兒巴哈看來，不但是一個不可踰越的境界，不可侵犯的神聖事物；而且就他是一個哲學家來說，也就停留在中途，他下半身是唯物論者，上半身是觀念論者，他沒有從批判的

機械論的唯物論批判

立場，去結束黑智兒，却只把黑智兒當作廢物，簡單地拋在一邊。所以他自己，和黑智兒體系像百科辭書一般的豐富比較起來，除了他浮泛的愛的宗教與淺薄無力的道德論以外，便沒有成就一點積極的東西了。

　　（註）芮農生於一八二三年，死於一八九二年。法國東洋學者，著述甚多的著述家，他的"耶穌傳"，發刊於一八六三年。

但從黑智兒學派解體中，還發生另一種傾向，——這是真正結了果實的惟一傾向，而且根本上和馬克思的名字相結合。（註）

　　（註）"這裏，請允許我說明關於我個人身上的事情。近來許多人，都論及我和這個理論的關係，所以我在這裏必得稍爲說幾句，闡明這一點。在我和馬克思共同工作的四十年間之前及其間，我對於這個理論的建設與完成，是有某種程度的自主的關係的，這一點，連我自己，都不能否認。但這種成爲骨幹的根本思想之大部分，尤其是關於經濟與歷史方面的，並且，特別是，對於這思想的敏銳的決定理解，凡此，都要屬馬克思。我所參加的工作，————可是，最多也只有二三屬於專門的工作，就是例外，————馬克思縱令沒有我，他獨自也能完成。馬克思所完成的工作，可以認爲是我不會完成的工作。馬克思較諸我們其他一切的人，他是站立顛巔，眼界廣闊，見事較多，而且敏捷。馬克思具有天才，我們至多不過是一個能者。如果無馬克思，這個理論，在今日恐怕到底不會成功爲現在這個樣子。

四　辯證法的唯物論

因此，這個理論，帶上他的名字，便是正當的事情了。"（恩格斯註）在人類精神的偉人歷史中，像恩格斯這樣幾乎無與比倫的謙遜，恩格斯於一八八四年十月十五日寫給柏刻的書信中，也同樣說道："在我的長久的生涯中，我做了我應做的工作，這就是說，我是第二個琴手，並且我相信我所做的工作，做得很適宜。所以，我有了像馬克思這樣的第一個高妙的琴手，我已經是喜歡了。"（"恩格斯書札補遺"，Seehof 書店出版，五五頁。）

這裏，也是藉復歸到唯物論的立場上去，來實行和黑智兒哲學分離。換句話說，即人們決心對於現實界，——自然與歷史，——不存有先入的觀念論的妄想，而要理解為這現實界映在每個人眼中的東西，就是現實界；即人們決心無所憐惜地犧牲一切觀念論的妄想，這妄想是和在其自體的關聯中而非在其空想的關聯中所把握出來的事實不一致的。一般所謂唯物論，就是如上所述這個東西。不過，這裏是破題兒第一遭着實討論唯物論的世界觀，並將牠徹底應用到知識方面發生問題的一切領域——至少，在知識的大綱節處，是如此，——上面去罷了。

黑智兒並非簡單地被人拋棄在一旁，恰恰相反，人們接受了如上所述的他的革命的方面，即辯證法。但這辯證法，在黑智兒形式之下，是無用處的。在黑智兒看來，辯證法係概念的自己發展。絕對概念，(即以上所述的絕對觀念以下同此。譯者附註。)不但是從永久之昔以來就存在着，——但不知存在那裏？——而且是整個現存世界之本來的具有生命的靈魂。牠經過一切預備階段，——這一切預備階段，是在黑智兒"邏輯"中詳細論述過的，而且包含在絕對概念裏面，——發展到自己自身上面去；隨後牠又"外化"而轉變到自然中去，在自然中，牠並不意識到牠自身，就帶上自然的必然性，(Naturnotwendigkeit) 而成就新的發展，最後在人裏面，再到達自己意識，(Selbstbewusstsein) 這自己意識，到這個時候，便在歷史中，從粗糙形式裏面，脫退出來；一直到最後，絕對概念，在黑智兒哲學中，又完全復歸到自己自身。所以，在黑智兒看來，出現於自然與歷史中的辯證法的發展，換言之，卽經過一退一進的一切波狀運動與暫時退步的由低級進到高級的進展之因果關聯，不外是概念自己運動的模寫而已，——這種運動的模寫，人們並不知存在那裏，係從永久之昔而來的，但無論如何，却和人類思惟頭腦是獨立的。這種觀念上的顛倒，是必得除去的。我們並不認為現實事物是絕對概念之這一或那一階段的模寫，而要再從唯物論的見地，將我們頭腦中的概念，把握為現實事物的模寫。因此，辯證法，就復歸到外界運動與人類思想運動的一般法則的科學上面去，——這兩個法則，從實質上言，是一致的，但從表現出來的形式看來，則只要人類頭腦，能從意識上去應用這兩個法則，却又是相異的；這兩個法則，在自然中，甚至今日在人類史大部分中，都係無意識地採取外部的必然性形態，而經過外觀上的偶然事象的無限系列。然而，因此，概念辯證法本身，就不外是現實界的辯證法運動之有意識的反映，因此，站在頭上的或從頭上站着的黑智兒辯證法，（即指黑智兒的觀念上的顛倒。譯者附註。）重行又建立在脚上來了。並且，多年來為我們工作的良好工具的，並為我們的銳利武器的這唯物論辯證法，不僅由我們發見出來，而且此外，還由那個和我們無關係，甚至和黑智兒也無關係的德意志勞動者約瑟夫●狄慈根發見出來。

(註) 參看"從一個職工所見的人類頭腦工作之本質"。（一八六九年，漢堡 Meissner 書店出版。）（恩格斯註）（此書已由譯者譯出，改題"辯證法的唯物觀"，由崐崙書店出版。譯者附註。）——狄慈根生於一八二八年，死於一八八八年，是一個普羅列達里亞哲學的獨學者，以非凡的能力，貢獻給馬克思主義哲學，但在他的著作中，還有許多不明晰之處。關於這一點，可參看湼林著"唯物論與經驗批判論"。———但在今日來承認狄慈根的眞價值，却是十分不幸之事，如他的兒子歐根●狄慈根，對於他父親的著作，所發生一種類似滑稽的尊敬。在這情況上，老革命家狄慈根，也就被引到改良

78　機械論的唯物論批判

主張者的精神水準線以下去了。

但這裏，接着又採取了黑智兒哲學的革命的方面，同時，又從觀念論的扮裝，解放出來，——這時扮裝，在黑智兒哲學裏面，足以妨害澈底地去完成牠革命的方面。　這偉大根本思想，不將世界，把握爲已成就的事物之總和，而把握爲過程之總和，——在過程中，那種外觀上爲固定事物，與我們頭腦中這些事物之思想的模寫，卽與概念，都經過生成與毀滅之不斷的變化，在這不斷的變化中，縱然發生一切外觀上的偶然事象和暫時的後退，但結局，這變化却經過前進的發展，——這偉大根本思想，深入於普通世人的意識中，致使世人，對於這思想的一般處所，沒有何等異論。　但在口頭上承認這思想是一事，在一切研究領域中，各自實際去應用這思想，又是一事。　但是，如果在研究上不斷地由這觀點出發，那末，對於究極的解決與永遠眞理的要求，就一次給牠終結了，從而，人們就不斷地明白：一切旣已獲得的知識，是必然受制限的，是爲環境——在環境之下，才獲得知識，——所制約的；同時，人們也就再不會驚駭那些爲今日還存在的形而上學所不能克服的諸對立：如眞與僞, 善與惡, 同與異, 必然與偶然, 諸對立；人們知道這些對立，只有相對的妥當性，今日所認爲眞的，也有潛在其中的到日後才出

四 辯證法的唯物論

現的僞的一方面，今日所認爲僞的，也有其眞的一方面，正因其有眞的一方面，所以從前才能認其爲眞；所謂必然，只是由許多純粹偶然集合而成的，外觀上是偶然，卽是後面又藏着必然性的形式——其餘類推。

黑智兒命名爲"形而上學的"舊式研究方法與思惟方法，其主要，是看作一種已存的固定存在物，去研究事物，這方法的殘滓，到今日，還深入人們頭腦中，但在那個時代看來，這方法，却具有其偉大的歷史上的存在根據。這就是因爲在能夠研究過程以前，首先就必得研究事物。在人們能夠知覺到表現在他眼前的事物變化以前，首先就必得知道這事物是什麼。自然科學，便是這樣。認爲事物是已成就的東西的那種舊日形而上學，係由自然科學發生的，自然科學研究事物，都將死的及活的事物，看作已成就的東西。但在這研究發達到了一個決定的進步，使這研究過渡到系統的研究——這研究，對於隨着這些事物在自然自身中所發生的變化，都與以系統化，——時，於是在哲學領域上，便爲舊日形而上學擧哀發喪了。並且事實上，如果前世紀（卽十八世紀。譯者附註。）末葉的自然科學，其主要，是蒐集的科學，是究研已成就的事物的科學，那末，到我們這個世紀（卽十九世紀。譯者附註。）自然科學，本質上，就成爲整理的科學，成爲

機械論的唯物論批判

研究事象發生的科學，研究事物起源與發展的科學，並且就成為連結發生於自然界的事象為一大整體的相互關聯的科學了。研究動植物有機體中所發生的事象的生理學，研究那種從胚胎以至成熟的各個有機體發展的發生學，研究地殼漸次形成的地質學，這一切，都是我們這個世紀的兒子。

但是，使我們對於自然過程相互關聯的知識，發生飛躍的進步的東西，首先就有以下三大發見：第一，為細胞的發見，細胞是動植物有機體的組織單位，一切動植物體的繁殖與分化，都是由細胞發展出來的，所以不但判明一切高級有機體的生長與發展，係依照這個惟一的一般法則而遂行，並且在細胞的可變性中，又指出一條道路，在這條道路上，有機體可以變化牠的種類，並且因種類的變化，又發生超出個體進化以上的進化。第二，為能力轉變的發見，牠告訴我們：一切最初在無機自然界中發生作用的所謂力，機械力和機械力的補充力，即和所謂潛勢力，熱力，輻射，（光及輻射熱）電力，磁力，以及化學能力等，都是一般的運動之種種不同的現象形態，在一定的量的比例之下，這一運動的現象形態，可以轉變為他一運動現象形態，所以對於一定量的這一運動之消滅，又發生他一個一定量的運動，因此，自然的整個運動，便在這種不斷的轉變過程上，由這一形態還元到他一形態。第三，為達爾文開始綜合證明的原理，卽證明現在周圍我們的有機自然產物——人也包括在內，——的現存物，是由少許原始單細胞胚芽，經過長期進化過程的結果；單細胞胚芽，也是由那種用化學方法產生的原形質或蛋白質中發生出來的。

謝謝這三大發見，並謝謝自然科學其他的長足的進步，我們今日才能進到以下一情況，卽：不但在各個領域中，證明自然界中所發生的事象的相互關聯，而且在全體上，又證明各個領域間的相互關聯；因此，我們藉那種由經驗自然科學本身所供給的諸事實為媒介，運用類似系統的形態，描出了自然界相互關聯的鳥瞰圖。供給這樣的綜合圖，以前是關於所謂自然哲學的任務。自然哲學所完成的任務，只是拿還不知道的現實的相互關聯，去代替觀念上的空想的相互關聯，只是拿思想上的肖像，去補充闕如的事實，只是拿單純的想像，去填塞現實的縛隙。在自然哲學這樣幹下去的時候，也曾有過許多天才的思想，在當時預知許多未來的發見；但這裏也發生不少的無稽之談，可是這是不能避免的。到今日，要獲得在我們這個時代看來認為滿足的"自然體系"，那末，便只有從辯證法上，去把握自然研究的結果，換言之，卽在這種研究結果自身相互關聯一意義中，去把握這

機械論的唯物論批判

種研究結果,可是因為這種相互關聯的辯證法的性質,連那些由形而上學所訓練出來的自然科學家頭腦中,也逆向着他們的意志,深深地鑽進去了。所以,在今日,自然哲學,就乾脆地終結了。 謀自然哲學復活的一切企圖,不但是多此一舉,而且是一種退步。

但是凡屬行諸自然界而妥當的,—— 這裏,自然界,也被認為是一個歷史的發展過程,—— 也就行諸社會歷史一切部門,以及從事人的(及神的)事物之研究的所有科學總體而妥當。 這裏,從來歷史哲學法律哲學及宗敎哲學所依以成立的根據,就在於拿哲學家頭腦中所創造的相互關聯,去代替只在事實上才得證明的現實的相互關聯,就在於在歷史上及牠的各個部分上,理解歷史,為觀念之漸次的實現,——可是,這依然是哲學家本身所愛好的觀念之實現。 按照這個說法,那末,歷史係朝着預先確定的某一觀念目的而活動,這活動,雖是無意識的,但却具有必性然性,例如在黑智兒哲學中,便認為歷史係朝着他的絕對觀念的實現而活動,並且朝着絕對觀念走去的確定方向,就形成歷史事實中內面的相互關聯。 因此,人們就拿新的——無意識的,或漸次趨向於意識的,—— 神祕的先 ,去代替現實的尚未知道的相互關聯。 在這裏,完全和在自然領域一樣也必得去發現現實

四　辯證法的唯物論

的相互關聯，以排除由人工創造的相互關聯；最後，關於這一點，我們的任務，就在於發見一般的運動法則，——這是支配人類社會歷史的法則。

但是，社會發展史，却表示着有一點，本質上和自然發展史不同。在自然中，其相互影響，——將人類對於自然的反作用一點不論，——全係無意識的盲目的動力；一般的法則，就在動力的交互作用裏面發生作用。自然中所發生的一切事象，——不拘在其表面上看來是無數外觀的偶然事象，或是足以證明這種偶然事象的究極結果，——都沒有意欲上所預定的意識的目的。反之，在社會歷史中，所有行動者，却都是具有意識的人，他們都以熟慮或情慾而行動，並追求一定的目的；沒有意識的意圖，沒有意欲上所預定的目的，便不能發生任何事象。但是，這樣的差異，固然對於歷史的研究，尤其是對於各個時代及事件之歷史的研究，殊爲重要，然而這差異，却不能變更那種以內部一般法則去支配歷史的進行一事實。這就是因爲在歷史上，縱令有各個人在意識上及意欲上所預定的目的，可是從全體看來，外觀上，却又爲偶然所支配。照着意欲上預定目的所發生的事象，殊爲稀少，在大多數情況中，多數意欲上預定目的，却是互相交錯，互相衝突的，或者這些目的本身，原來就是

84　機械論的唯物論批判

不能實現的，或者實現這些目的的手段，還不充分。因此，在歷史領域上，無數個人意志及個人行動的互相衝突，便發生一種與那支配無意識的自然界的狀態完全相似的狀態。行動的目的，爲意欲所預定，但從這種行動出發，現實上所生的結果，却不是爲意欲所預定的，甚至最初看來，似乎和那爲意欲所預的目的相合，但是，最後，却獲得和那爲意欲所預定的結果相異的結果。因此，歷史上所發生的事象，從其全體看來，似乎也一樣爲偶然所支配。然而，表面上固屬偶然也發生作用，可是這情況上，偶然又時時爲潛在於牠內部的法則所支配，所以發現這個法則，便是我們的任務。

　　人類創造牠的歷史，(註) 不管好壞，各人都是追求在意識上及意欲上所預定的他自己的目的作去，這種無數意志——這無數意志，都各各朝著種種相異的方向去活動，——的結果，和這些意志對於外界的種種影響的結果，就是歷史。因此，問題就在於這些個人所要的到底是什麼。意志爲情慾或熟慮所規定。但進而直接規定情慾或熟慮的原動力，其種類又極繁複。其中，有一部分，爲外界的對象，一部分，又爲理想的動因，即名譽心"對於眞理與正義的熱忱" 個人的憎惡，或者還有各種各樣的純個人的妄想。但在一方面，我們已經知道，在歷史中活動的許多個人意志，大部分發生一種和其意欲上所預的目的相異的結果，甚至時常發生相反的結果。因此，個人的動因，其對於總體的結果而言，便居於從屬的地位了。進一步，在他方面，便發生以下諸問題：又有什麼動力站在個人的動因背後呢？又是那樣的歷史原因，在行動者頭腦中，變成為這種動因呢。

(註) 參看一八九四年一月二十五日恩格斯書信。(見 Engels-Brevier，一九二〇年，維也納版，一二八頁。)"人類創造他們自己的歷史，——但要在既存的並制約他們的環境之中，並且要以眼前存有的事實的諸關係為基礎在這些關係裏面，經濟的關係，固屬也能為其他政治的關係及觀念形態的關係所影響，但結局，經濟的關係，却是決定的關係，並成為領導到理解之道的一貫的線索。"

舊唯物論，從來沒有提出這樣的問題。因此，舊唯物的歷史觀，——就算牠一般地有這樣一個歷史觀罷，——本質上，也是實用主義的，(pragmatisch) 牠從行動的動機，去判斷一切：並將歷史上行動的人，分為貴與賤，隨後在通常情況中，牠又發見貴者被欺，而賤者却是勝利者；其結果，舊唯物論，就認為歷史研究，不是以建德立行；但在我們看來，舊唯物論本身，對於歷史領域，就陷於不忠實，因為舊唯物論，認為活動於歷史上的理想的衝動力，乃係究極原因，却不去研究在理想的衝動力背後，究竟還有什麼是理想

86　機械論的唯物論批判

的衝動力之衝動力。　因此，舊唯物論的不澈底，就不在於牠承認理想的衝動力，而在於牠不從這個衝動力出發，再進一步，去追求使這種衝動力活動的原因。　反之，歷史哲學，尤其是黑智兒所代表的歷史哲學，却承認在歷史上從事活動的人類，他的外表的動力，以及他在現實上發生作用的動力，都不是歷史事象的究極原因，在這種動力背後，還存有其他發動的勢力，這勢力，是必得加以研究的；但是，這種歷史哲學，並不在歷史本身中去研究這勢力，却從外部，從哲學的觀念形態，將這勢力，輸送到歷史中去。　例如，黑智兒對於古代希拉史，就不是從希拉所特有的內部相互關聯去說明，他却簡單地主張古代希拉史並不是別的，就是"美的個性形態的表現"，就是"藝術作品"的實現。他在這情況上，對於古代希拉說了許多美辭及深奧的語句，但是，這却不能阻止我們今日這個時代不滿意這個說明，認為這個說明是空話。

　　如果我們的任務，在於探求藏在從事歷史活動的人類背後的發動勢力，——有意識的，或無意識的，但時常是無意識的，——在於探求形成歷史上本來的究極衝動力的發動勢力，那末，探求的主要點，就不是各個人的動力，——縱令有怎樣超羣的偉人，——而是足以震動廣大羣衆，全民族，

四　辯證法的唯物論

以及一民族中之全階級的動力，這種動力，不是一時的閃光，不是卽時消滅的藁火，而是足以發生歷史上偉大變動的持續行動。　這種發動原因，在行動的羣衆及其指導者——卽所謂偉人，——的頭腦中，模糊地或明瞭地，直接地或採取觀念形態，甚或採取天界的形態，反映爲意識的動因，我們闡明這種發動原因，便是引導我們發見支配全部歷史及各時代諸國度的法則之惟一道路。　使人類活動的一切的東西，都必得經過人類的頭腦，但經過時，在頭腦中所取的形態，却和環境有密切關係。　今日的勞動者，雖然不像一八四八年萊因的勞動者，還來破壞機器，但勞動者，却決不和資本主義的機械經營妥協。

然而，在以前一切時期，因爲原因和結果的關係錯綜又隱蔽，所以要研究上面所述那種歷史發動原因，差不多就成爲不可能，但在我們今日這個時代，這個關係，却單純化到了足以解釋這個歷史之謎了。　自從大產業確立以來，至少自從一八一五年歐洲和約以來，英國整個的政治鬪爭，是以地主貴族與布爾喬汜亞兩階級要求支配權爲中心的，這一點，沒有一個英國人認爲是祕密的，　其在法國，因波旁王家的復位，人們也認識這個同一的事實，從退里以至基佐，民耶，退耳王政復古時代諸史家，都認爲這個事實，乃係理解中世

88　機械論的唯物論批判

紀以來法國歷史的鎖鑰。自一八三〇年以後，英法兩國勞動者階級，——普羅列達里亞——就被認爲是爭取支配權的第三鬥爭者。近來情勢竟單純化了，致使人們只要不故意閉着眼睛，都可以在這三個廣大階級的鬥爭中，在這三個階級的利害衝突中，看出近代史的發動力，——至少在英法兩個最進步的國度是如此。

但是，這些階級，是怎樣發生的呢？以前封建大地主的發生，至少在其最初一眼看來，是由於政治的原因，是由於用暴力佔領土地，但這個說法，却不能說明布爾喬亞與普羅列達里亞的發生。這就是因爲這兩個廣大階級的起源與發達，彰明較著是由於純經濟的原因，地主與布爾喬亞之間的鬥爭，恰如布爾喬亞與普羅列達里亞之間的鬥爭一樣，其主要，就是爲經濟上的利益而鬥爭，至於政權，則僅用爲達到經濟利益的純粹手段；這一點，也同樣是彰明較著的。布爾喬亞與普羅列達里亞的發生，都是經濟關係變化的結果，更正確地說，即都是生產方法變化的結果。首先由基爾特手工業，過渡到工場手工業，隨後又由工場手工業，過渡到具有蒸汽設備及機械設備的大工業，這兩個階級，才發展起來。由布爾喬亞所推動的新生產力，——最初是分工，以及結合多數部分勞動者成爲一個總體的手工業工場，

四　辯證法的唯物論

——以及由布爾喬汜亞而發達的交換條件與交換需要，到了某種階段，便和歷史上傳下來的並且為法律所神聖化的既存生產秩序不能兩立，換句話說，即和封建社會組織的基爾特特權以及封建社會組織其他無數身分的與地方的特權——這些特權，在無特權的階級看來，便是許多桎梏，——不能調和。　布爾喬汜亞所代表的生產力，便向着封建地主與基爾特師傅所代表的生產秩序反叛起來，其結果，是大衆所周知的，即封建的桎梏被打破了，——在英國是漸次打破的，在法國是一舉打破的，在德國却還未完結這個工作。　然而，恰如手工工業到了一定發展階段，便和封建的生產秩序衝突一樣，在今日，大工業，也和那種取封建的生產秩序而代之的布爾喬汜亞生產秩序相衝突。　大工業，為這個生產秩序所束縛，即為資本主義生產方法之狹隘的範圍所束縛，因此，一方面，全體民衆日多一日地普羅列達里亞化，他方面又不斷地發生不能以大量賣出的過剩生產。　過剩生產與民衆貧弱，互為因果，這就是大工業發達所生的不合理的矛盾；這種矛盾，必然要求藉生產方法的改變，來解放生產力。

因此，在近代史中，至少，證明了一切政治鬥爭，都是階級鬥爭；並且一切階級解放鬥爭，——縱令這鬥爭，必然具有政治的形態，（因為每一階級鬥爭，都是政治鬥爭，）(註)

機械論的唯物論批判

——結局，都是以經濟的解放為中心。從而，在這裏，至少，國家和政治秩序，是從屬的要素，而市民社會 (die buergerlich gesellschaft) 即經濟關係的王國，却是決定的要素。從來的見解，——黑智兒也抱着這見解，——都認國家為決定的要素，而市民社會反是為國家所決定一種要素。誠然，外觀上是和這見解一致的。在各個人的情況中，要使個人行動起來，他的行動的一切衝動力，就必得經過他的頭腦，以變成他的意志的動因，同樣，市民社會——不問是那個階級支配牠，——的一切要求，要在法律的形式之中取得一般的效力，就必得經過國家意志。(staatswillen) 這種說法，不用說是，屬於事實之形式的方面的，因此，問題便只是：這種純粹形式的意志，——不拘個人意志，抑或國家意志，——究竟有什麼內容，這內容究從何而來，何以人們所要的恰恰就是這內容而非其他。如果我們在這裏究明了以上各點，那末，我們就會知道，在近代史中，國家意志，從全體上看來，即為市民社會時常變化的要求所決定的，即為這一或那一階級的優勢所決定，結局，也就是為生產力與交換關係的發達程度所決定

(註) 括弧內一句，不見於一八八六年文章中。

但是，如果在我們這個時代，——這時代，有龐大的生

產手段與交通手段，——國家不是一個具有獨立發達的獨立領域，反之，國家的成立與發達,到最後還要從社會經濟的生活條件去說明,那末,這一點,對於以前一切時代而言,——人類在這些時代,還不能用像今日一樣豐富的補助手段,去從事物質生活的生產,並且人類在這些時代,這種生產的必要,對於人類所發生的支配的影響,較近代還大,——便更加準確。　如果,甚至,在今日,具有大工業及鐵路的時代,從全體上看來,國家只是在綜合的形態中,反映着支配生產的那個階級的經濟要求,那末,這一點,對於人類爲得要滿足其物質要求,而消耗其全生涯之大部分的那一時代而言,即對於人類倚賴物質要求,較我們今日還要厲害的那一時代而言,便更加準確。　研究以前諸時代的歷史,只要認眞觀察到這一方面,便可以充分證實上面所述各點；但是,在這裏,關於這一點,當然不能詳論。

如果國家與國法,係爲經濟關係所決定,那末,不用說,私法也是如此；私法,在本質上,祗承認存在於個人與個人之間的且在現存狀況之下的常態的經濟關係。　但私法所表現的形式,却可以有種種不同。　譬如在英國,人們大部分保存舊封建法的形式,並且對於這形式,與以布爾喬亞的內容,而和整個民族的發展相適應,不用說,這就是在封建名

機械論的唯物論批判

義之下，直接夾入布爾喬亞的意義；又如在西歐大陸商品生產社會中，最初的世界法即羅馬法，便加上了惡劣且嚴酷的改竄，而成爲單純商品所有者一切重要權利關係（賣主與顧客，債權者與債務者，契約，債務等等。）的基礎。在這種情況上，爲得要有利於還停滯在小資產階級與半封建的社會，人們或者簡單地藉裁判上的運用，降低羅馬法，以適合於這種社會狀態，（普通法）或者藉一知半解的善於敎化的法律家的幫助，造成適合於這種社會狀態的特別法典，（"普魯士國內法"）但是，這些法典，在這種情勢下面，甚至從法律上去觀察，也都是惡劣的；然而在布爾喬亞大革命之後，人們又可以用這羅馬法做基礎，造成布爾喬亞社會的模範法典，如"法蘭西民法法典"便是。因此，如果布爾喬亞法規，只是以法律的形式表示社會的經濟生活條件，那末，這種法規，便各按其當時情勢之異，而有好壞之殊。

支配人類的最初的觀念形態權力，（die erste ideolgische Macht）表現在國家裏面。社會造成一種機關，對於內外攻擊，以防衛其共同利益。這機關就是國家權力。（Staatsgewalt）這機關，一經成立，就對社會獨立起來，這機關愈加成爲一個一定階級的東西。並且這個階級的支配又直接發生作用，那末，這機關，就愈加對社會獨立起來。被壓迫階級反抗支配階級的鬥爭，必然成為被壓迫階級首先反抗政治支配的鬥爭，這政治鬥爭，和其經濟基礎相聯結的意識，是模糊的，並且是可以完全消失的。這雖然不是鬥爭當事者全然如此，但在歷史家情況中。却幾乎永遠如此。關於羅馬共和國內部鬥爭的舊資料，只有阿匹安明白向我們說過：究竟羅馬人為什麼實行鬥爭？——就是為的土地私有。

（註）愷撒時代的羅馬史家，特別着重羅馬市民戰爭的記述，紀元第二世紀的人。

國家一旦和社會對立，變成為一種獨立的權力時，即刻就生出其他的觀念形態。因此，法律和經濟事實的關係，首先在職業的政治家，國法理論家，以及私法法律家身上消失了。因為在每種個別情況底下，經濟的事實，必得採取立法的動機的形式，以獲得法律形式上的認可，又因為在這情況之中，自然要顧慮業已適用的整個體系，所以這時候，法律的形式，必定超越一切，而經濟的內容，就一點都沒有了。隨而，國法與私法，在研究上，就成為獨立的領域，具有牠的獨立的歷史發展，並且牠自身又可以加以系統的敍述，且必須澈底掃除牠內部的一切矛盾。

還有較高的觀念形態，即還有離開物質的經濟基礎更遠的觀念形態，採取了哲學與宗教的形式，在這裏，觀念和

94　　　　機械論的唯物論批判

牠的物質的存在條件之關聯，更加錯綜，每每爲中間物所隱蔽。但這關聯，却是存在的。從十五世紀中葉以後，整個文藝復興時代，乃係城市的主要產物，乃係市民階級的主要產物，同樣，這個時代以後新起的哲學，也是如此，這哲學的內容，本質上，只是適應於中小資產階級發展到大資產階級的思想之哲學的表現。這一點，由前世紀（卽十八世紀。譯者附註。）英國人與法國人每每一面爲經濟學家，一面又爲哲學家，更得到明瞭的顯示；至於黑智兒學派，則我們已在上面指明出來了。

同時，我們對於宗教，還要與以簡單的一瞥，因爲宗教似乎離物質生活最遠，和物質生活最無關係。宗教是由原始的極野蠻時代人類，對於他自己及對於圍繞他的外界自然，一種野蠻且謬誤的觀念發生出來的。但是，只要觀念形態一旦發生了，觀念形態，便和已存的觀念材料相結合，而進展，並且更進一步地發展這觀念材料，如果不是這樣，便不是觀念形態，換句話說，就不是把思想看做是獨立發展且只服從牠自己的法則的實在體去研究。這種思想過程，是在人的頭腦中進行的，人類物質的生活條件，最後，就決定這種過程的運行，——這一點，在野蠻人是不知道的，因爲不如此，則一切觀念形態，就無從發生了。因此，原始的宗教觀念；大部分固屬為一切近親的民族羣所共同，但自民族羣分離以後，這觀念便依從各民族特有的生活條件，而逕行各自獨特的發展，這樣的過程，對於許多民族羣，尤其是對於雅利安民族羣，（即所謂印度歐羅巴民族）都已由比較神話學——證明了。像這樣在每一民族裏面發生的神，就叫做民族神。民族神的領域，不能超出屬牠守護的民族領域之外；在領域之外，還有其他的神，可以大放厥詞，而沒有能和牠爭辯的。民族存在若干久，民族神才能在人類觀念中存續若干久；民族沒落了，民族神就隨之而亡。古代諸民族的這一沒落，產生了羅馬世界帝國，——發生羅馬帝國的經濟條件，不是在這裏來研究的。似此，古代諸民族神，也就滅亡了，連羅馬神也一樣滅亡了；羅馬神只適合羅馬城市的狹隘區域，因此，拿世界宗教來補充羅馬世界帝國的要求，就明明出現於以下一企圖中，即：在本國神之外，將值得尊敬的任何外國神都拉致到羅馬來，去敬仰牠們，去為牠們建立祭壇。但新世界宗教，並不是由愷撒一道詔書就可以造成的。新世界宗教，即基督教，却從普遍化的東洋神學尤其是猶太神學與通俗化的希拉哲學尤其是斯多噶哲學兩者混合物中，久已無聲無息地，產生出來了。基督教在其發生當時，究竟是怎樣的東西，這是難於研究的，因為基督教所

機械論的唯物論批判

傳下來的官家形態，乃是適合羅馬國敎的形態，乃是經過尼斯會議(註一)以適合羅馬國敎這個目的的形態。基督敎發生二百五十年後，就成爲國敎，這一事實，便證明：基督敎乃係適合時代環境的宗敎；只要明白這一點，就算足夠了。中世紀基督敎，恰恰和封建制度的發展成正比例，成爲適合封建制度的宗敎，且具有相應於封建制度的封建敎權制。當布爾喬汜亞出現時，新敎的異敎，——牠反抗封建的天主敎，首先就發達於法國南部亞爾比派(註二)之間，——恰好在南方城市繁華絕頂的時代。中世紀觀念形態的其他形態，如哲學政治學法律學，都併合在神學裏面，成爲神學的細綱小目。同時，中世紀一切社會運動與政治運動，也都迫着帶上神學的形式，因此，對於那種專門爲宗敎所陶冶出來的羣衆心情，要激起狂潮，就必得在宗敎面目底下，指示羣衆本身的利益。布爾喬汜亞一開始，就產生許多隸屬的人們，如不承認有身分的無產平民，零工，以及各種僕役，——這些都是日後的普羅列達里亞的先驅，——同樣，異敎也就分爲布爾喬汜亞的穩健派，與平民的革命派，後者是布爾喬汜亞所深惡的。

　　(註一)　紀元三二三年尼斯地方的敎會會議。

　　(註二)　因法國城市亞爾比而得名，或者因里昂伯特魯斯・瓦爾都斯所領導的異敎運動——這運動，卽是表示瓦爾都斯信奉者的一

四　辯證法的唯物論

種運動————而得名。　這運動，在十三世，便以火與劍而被滅絕了。

不能掃蕩新教的異教派，正與不能戰勝方興的布爾喬汜亞一事相適應，當布爾喬汜亞充分強大起來時，其從前以地方為主的和封建貴族的鬥爭，就開始擴大為民族的範圍。　這鬥爭的最初大行動，發生於德國，————即所謂宗教改革。　當時布爾喬汜亞的強大與發展，還不足以聯合其他正在謀叛的身分層(Stande)————城市平民，小貴族，以及鄉村農民，————於自己的旗幟之下。　首先，貴族就被打敗了；農民蜂起暴動，這暴動，形成當時整個革命運動的頂點；但是城市拋棄了農民，因此革命就在地方諸侯的軍隊面前失敗了，地方諸侯却取得為革命所獲得的全部利益(註一) 此後三百年間，德國就不能列為那些能以獨立行動影響歷史的諸國內面。　但在德國人路德之外，法國人加爾文(註二)又起來了，他用純法國人的敏銳力，顯明了宗教改革之布爾喬汜亞的性質，使教會共和化民主化。　當路德的宗教改革，在德國即於衰微。且使德國瀕於破滅時。加爾文的宗教改革，就成為日內瓦荷蘭以及蘇格蘭各地共和主義者的旗幟，且使荷蘭脫離西班牙與德意志帝國的羈絆，又將觀念形態的衣服，供給英國布爾喬亞革命的第二幕。　這裏就證明加爾文主義，是代表當時布爾喬汜亞利益的真正宗教面具，所以當一六八九年革命，因

| 9 } | 機械論的唯物論批判 |

一部分貴族和布爾喬汜亞妥協時，加爾文主義，就不能完全為人所承認。英吉利國家敎會再興起來了，但這不是那種以其國王爲法皇的往時天主敎的形態而再興，而是帶上了强烈的加爾文色彩。英吉利舊日的國家敎會，慶祝那歡樂的天主敎安息日，以與枯寂的加爾文式的安息日鬥爭，但布爾喬汜亞化的新敎會，却採用後者加爾文式的安息日，至今還使英國美化。

（註一）參看恩格斯的"德意志農民戰爭"共產主義初步敎科書第八卷，柏林國際聯合會出版所，一九二五年刊行。

（註二）加爾文生於一五〇九年，死於一五六四年。加爾文於一五四一年，在日內瓦創立自治敎會憲法。

其在法國。加爾文派少數派，於一六八五年（註一）被壓迫下去了，皈依到天主敎去了，或者被驅逐了。但是又有什麽作用呢？當時自由思想家皮耳・貝爾，（註二）已經在活動中，並且福祿特爾出生於一六九四年。路易十四的暴力政治，只使法國的布爾喬汜亞，用非宗敎的純政治的形態，——這是適合於已經發達的布爾喬汜亞的形態，——容易完成他們的革命。自由思想家，從而代新敎徒而起，佔有國民議會的議席。因此，基督敎就到了牠的最後的階段。自此以後，基督敎再也不能被某進步的階級，使用爲這階級的努力之觀念形態的假面具；基督教益加成為支配階級的專有物，支配階級，以基督教為純粹政治手段，拿來羈絆下層階級。因此，各階級，便各利用適合於牠自己的宗教，地主豪紳，就利用天主教的耶穌教或新教的正統教，自由主義的與急進主義的布爾喬泥亞，就利用唯理教，在這種情況上，這些主人公本身，是否各自信仰自己的宗教，却是沒有關係的。

(註一) 南特勅令的廢止。新教徒之追害。

(註二) 皮耳·貝爾，生於一六四七年，死於一七〇六年。斐兒巴哈於一八三八年，寫了一部關於他的詳細著作。

因此，我們就知道：宗教一旦形成時，便常常包含着傳統的材料，因為這也和一切觀念形態的領域一樣，傳統乃係一個大的保守勢力。但這材料上的變化，却係由階級關係發生的，因此，也卽是從人類的經濟關係發生的，——人類，就是發生這些變化的。說到這裏，就算足夠了。

以上所述，只是馬克思歷史觀的一般的輪廓，至多也只是幾個例說。這歷史觀的證明，是由歷史本身上供給出來的，我敢於說，這個證明,已經充分為其他著作供給出來了。但是，恰如辯證法的自然觀，把一切自然哲學變成為不必要與不可能一樣，馬克思歷史觀，在歷史領域上，也就終結了哲學。自此以後，我們的任務，就不是從頭腦中，去想出

100　　機械論的唯物論批判

事物的相互關聯，而是在事實中，去發見這相互關聯。　因此，在那種從自然與歷史逐放出來的哲學身上所殘留下來的東西，——即令殘留有，——便只是純粹思惟的領域，關於思惟過程本身的法則之學說，即邏輯與辯證法。(註)

（註）參看恩格斯的從空想到科學的社會主義之發展。共產主義初步叢科書第七卷三〇頁。

"受有敎育的"德意志，隨着一八四八年革命，就向理論告別，而走到實踐的領土上面去。　在這個期間，以手工勞動爲基礎的小工場工業與工場手工業，便爲眞正大工業所代替，而德意志就再現於世界市場之上，新成立的小德意志帝國，(註)至少剷除了妨礙牠發展的障礙物中最厲害的障礙物，如小國家制，封建制度的殘滓，以及官僚經濟。　然而當 Speculation（這字有兩個意思，在哲學上爲思辨，在經濟學上爲投機。譯者附註。）走出哲學研究室，來到證券交易所，建立牠自己的殿堂時，那個偉大理論的意義（這理論的意義，在往年德國最悲慘的政治屈從時代，曾獲得榮譽。）便以同樣的比例，從"受有敎育的"德意志身上消失去了，——這是不管研究的結果能否實用，不管研究是否有干警察條例的一種酷愛純粹科學研究的意義。　德意志官家自然科學，尤其是專門研究部門，誠然站在時代的尖端，但是美國科學雜誌，却業已正

四　辯證法的唯物論

當指出在綜合個別事實以及將事實一般的化為一種法則這個領域上，其所發生的決定的進步，今日的英國，實遠勝於德國。並且，在歷史科學領域上，——哲學也包含在內，——昔日理論上無所顧忌的精神，現在也隨着古典哲學完全消失了，無思想的折衷主義，就代之而起，戰戰競競地顧慮地位與收入，下而至於蠅營狗苟，以求差使。這種學問的官家代表，都成為布爾喬汎亞與現存國家的公開的御用思想家，——但這正是布爾喬汎亞與現存國家向勞動者階級公開對抗的時代。

（註）除奧國在外，所以說是小德意志。

只有勞動者階級，才一毫不損地保存了德意志理論的意義。在勞動者階級身上，這意義是決不會絕根的，勞動者階級並不顧慮地位，並不貪利，並不要上頭的恩惠的保護，反之，科學的進步，愈無所顧忌，無所束縛，便愈和勞助者的利益及努力相適應。這個新傾向，——牠確認理解社會整個歷史的鎖鑰，存在勞動發展史裏面，——一開始，就向着勞動者階級，並且在勞動者階級中，獲得對於這個傾向的歡迎，——這歡迎，在官家科學的又是希求不到，也期待不到的。德意志勞動者運動，就是德意志古典哲學的繼承者。（註）

（註）參覽社會主義之發展，恩格斯序冊結尾一句，七頁。

機械論的唯物論批判

一　費兒巴哈論綱(註一)　　　　　　　馬克思

（一八四五年春草於布魯塞爾）

（一）

從來一切唯物論——費兒巴哈的唯物論也算在裏面，——的主要缺點，就在於只在客觀或直觀的形式之下，去把握對象、現實界、感覺界；而不是看作人的感覺的行動，不是看作實踐，不是主觀地，去把握。因此，其結果，行動的方面，就在和唯物論對立裏面，為觀念論所發展，但只是抽象地發展，因為觀念論當然不將現實的感覺的行動，就認為是現實的感覺的行動。費兒巴哈想把握現實上和思考客觀相區別的感覺的客觀；但他不將人的行動本身，看作對象的行動去把握。因此，他在基督教之本質中，只把理論的行為，認為真的人的行為，同時，實踐就只在牠的污穢的猶太人的現象形態之中，彼把握，被固定。因此，他不理解革命的行動之意義，不理解實踐的批判的行動之意義。（註二）

機械論的唯物論批判

（註一）這論綱的正確讀法，由李雅可諾夫公布在馬克思恩格斯文庫第一卷二二七頁以下，並參看二一三頁。

（註二） "費兒巴哈，不把感覺的世界，看作構成這世界的個人之總的活的感覺的行動去把握，因此，譬如：如果在他看見一羣腺病質的過勞的患肺病的飢餓者，去代替健全的人的時候，他就迫於不得已，在較高的直觀上在物質中觀念的齊一上，去求他的避身處，因此，在共產主義的唯物論者看到產業與社會組織的變革之必然性與條件的地方，他恰好在這個地方，就退囘到觀念論去了。"（馬克思恩格斯著德意志觀念形態論，見馬克思恩格斯文庫第一卷二四四頁）

（二）

對象的眞理，是否到達人的思惟，這問題，不是理論問題，而是一個實踐的問題。 人必得在實踐中，證明眞理，換言之，卽證明：他的思惟之現實性、他的思惟之力、以及他的思惟之此岸性。（Diesseitigkeit）對於離開實踐的思惟之爲現實的抑爲非現實的之爭，是一個純煩瑣哲學的問題。

（三）

唯物論學說，認爲人是環境與敎育的產物，因此，改變了的人，就是別的環境與變化了的敎育之產物,這學說忘記：環境正是爲人所改變，並且敎育者自身必得受敎育。 因此，這學說必然分社會爲兩個部分，其中一部分，是超出社會之上的。（例如自羅伯·歐文看來，便是如此。）

附錄 一、費兒巴哈論綱

環境與人的行動之變化之一致。(Zusammenfallen)只有看作變革的實踐，才能被把握，並合理地被理解。

（四）

費兒巴哈從宗教的自己隔離(Selbstentfremdung)之事實出發，從世界的二重化(Verdoppelung)——一爲宗教的想像的世界，一爲現實的世界，——之事實出發。他的工作，就在於將宗教的世界，融解在牠的現世的基礎中。他沒有看到：在這工作完成以後，還留下應做的主要事情。這就是說：現世的基礎，從牠自己自身，自己游離出來，自己在雲端建立獨立的王國，——這事實，恰恰只有由這現世的基礎之自己潰裂(Selbst zerrissenheit)與自己矛盾Sichselbst-Widersprechen)去說明。因此，這現世的基礎自身，首先就要在牠的矛盾中去理解，隨後，因矛盾的除去，實踐地對這現世的基礎革命。所以譬如看作神聖家族的秘密，去發見了地上家族以後，現在就應理論地去批判並實踐地去變革地上家族自身。

（五）

費兒巴哈不以抽象的思惟爲滿足，而訴諸感覺的直觀；但他並不看作實踐的人的感覺的行動，去把握感覺界。

（六）

機械論的唯物論批判

費兒巴哈將宗敎的本質，融解在人的本質中。但人的本質，並不是內存於個別的個人之中的抽象物。人的本質，在他的現實界中，是社會的關係之總體。

費兒巴哈不去批判這現實的本質，因此他迫於不得已

一、將歷史的進行抽象化了，將宗敎的情操向著牠自身地固定了，並假定有抽象的孤立的個人；

二、因此，在他看來，只看作"物種"，只看作內部的潛默的普遍性，——純自然地結合多數個人的普遍性，——去把握人的本質。

（七）

因此，費兒巴哈看不到"宗敎情操"本身，就是社會的產物，他所分析的抽象的個人，在現實界，是屬於一定的社會形態的。

（八）

社會生活，本質上是實踐的。引導理論走入神祕主義的一切神祕，在人的實踐中及在這實踐之理解中，得到牠的合理的解決。

（九）

直觀的唯物論，卽不將感覺界看作實踐的行動去理解的唯物論，所到達的最高點，就是"直觀到市民社會"中的個

別的個人。

（一〇）

舊唯物論的立場，是"市民"社會，新唯物論的立場，是人的社會，或社會化的人類。

（一一）

哲學家，只各種各樣地去解釋世界，但重要的，却在於改變世界。(註)

（註）馬克思恩格斯合著德意志觀念形態論（見馬克思恩格斯文庫第一卷二三六頁）中說："少年黑智兒學派改變意識這項要求，和以別樣去解釋現存物一要求相同，換言之，卽僅別的解釋，以承認現存物。少年黑智兒學派的觀念形態，綜合有他們自稱'震動世界，一句空話，却是最大的保守主義者"。

二　費兒巴哈論補遺　　　　　　　恩格斯

（一八八六年）

五十年間，將唯物論販賣到德意志來的那些庸俗的行商走販，從來就不曾踏破他們的先師所劃的界線。這五十年來所形成的自然科學的一切進步，都只被他們用作反對世界創造主存在的新證據，事實上，使理論再往前發展，却是在他們買賣以外的事業。觀念論，因一八四八年革命，已陷入困境；但唯物論，在這一地的修改形態中，還要墜落更爲低下。費兒巴哈拒絕替這種唯物論擔當過失，這完全是正當的，只是一件，他不該將周遊說敎者的學說和唯物論一般，併爲一談。

但在這同一時代，經驗的自然科學，却獲得這樣飛躍的進步，並到達這樣光輝的成果，以致藉這進步與成果，不但能够完全克服十八世紀機械論的褊狹性，而且因爲證明了種種研究領域（如機械學物理學化學生物學等）的相互關聯係存在於自然自身中，所以自然科學本身，就從經驗的科學，而轉變爲理論的科學，並將從來研究所得的東西總括起來，轉變爲唯物論的自然認識（Naturerkenntnis）的體系。 氣體力學，新建立的有機化學，—— 有機化學，從無機物中以造出有機化合物，因此，所謂一個一個的有機化合物，便掃蕩了不可解之最後的殘滓，—— 一八一八年以來的科學的發生學，地質學，與古生物學，以及動植物比較解剖學，—— 這一切，供給了從來所未聞的數量的新材料。 但其中最重要的，却有三大發見。

第一個發見，就是證明能力的轉變，這證明，是由熱力之力的當量（Aequivalent）導演出來的。（由羅伯·邁爾朱爾及科爾丁諸氏）一切在自然中發生作用的無數原因，從來都看作所謂力，而認爲是十分神秘且不可解的存在物，—— 機械力、熱力、輻射力、（光與輻射熱）電力、磁力、以及化學上的化合力與分解力，—— 到今日，便證明是一個並且是同一個能力卽運動的獨特形態及存在形態；我們不但能夠證明：在自然中繼續發生的由這一形態到那一形態的能力轉變；並且這轉變本身，在實驗室中及產業上，也可以實行；這就是說，在某一形態中的能力之已存量，常常適當於在這一或那一其他形態中的能力之一定量。 因此，我們能够用啓羅

機械論的唯物論批判

格闌姆米突，去表示熱力單位，又能用熱力單位去表示電力或化學力的任意量的單位，其逆亦眞；同樣，我們也能够測定活的有機體之能力消費與能力供給，並用任意一種單位，例如用熱力單位，去表示這種消費與供給。 自然中一切運動的單位，業已不是哲學上的主張，而是自然科學的事實。

第二個發見，——從時間上言，較爲早出，——便是由司旺與士來登發見了有機細胞，細胞是單位，除最低級的有機體爲例外，其他一切有機體的繁殖與分化，都是由這單位而生成的而發生的。 有機的活的自然產物之研究，—— 如比較解剖學生理學及發生學，—— 因爲這個發見，才開始獲得一個穩固的地盤。 因爲明白了有機體的生成、發生、以及構造，從而秘密就被掃蕩了；並且一切多細胞有機體，根本上，都係按照一致的法則去逐行牠們的發展過程，從來不可解的怪異，就消滅在這種過程裏面。

但是，還留着一個根本的缺陷。 如果一切多細胞有機體，——動植物並人也算在裏面，——是依照細胞分裂法則，各由一個細胞發生出來的，那末，這有機體無限的各種樣式又從何而來呢？ 這個問題，要由第三個大發見，即由進化論來解答；進化論由達爾文才開始得到相互關聯的表明，並且是由達爾文建立的。 從介進化論在個別上有許多變更，但在大體上言，進化論現今已用十二分充足的方法，解答了這個問題。有機體的進化順次，是由少數簡單有機體，不斷地上進到較繁複的與較複雜的有機體，——恰如今日這種進化順次出現於我們眼前的情形一樣，——並上進到人，這一點，在大體上，業已證明了；因此，這就不但能夠說明有機自然產物的現存的存在物，而且對於人類精神前史，對於人類精神前史種種進化階段——從低級有機體之簡單的無構造的但具有刺激感覺的原形質，以至具有思惟的人類頭腦的進化階段，——的研究，都與以基礎。但是，倘無這個前史，則具有思惟的人類頭腦的存在，依然是不可思議。

因這三大發見，自然界的主要事象，隨着得到說明，並復歸到自然的原因上面去。只是，這裏還剩下一件要做的事，就是要說明從無機物去生出生命一事。這在科學的今日這個階段上而言，並非別的，就是要由無機物去造出蛋白體。化學不斷地正在接近這個任務。可是化學隔離這個任務還遠。然而，如果我們留意想到最初的有機體卽"尿質"，係一八二八年才開始由咪勒從無機物中造出來，並且，無數的所謂有機的組成，現在都不用任何有機物而由人工造出來。那末，我們就無須要求化學，在蛋白質面前停止不前進了。到現在，化學已能夠造出一切有機物，化學確實認

機械論的唯物論批判

識了一切有機物的組成。只要一旦認識了蛋白體的組成，化學就能夠造出活的蛋白質。但是，要化學必得從今日起到明天就完成了這個工作，(這是自然自身，在極適宜的情況之下，經過數百萬年後，在個別的天體上，才能完成的。)這就叫做是希望一個不可思議的東西。

因此，唯物論的自然觀，在今日，便站在和前世紀(即十八世紀。譯者附註。)完全不同的穩固的基礎上面。當時，只對於天體運動以及在重力影響之下固着於地上的物體，就有幾分完全的理解，而化學的整個領域以及全部有機物，却幾乎依然是不可理解的秘密。到了今日，整個自然，都當作是相互關聯與過程的體系，——至少，在大體上，這體系已為我們所說明所理解，——展開在我們面前。不用說，唯物論的自然觀，並非別的，就是照着自然本身存在的樣子，另外不加入一點添加物，去觀察自然；因此，希拉哲學家，原來就自然而然地了解了自然。但是，在古代希拉人與我們之間，還隔着兩千多年，根本上都為觀念論的世界觀所支配，所以要復歸到這種自明的事象上去，便較這事象在最初一見上所看來的，更為困難了。我們的任務，決不在於乾脆拋棄二千多年間的整個思想內容，而在於批判這內容，而在於搞蕩出這種暫時的形態所發生的成果，——這成果是在錯誤

附錄 二、費兒巴哈論補遺

的觀念論的形態之中所獲得的，但是，觀念論的形態，對於那一時代及發展進程而言，却又是不可避免的。 這種任務的困難程度，已為多數自然科學家給我們表示出來了：——這些自然科學家，在他們的科學領域以內，便是嚴格的唯物論者，但在這領域以外，他們就不但是觀念論者，而且是熱心的十足加一的正統派基督教徒。

自然科學這一切劃時代的進步，都在費兒巴哈面前消失過去了，他不曾從本質上去把握着。 這却不是費兒巴哈的罪過，而是可憐的德意志狀態的罪過，因為這種狀態，大學校講壇的椅子，都為那些穿鑿附會從事詭辯的折衷派所佔領，而嶄然見頭角的費兒巴哈，却不得不隱居小鄉村中，以終其辛酸的餘生。 因此，就發生下述一事：卽他對於自然，——在個別的天才的綜合時，—— 就不得不用美辭麗句來妄談。所以他說："生命當然不是化學過程的產物,不是單獨的自然力或現象的一般產物，形而上學的唯物論者，就將生命歸之於上面這些東西;生命是整個自然的結果"。——"生命是整個自然的結果"，決不和下述一情況相衝突，卽：蛋白質（蛋白質，是生命之惟一獨立的支持者。）是在由整個自然相互關聯而存在的一定條件之下所生成的，但也正是當作化學過程的產物所生成的。 如果費兒巴哈生在一種環境之下，這環

114　機械論的唯物論批判

境允許他只是表面地去追求自然科學的進展，那末，他就決不會到達那種把化學過程當作單獨的自然力的作用來講述一地步能。如果費兒巴哈對於思惟與思惟器官卽與腦的關係，沈於無結果的暗中摸索的思辨之中，——斯塔克最喜歡在這個領域上面去追隨費兒巴哈——那末，這也就只有歸咎於同一的孤立的生活。（卽指費兒巴哈的隱居生活。譯者附註。）

實在，費兒巴哈只向着唯物論的名稱鬥爭。這並非完全不對，因爲費兒巴哈並沒有完全脫掉觀念論者。在自然領域上，他是唯物論者，但在人的……領域上，……（草稿在這裏就止了。）

三　史的唯物論（註）　　　恩格斯

　　（註）這是從空想到科學的社會主義之發展一八九二年英譯本的導言。英國版的德文譯本，是作者翻譯的。這導言最初四頁，只包含一些記錄，因爲這記錄在德國都爲大衆所周知，或者無關係，所以刪略了。（見新時代，十一卷，第一號，一五頁以下，四二頁以下，一八九二年刊行。）（恩格斯註。）

……我很明白知道，這小冊子的內容，會要冒犯不列顛讀者的大部分。但如果我們大陸人，稍爲留心不列顛"尊嚴"的偏見，換言之，卽稍爲留心不列顛的偏狹固陋，那末，我們所處的情勢，當比現在更惡劣。這本著作，是擁護我們所稱爲"史的唯物論"的，而唯物論一名詞，在不列顛大多數讀者的耳朶聽來，却是一種逆耳不正律韻的聲音。"不可知論"，還可以帶得過，但唯物論，却檢直不行。

可是，除了英國，在十七世紀，却沒有一個地方是近代

| 116 | 機械論的唯論論批判 |

一切唯物論的誕生地。

"唯物論，是大不列顛的產兒。大不列顛煩瑣哲學家鄧司、各脫斯，業已自己問道：物質是否能思惟？

要實現這個不可思議，他就求助上帝的萬能，換言之，卽他迫着神學自身，去宣傳唯物論。實在，他是唯名論者。唯名論，（Nominalismus）一般是唯物論的最初表示，但在英國的唯物論者看來，却成爲唯物論的主要要素。

英國唯物論的眞正祖先，是培根。自然科學，在他看來，是眞實的科學，而感官的物理學，又是自然科學的最重要部分。亞拿薩哥拉及其原素同質說，（Homoiomerien）德謨頡利圖及其原子論，（Atomen）在他看來，每每是一種威權。依照他的學說，感覺是無謬誤的，而爲一切認識的源泉。科學是經驗的知識，科學的成立，就在於將合理的方法，運用到由感覺所得的材料上面去。歸納，分析，比較，觀察，實驗，便是合理的方法的主要條件。在物質固有的特質裏面，運動是最初的最重要的特質，——不但是機械的運動與數學上的運動，而且是衝動，生命精神，與魁力，以及借用雅各布・波姆的用語物質的苦惱。後者最初的形態，便是具有生命的爲牠所固有的本質力，（Wesenkraft）這本質力，因個體化，就產生特殊的差別。

唯物論，在培根——唯物論的最初創立者，——爭說中，質樸地藏着各方面發展的萌芽。物質以詩意的感覺的光輝，向着全體人類微笑。可是，培根的格言式的學說，其本身，還充滿着神學的矛盾。

在他的發展歷程中，唯物論變成爲片面的。霍布士把培根的唯物論，形成爲體系。在霍布士體系中，感覺性失却牠的華美，而成爲幾何學者的抽象的感覺性。物理學的運動，轉化爲機械的與數學上的運動，幾何學被宣告爲主要科學。唯物論成爲厭世的。如果要在牠自己的領域上，克服厭世的無肉的精神，唯物論本身，就必得尅制牠的肉慾，變成爲修道士。牠是理智的存在，但牠也無所顧忌地，發展理智的效果。

霍布士從培根出發，證實地說：如果感覺供給一切知識把人類，那末，直觀、思想、觀念等，不外就是物體界或多或少脫去其感覺形態的幻像而已。科學只能爲這些幻想定出名稱。一個名稱，可以運用到多數幻想上去。名稱也能有名稱。但這行將成爲一個矛盾：一方面說，一切觀念發源於感覺界；他方面又主張一個

機械論的唯物論批判

名詞，不只有一個名詞的意義，除了觀念上所定立的和永久個別的事物之外，還存有一般的事物。 沒有形體的實體，和沒有形體的形體一樣，都同陷於矛盾。 形體，(Koerper) 存在，(Sein) 和實體，(Substanz) 都是一個而且是同一個實在的觀念。 人不能將思惟的物質，和思想分離。 物質是一切變化的主體。 無限這個字，是空洞無意義的，—— 如果牠不是表示我們精神的能力，能夠加增至於無限。 因為只有物質才是能感覺的能知覺的，所以人們就不知道上帝的存在。 只有我自己的存在是確實的。 人的一切情慾，是機械運動的開始與終止。 衝動的對象，是善。 人和自然一樣，都都服從同樣的規律。 權力和自由，是同一的。

霍布士將培根體系化了，但他的主要原理，—— 知識與觀念發源於感覺界，—— 却沒有嚴密地建立起來。

洛克在他的人類悟性起源論上，才建立了培根與霍布士的原理。

恰如霍布士消滅了培根唯物論的一神論的偏見一樣，叩林斯、獨特華爾、柯華特、哈德烈、普利斯特利等，也就消滅了洛克感覺論的最後的神學的藩籬。 一神論，至少在唯物論者看來，也不過是以一種更利輕鬆

的方式，擺脫了宗敎而已"。(註)

(註) 馬克思恩格斯合著神聖家族 Frankfurt an main 一八四五年版，二〇一頁至二〇四頁。(恩格斯註)（參看馬克思恩格斯遺稿，第二卷，二三五頁至二三七頁）。

這就是卡兒•馬克思對於近代唯物論發源於不列顛所說的話。如果現在英國人，對於馬克思這樣評判他們的祖先，而不特別感動，那末，我們就只有為之惋惜。培根、霍布士與洛克，是法蘭西唯物論光榮的學派的父親，這是無可否認的；縱介陸上與海上，德國人和英國人，都超越法國人之上，而取得勝利，但十八世紀却成為特出的法蘭西世紀，並且在這世紀末葉所完成的法國革命遙為以前的時候，也莫不如此，我們外國人，——英國與德國——到現在，還要繼續努力去同化這革命的成果。

這是無可否認的一件事。如果在這世紀（十九世紀。譯者附註。）中葉，受有敎育的外國人，定居英國，他就會時時碰到一件事，——他是不得不去理解這件事的，——卽"尊嚴的"英國中等階級，對於宗敎上的迷頑與忌昧。在當時，我們都是唯物論者，或者是最進步的自由思想家；而一切英國受有敎育的人，都相信種種不可能的不可思議的東西，連地質學者巴克蘭與曼忒爾，也都曲解他們自己的科學事實，

| 12) 　　　　機械論的唯物論批判

提心弔膽使之不致損毀摩西創世紀的神話，這一點，在我們看來，便似乎是不可解的了；至於要尋找一種敢於以自己的理智，運用到宗敎事件上面的人，那末，尙必得到沒受敎育的人裏面，到當時所謂"齷齪的大衆"裏面，到勞勤者裏面，尤其是到歐文派社會主義者裏面，去尋找，這一點，也是不可解的。

但從此以後，英國就"開化了"。一八五一年的博覽會，就發出英國島國排外性的喪鐘。　英國在飲食方面，在習慣及觀念方面，也都漸次國際化了，這一點，以致使我益加希望英國的某種風習，恰如大陸其他習慣普及到英國一樣，也普及到大陸上去。　要而言之，靑菜加油的食法，（一八五一年以前，只有貴族知道。）　已經普及到英國去了；而大陸對於宗敎事件的懷疑論，也伴着這個食法，必然普及到英國去了；其結果，懷疑論，雖說還沒有和英國國家敎會一樣，爲人重視，但幾乎取得了和浸禮敎派（Baptisten sekte）處於同等地位的尊敬，並且彰明較著已佔有一個高出於救世軍的地位。　在這裏，我就不得不作如是想：甚至悲憫並咀呪這種無宗敎信心發達的人們，在其知道這種新奇思想，並不是外國出產，並不是像別的日用品一樣，蓋有 made in germany，　卽製自德意志的商標，恰好相反，而是舊日英吉利的

附錄 三、史的唯物論

出產的時候，在其知道二百年前，他們不列顛這種貨物的製造者，較諸今日的後裔，遙爲長進的時候，這些人們，知道了這一點的時候，也將會聊以自慰罷。

事實上，不可知論，不是害羞的唯物論，又是什麼呢？不可知論者的自然觀，完全是唯物論的。 整個自然界，要爲法則所支配，在此以外的影響，是要絕對與以排除的。 但不可知論者，却又慎重地添加一句：我們不能證明在我們已知的世界的彼岸，是否存有某種最高的主體。 這個保留，在拉普拉斯回答拿破崙的當時，是有牠的價值的，拿破崙問：爲什麼在這位大天文學者的天體機械一書中，連造物主一次都不曾說過呢？ 拉普拉斯驕傲地回答：我無需要這個假說。然而，今日我們的進化的宇宙觀，却絕對沒有容許造物主或支配者的餘地；但如果人們以爲在整個現存世界之外，還有一個最高的本體，那末，這或許就是自相矛盾，進而在我看來，這也是對於信敎人的感情的一種挑撥的損傷。

進而，我們的不可知論者，也承認我們一切知識，是以我們的感官所得的報告爲基礎的。 但他們又要插問一句：我們從何知道我們的感官所供給我們的事物，—— 藉感官而知覺的事物，—— 是否爲眞實的摹寫呢？不可知論，又進而告訴我們：不可知論者所說及的事物及其性質，並非是不可知

122　　　機械論的唯物論批判

論者在現實中所想的這些事物及其性質的本身，不可知論者並不能確實知道這一點，——而只是這些事物在他們的感官上所發生的印象。 不用說這是一種理解方法，但純粹用論證，這方法似乎是難於達到的。 但在人類論證以前，就發生行動。 "一開始，就是行動"。(Im Anfang war die Tat) 人類的行動，早就解決了這個困難，——在人類的才智發見這個困難以前。人要證明布丁，就在於吃布丁。(The proof of the pudding is in the eating) 我們各按照這些事物的性質，——我們在事物上知覺這性質，——使這些事物為我們自己所使用，在這樣的瞬間，我們對於我們的感官知覺，加以毫無錯誤的試驗，便可以決定感官知覺的正確與不正確。如果這知覺不正確，那末，我們對於使用這些事物所下的判斷，也必定不正確，因此，我們要使用這些事物的企圖，就必定失敗。 但是，如果到達了我們的目的，即如果我們證明了這些事物，適合於我們對於這些事物的觀念，即這些事物能夠為我們所使用，那末，便積極證明了：在這個範圍以內，我們對於這些事物及其性質的觀念，和在我們以外的既存現實界，是一致的。 反之，如果我們證明了：我們遇着一個錯誤；那末，在大多數情况上，不久我們便發見這錯誤的原因，即發見了為我們企圖的基礎的知覺，或是牠本身不完全，

附錄 三、史的唯物論

或是皮相的，更或者不是用正當的方法，在這個知覺上面，還連結有別的知覺的結果。只要我們正確地訓練並使用我們的感官，只要我們的行為限制在我們正確取得的與正確使用的知覺範圍以內，那末，我們就發見了我們的行為結果，證明了我們的知覺是和所知覺的事物的對象性（即客觀性。譯者附註。）一致的。 直到現在，並不曾有一個情況，迫着我們形成下面一個結論：我們由科學所統制的這個感官知覺，在我們頭腦內產生關於外界的觀念，但其性質又和現實相懸殊，或者在外界與我們對於外界的感官知覺之間，存有先天的不一致性。 (eine angeborne Unvertraeglichkeit)

但在這個當兒，新康德派的不可知論者又來了，並說道：誠然，我們能夠正確知覺事物的性質，但不拘用何種感覺過程或思惟過程，却不能知道事物自身。 (das Ding selbst) 這個事物卽自，(Ding an sich) 存在於我們的知識的彼岸。關於這一點，黑智兒在好久以前就答覆了：如果你們知道事物的一切性質，那末，你們也就知道事物自身，從而就不殘留別的，只餘掉以下一事實，卽你們所說的事物，是存在於我們之外，並且只要你們的感官向你們報告這個事實時，你們就連這事物的最後殘滓，卽康德的有名的不可認識的事物卽自，也都把握着了。 在今日來說，我們對於這一點，只

機械論的唯物論批判

能附加一句：即在康德那個時代，我們對於自然的事物的知識，是極度片斷的，而假想牠背後，還存有特殊的神秘的事物卽自。但是，從此以後，這個不可把握的事物，却因科學的猛進，漸次為人所把握了，所分析了，並且進而再生產了，我們能做成的東西，我們就一點也不能認為是不可認識的東西。在我們這世紀（即十九世紀。譯者附註。）的前半期的化學看來，有機的物質，是一種那樣神秘的事物。到現在，我們旣知道不借助於有機的過程，從化學元素，一個一個地造出有機物來。近代化學宣言道：只要知道任何物體的化學上的組成，便能從元素造成這物體，現在，我們對於最高有機物，即所謂蛋白體的組成的正確知識，還相距遙遠；但是，却沒有理由可以說，我們在數世紀以後，還不能獲得這個知識，還不能借助於這知識，從人工去造出蛋白質。然而，如果我們到達這個地步，那末，我們同時就可以產出有機的生命，因為生命從牠的最低形態以至最高形態，都不外是蛋白體的有規則的存在形態而已。

但是，如果我們的不可知論者，一次完成這個形式上的保留的時候，他們便完全如頑強的唯物論者一樣說，一樣行，——根本上，他們就是唯物論者。他們或許會這樣說：在我們所知道的範圍以內，物質與運動，（或者照現在人們所

附錄 三、史的唯物論

說的即能力，）乃是既不能生又不能滅的，但我們沒有證據證明這兩個東西，不是在某一個時代製造出來的。可是，如果你們在某一既存的情況中，企圖利用這個推論去反攻他們，那末，他們就會急忙拒絕你們這反攻，而停止他們的辯駁。他們在抽象上，可以承認唯心論的可能性，但在具體上，却不知道唯心論的可能性。他們會對你們說：在我們知道並能知道一範圍以內，並沒有宇宙的創造主，或支配者，在我們所見到的範圍以內，物質與能力，是不生又不滅的，在我們看來，思惟也是能力的一種形態，也是腦的一種機能，我們所知道的一切，結局，就是物質的世界，爲不變的法則所支配，……等等。這就是說，在他們是科學家一範圍以內，在他們知道一些事物一範圍以內，他們是唯物論者；在他們的科學以外，即在他們所不知道的領域上面，他們就將他們的無知，譯成希拉語，而命名爲不可知論。

總而言之，以下一事，似乎是正確的：即假使我是一個不可知論者，我也不能拿"史的不可知論"，來表示在這本小冊子內面所略述的歷史觀。如其不然，信敎的人，就會嘲笑我；不可知論者，就會向我發怒，並詰問我是否有意愚弄他們。因此，我就希望"尊嚴的"不列顛人——德意志，叫做這種人爲斐利斯人，——不要過於吃驚，——如果我在

126　　　機械論的唯物論批判

英國語言中，或在許多其他的語言中，用"史的唯物論"一詞，來表示對於世界史進行的見解；這見解，是要在社會的經濟發展中，是要在生產方法與交換方法的變化中，是要在由這變化而生的社會種種階級的分裂中，是要在這種種階級的鬥爭中，找出一切重要的歷史事件之究極原因及決定的動力。

如果我證明這史的唯物論，對於不列顛的菲利斯人的尊嚴性，能有用處，那末，人們或許更會寬許我使用這個名詞。我在事實上，已經指明四五十年前定居英國的受有教育的外國人，都有一種不愉快的印象，即是不得不表示於外國人面前的英國的"尊嚴的"中等階級對於宗教之迷頭與固執。現在我要指明：那時代英國尊嚴的中等階級，並不完全像外國的知識分子所想像的那樣愚昧。他們對於宗教的傾向，是可以說明的。

當歐羅巴脫離中世紀時，城市新興的市民階級，便是革命的元素。他們在中世紀封建組織之下所戰取的公認的地位，對於他們的發展力，已經過於狹小。市民階級的自由發展，業已和封建制度勢不兩立，而封建制度，也就不得不即於崩壞了。

然而，宗教制度的龐大的國際中心，却是羅馬天主教會。

附錄 三、史的唯物論

牠結合整個封建化的歐羅巴，——縱令其內部有戰爭，——成為一個偉大的政治總體，以對抗分立的希拉教會世界與回教世界。牠以上帝的神聖的光圈，加諸封建組織上面。牠又以封建制度為標本，牠自身也建立封建教權制，其結果，牠成為一切封建諸侯之最大的諸侯，至少一切天主教所有的土地的三分之一，都屬於牠。要一點一滴地，在每個國度，去攻擊世界的封建制，就必得先摧毀牠的神聖的中央組織。

但是，伴着市民階級的興起，一步一步地，科學的勃興，也展開起來了。天文學、機械學、物理學、解剖學、生理學，重行又研究起來了。市民階級，為得要發展他們的工業生產，就需要一種研究自然物體的性質與自然力的作用方式的科學。但科學從來都只是教會的從順的婢女，教會決不許可科學超出由信仰所定規的界限以外，——簡單一句話，科學任牠成什麼都可以，只要不成為科學。這個當兒，科學就向教會反叛起來了；市民階級需要科學，所以也參加這個反叛。

在這裏，我只說到新興市民階級不得不和既存教會相衝突的兩點；但這兩點已經足以證明：第一，在反對天主教會權勢鬥爭中，最有密切關係的階級，正是這個市民階級，第二，當時一切反對封建制的鬥爭，都帶上宗教的面具，而且

機械論的唯物論批判

第一次射擊，就要針對着教會。但是，如果戰爭的呼聲，發自大學及城市商人，那末，這呼聲在鄉村民衆中，在農民中，便必然博得强烈的回響，——因爲他們到處對於宗教的與世俗的諸侯，都與以苦鬪，而且爲的是他們自己的生存。

歐羅巴市民階級反封建制的偉大鬪爭，其中有三大決戰，達到了鬪爭的頂點：

第一次，是我們所命名的德國的宗敎改革。接應路德反對敎會的反叛呼聲而起的，有兩個政治暴動：首先是一五二三年在夫藍次・皇・稷輕根領導之下的小貴族暴動，其次是一五二五年農民大戰爭。兩次都被鎭壓下去了，主要原因，就在於極有關係的黨卽城市市民的不決斷，——這個不決斷的原因，這裏不能研究。從此以後，這個鬪爭，就變成爲地方諸侯與愷撒的中央權力的鬪爭；其結果，德意志在二百年間，便從歐羅巴政治活動的諸民族之列，一筆勾銷了。路德的宗敎改革，不用說，要發生一種新宗敎，——正是專制君主所必需的新宗敎。似此，東北德意志農民，只要改奉路德的敎義，他們馬上就由自由民降落爲農奴了。

但路德失敗的當兒，加爾文却勝利了。加爾文的敎理，適應於當時最急進的市民。他的天選論，便是以宗敎的方式，表示如次一事實：在自由競爭的商業世界中，不拘成功或失敗，都無關於個人的活動或手腕，而關於和個人獨立的環境。因此，成功或失敗，便不為個人的欲求或進行所決定，而為"慈惠的賜與"卽優越的但是不明顯的經濟力所決定。這一點，對於經濟革命時代而言，是特別真實的，那時代一切舊的商業進路與商業中心，都為新的進路與中心所代替，那時代亞美利加與印度，都為舊世界所發見，那時代最神聖的舊日經濟信仰，——金銀的價值，——都陷於動搖與崩壞。加之，加爾文的敎會組織，全然是民主的共和的；但是，上帝的王國，旣然共和化了，那末，難道地上的王國，還能依然受國王、僧正、及封建諸侯的統治嗎？德意志路德派，成為德意志小諸侯手中的從順的工具，加爾文派，却建立了一共和國於荷蘭，並在英吉利尤其是在蘇格蘭建立了强大的共和黨。

市民階級第二個大叛亂，在加爾文派裏面找到了牠的完善的鬭爭理論。這次叛亂，起於英吉利。城市市民階級爆發這叛亂，農村地方的中農，(Yeomanry) 使這叛亂得着勝利。這是完全不可思議的事體，在三大市民階級革命裏面，不拘那一次，農民常常供給軍隊，可是，戰勝以後，農民却恰恰成為因這勝利的經濟的結果，而確實陷於破產的一個階級。同樣，克倫威爾死後百年，英吉利的中農，也就完全消滅了。但無論如何，只有因為中農與城市平民分子的參加，這次鬥爭，才戰取了最後的勝利，才將查理士第一送到斷頭臺上去。只是為得要收穫市民階級的戰勝的果實，——這在當時，業已成熟了的，——那末，革命就必得明明超出牠原有目的而更向前進展，這一點，恰和一八七三年的法國--八四八年的德國相同。這一點，在事實上，似乎是市民社會發展法則之一。

跟着革命行動的這種過火，就發生了不可避免的反動；這反動，也超出牠原有目的而向前突進。在累次發生搖動以後，終於確立了新的重心；這重心，成為更進一步的發展之出發點。英吉利歷史上的偉大時代，為英吉利的斐利斯人，稱為"大叛逆"，而繼這時代所發生的鬥爭，却只於一六八九年比較微小事變中找到了鬥爭的結果，自由主義史家，却稱這鬥爭為"榮譽的革命"。

新的出發點，是新興布爾喬汜亞與以前的封建大地主之間的妥協。這些封建大地主，雖在當時，甚至在今日，仍被稱為貴族，其實他們已走上一條變成為"國家的第一個布爾喬汜亞"的道路，——這是日後法國路易·斐利所走的一條道路。其在英國，幸而舊封建諸侯已在薔薇戰爭中相互殘殺了。他們的子孫，雖然大多數是同一舊世家的後裔，可

附錄 三、史的唯物論

是其進展路線，却和他們遠隔，而另外形成全新的一個集團；這集團的習慣與傾向，與其說是封建的，却不如說是布爾喬泥亞的。他們的子孫，完全認識金錢的價值，驅逐數百家小佃戶，代之以羊，藉此以圖地租的增加。亨利八世，分發並發賣教會的土地，造出多數布爾喬泥亞地主；十七世紀末葉，不斷地沒收大地主，以授與全暴發戶或半暴發戶，也發生同樣的結果。所以，自從亨利七世以來，英吉利貴族，不但不反對工業生產的發展，恰好相反，而要從這個發展，取得利益。同樣，大地主的一部分，基於經濟的或政治的動機，而時時準備和金融的與工業的布爾喬泥亞領導者合作。因此，一六八九年的妥協，卽容易成立了。政治上的利益，——如官職、冗員、高俸、——還讓其殘留在大地主貴族、世家的手中，——但要在一個條件之下，卽：他們要充分顧及金融的工業的商業的中等階級之經濟利益。在當時，這種經濟利益，業已具有充分的力量，從而，結局，這個利益，就決定了全國的一般的政策。關於個別問題，或許互相齟齬，但貴族的寡頭政治，却充分知道他們自身經濟的繁榮，是與工業的商業的布爾喬泥亞的繁榮息息相關的。

從這時起，布爾喬泥亞，便成為英國支配階級的一個組成分子，——安分的但已為人公認的組成分子。他們伴着

機械論的唯物論批判

一切支配階級，壓迫國民中的勞動大衆，藉以共同地取得利益。商人或手工場主人，對於他們的店員、勞動者、僕人，他們本身，就居於主人的地位，或者如最近英國人所說居於"天然的上司"的地位。他們不得不儘可能地從店員、勞動者、僕人身上，去榨取多量的好的勞動，爲得這個目的，他們就對店員、勞動者、僕人，敎以適合這目的的服從習慣。他們本身，是宗敎的信徒，他們的宗敎，供給他們一種旗幟，他們在這旗幟下面，去和國王及諸侯鬪爭；不久，他們又發見宗敎呈獻給他們的手段，藉此去麻醉天然的下屬的心情，去使天然的下屬服從主人的命令，——這是上帝對下屬所預定的不可測知的命令。總而言之，英吉利布爾喬泥亞，在當時參加了對於"下等身分"的人的壓迫，卽對於從事生產的國民大衆的壓迫；而用作去壓迫的手段之一，就是宗敎的感化力。

但還有其他一個情勢，足以强大布爾喬泥亞的宗敎傾向，這就是英國唯物論的出生。這個無神的新學說，不但損傷了敬虔的中等階級，而且牠本身，還宣言是只適合於學者與受有敎育的人的哲學，以與那種爲沒受敎育的大衆——布爾喬泥亞也算在內，所認爲滿足的宗敎對抗。唯物論，伴着霍布士就登上了舞臺，而成爲國王的全權之擁護者，並且要

附錄　三、史的唯物論

求君主專制，去壓迫那成爲"強健但兇惡的小孩的"國民。霍布士的繼承者波令布魯克及沙甫慈白利等，也是一樣，唯物論這一自然神論的新形態，依然是貴族的秘傳的學說；從而這學說的宗教的異端性及其反市民階級的政治關係，都爲布爾喬汜亞所仇視。　因此，要對抗貴族的唯物論與自然神論，恰好新教教派——牠曾供給旗幟與戰士，去和斯圖亞特王朝鬪爭，——就成爲進步的中等階級的主要發動力，並且到今日，還形成爲"大自由黨"的背脊柱。

這個當兒，唯物論，就從英國移植到法國，在法國會見了導源於笛卡兒派的唯物論哲學的另一學派，且與之熔合。唯物論在法國，起首也依然是純貴族的學說。　但不久牠就帶上了革命性。　法蘭西唯物論者，並不只是批判宗教事件，還批判他們那時代的一切科學的傳統與一切政治制度，他們爲得要證明他們的理論之一般的適用性，他們就採取了最直截了當的方法，卽：在那一尨大的著作百科全書——他們因此而被稱爲百科全書作家，——中，大膽地於一切知識對象上，運用這個唯物論。　這樣唯物論，在這一或那一形態之下，——卽在顯明的唯物論或自然神論之下，——就形成爲法國一切受過教育的青年的世界觀：其結果，在大革命時代，由英吉利王黨所孕育出來的這個學說，竟將理論的旗幟，

134　　機械論的唯物論批判

供給法蘭西共和黨人與恐怖黨人，並成爲'人權宣言"的藍本。

法蘭西大革命，是布爾喬汜亞第三次叛亂，但這是第一次脫掉宗敎的外衣，赤裸裸地站在政治的地盤上去鬪爭。這也是第一次眞實地堅持鬪爭到底，以達到一方鬪士（貴族）的消滅和一方鬪士（布爾喬汜亞）的完全勝利。 其在英國，則革命前後的制度與大地主和資本家間的妥協，還不斷地存續着，這一點，就表示了：依然存續着法律上的裁判成規，依然尊重地保存着封建法律的形態。 其在法國，則革命，和過去的傳統完全絕緣，掃蕩了封建的最後遺跡，並且以舊羅馬法巧妙地適應於近代資本主義關係， 而完成民法法典，——這民法法典，幾乎完全表示了：出自經濟的發展階段（馬克思用商品生產去表示這發展階段，） 的法律關係； 革命的法蘭西法典的巧妙， 其程度竟到達以至今日所有各國，——英國也在內，還是用作改良財產法的模範。 但是，我們不要因此忘記下述一事。 如果英國法律，還依然使用野蠻的封建的語言去繼續表示資本主義社會的經濟關係，從而這種野蠻語言與其所表示的事物的關係，如果恰如英文的寫法與英文的發音一樣，——或者如法國人所說一樣，你所寫的是倫敦，而你讀的是君士坦丁堡，——那末，這英國法律，就是惟一的法律了，這就是說，英國法律純粹保存了關於個人自由關於地方自治關於在法庭以外不受任何他人的侵犯之最好的部分，簡單說，卽純粹保存了古代日耳曼的自由之最好的部分，（這些部分業已消滅於大陸君主專制之下，直到今日，還沒有一個地方再行恢復起來，）而以之移植到亞美利加及植民地的惟一的法律。

再回頭來說不列顛布爾喬汜亞。法蘭西革命，給與他們以絕好的機會，他們藉大陸君主專制諸國的幫助，以消滅法蘭西海上商業，以併吞法蘭西殖民地，以壓落法蘭西對於海上競爭的最後資格。這就是他們爲什麼要向法蘭西革命作戰的第一個理由。第二個理由，就是他們厭惡法蘭西革命的方法。不但因爲法蘭西革命的"應受處罰的"恐怖主義，而且因爲法蘭西革命的企圖，在於極端實施布爾喬汜亞統治。不列顛布爾喬汜亞，沒有他們的貴族，又能辦得通嗎？貴族告訴他們以風儀的態度，（這也是和他們相當的。）替他們發明流行的時裝，供給他們以陸軍軍官，去維持國內治安，供給他們以海軍軍官，去掠奪新植民地與新市場。不用說，不列顛布爾喬汜亞裏面，也有進步的少數派，在布爾喬汜亞和貴族妥協之際，對於少數派是沒有利益的；這少數派，是由不富足的中等階級所成立的，而表同情於革命，但在議會裏面，却沒有勢力。

似此，唯物論愈成爲法蘭西革命的信條，信神的英國布爾喬汜亞，就愈固執他們的宗敎。巴黎的恐怖政治，不是明證：如果人民失去宗敎，世界將鬧成什麽樣子嗎？唯物論愈加由法國傳播到鄰邦去，並且因類似唯物論的理論潮流，尤其是因德意志哲學的力量，而愈加强大起來，並且事實上，大陸的唯物論與自由思想愈加一般成爲受有敎育的人的必需性質；英國中等階級就愈加固執他們種種的宗敎信條上面。這些信條本身，雖然各自縣殊，但牠們都確係宗敎的基督敎的信條。

正當革命在法國保證了布爾喬汜亞政治的勝利時，瓦特阿克來、卡特頼特及其他，就在英國導出產業革命；這革命，完全轉變了經濟勢力的重心。布爾喬汜亞的財富，到了這個時候，便較地主貴族的財富，增加得非常的迅速。在布爾喬汜亞本身的內部，金融貴族銀行家等等，也被工場製造業者，推落到次要的地位去了。一六八九年的妥協，甚至以後基於布爾喬汜亞的利益漸次加以修改的妥協，都業已不適應於當事者雙方的地位了。這些當事者的性質，同樣，也變化了，這就是說，一八三〇年布爾喬汜亞與前世紀的布爾喬汜亞有重大的差異。

附錄　三、史的唯物論

在當時，政治權力殘留在貴族手中，利用牠，以抵抗新興的工業布爾喬亞的要求，像這樣的政治權力，便已經與新的經濟利益關係不能並立了。　反對貴族的新鬪爭，已經成爲必要，這鬪爭，只有因新經濟勢力的勝利，才能完成。　首先，在一八三〇年法蘭西革命刺戟之下，選舉改正法案，就不管一切反對，而被通過了。　這個法案，使布爾喬亞在議會中，取得公認的有力的地位。　隨後又撤廢了穀物條例，布爾喬亞，尤其是其中最活動的一部分卽工場製造業者，對於地主貴族所取的霸權，便因此確立起來了。　這就是布爾喬亞的大勝利，但同時，也是布爾喬亞爲得他們獨自的利益所獲得的最後勝利。　布爾喬亞以後的一切勝利，布爾喬亞都必得將其利益的一部分，分給新興的社會勢力集團，——這集團，開始與布爾喬亞結爲同盟，但到了以後，就和布爾喬亞抗爭起來了。

產業革命，造出從事工場製造業的大資本家一個階級，但同時又造出較這階級人數更多的從事工場製造業的勞動者階級。　恰如產業革命，由這一生產部門擴大到他一生產部門一樣，勞動者階級，也不斷地跟着增加他們的數量。　但跟着他們數量的增加，他們的權力，也就增加了，並且這權力，已表現於一八二四年，那時强迫着頑强的議會，撤廢禁止自

機械論的唯物論批判

由集會的條例。　當提出修正選舉法案時，勞動者已經成爲改革黨中的急進的一翼，當一八三二年法令不承認勞動者的選舉權時，勞動者就提出他們的要求於"人民憲章"中，而組成一個獨立的憲章黨，以與反對穀物條例的布爾喬汜亞大政黨對抗。　這憲章黨，就是我們這個時代的第一個勞動者政黨。

　　隨後，一八四八年二月及三月的大陸革命又來了，勞動者在這革命中，發生重大作用，至少，勞動者在巴黎已經提出要求，——這是從資本主義社會的立場看來，絕對不容許的要求。並且，接着就是普遍的反動。首先，是一八四八年四月十日憲章黨的敗北，隨而就是同年六月巴黎勞動者的潰敗，其次就是一八四九年意大利匈牙利南德意志的失敗，最後就是一八五一年十二月二日路易·波那怕脫征服巴黎的勝利。所以，至少對於某幾個時期，勞動者可怕的要求，是被壓下去了，但是，又付了何等的代價呵！因此，不列顛布爾喬汜亞，在以前確信將普遍的大衆，浸透在宗教裏面，乃係一種必要的事體，現在經過這些經驗以後，難道不更加强烈地感覺到這種必要嗎？不列顛布爾喬汜亞，一點也不顧及到大陸伙伴的嘲笑，却花費千萬金錢，年復一年地，望前向下等身分的人去宣傳福音。　他們不滿足他們自己的宗教機器，還

附錄 三、費兒巴哈的宗教哲學與倫理學

求助於當時宗教企業的最大組織者約拿單兄弟,（北美合衆國人。譯者附註。）還從亞美利加輸入"信仰復興教",模蒂以及桑克,最後連救世軍的危險幫助也接受了,——救世軍是使原始基督敎復活的一種宣傳工具,認爲平民是神選的,他們以宗敎方式,向資本主義宣戰,而孕育原始基督敎階級鬪爭的元素,這些大富翁,在今日爲救世軍醵出大宗金錢,救世軍將有一天,會給大富翁以極不利。

　　布爾喬汜亞不拘在歐羅巴那一個國度,決不能以獨佔的方式,佔取政治的勢力,至少,也不能佔取到長久的時間,恰如封建貴族在中世紀保持政治的勢力那樣,——這一點,看來似乎是歷史的進展法則。　就是在封建制業已完全被掃除了的法國,布爾喬汜亞以其整個階級來掌握統治權,也不外一個短期間而已。　在路易•斐利統治之下,卽在一八三〇年至一八四八年的時候,只有布爾喬汜亞的一小部分,掌握統治權,其餘大部分,却因選舉法的過高的限制,而沒有選舉權。　在第二共和國之下,整個布爾喬汜亞掌握着統治權,但也不過三個年頭,布爾喬汜亞的無能,便替第二帝國,開闢一條出生的道路。　只有現今,在第三共和國之下,布爾喬汜亞才整個地掌握統治權,至於二十年之久,但到今日,布爾喬汜亞却已展開牠行將崩壞的顯明的徵兆。布爾喬汜亞

機械論的唯物論批判

長期掌握統治權，直到現在，只有亞美利加諸國度才成為可能，在那些國度裏面，從來就沒有出現過封建制度，其社會歷來就是從布爾喬汜亞的基礎出發。可是，甚至連法國和亞美利加，為布爾喬汜亞後繼者的勞動者，也都久已走來高聲地叩門了。

其在英國，布爾喬汜亞，從來就沒有獨佔地掌握過統治權。就是一八三二年的勝利，也都依然讓貴族幾乎獨佔政府的一切高級位置。英國富裕的中等階級，甘心居於服從地位，這件事，在我沒有聽到自由主義的工場製造業者福耳斯忒君某一天的演說以前，我始終認為是不可解的，在他演說中，他切望布剌德佛德的青年們，為自己將來出身計，必得學習法文，在這個當兒，他又敘述他自己的慘淡經驗，即：他做了國務大臣，就必得加入一種視英文與法文為同等重要的社會。事實上，當時英吉利布爾喬汜亞，平均說起來，全是未受教育的暴發戶，他們不拘好壞，將一切較高的政府官職，都讓給貴族，因為在政府裏面，除了由商業的詭詐所孕育出來的島國的褊狹性與島國的傲慢性以外，還需要其他的性質。(註)

(註) 就是對買賣事件而言，國民的排外主義的傲慢性，也是一個十足可憐的計策。直到最近，普通的英國工場製造業者，還認為

附錄 三、費兒巴哈的宗教哲學與倫理學

一個英國人不說本國話而去說外國話，乃是一種不名譽的事體；並且外國"可憐的乞丐"，到英國來定居，替他們分勞，將他們的貨物，販賣到外國去，他們還引為自尊自大；他們從來沒有注意：這些外國人，——大部是德國人，——因此就將英國國外貿易（輸入也不弱於輸出）的大部分，歸落到外國人手中；也沒有注意：英國直接的國外貿易，因此就只限於植民地、中國、合眾國、以及南亞美利加。他們更沒有注意：這些德國人與其他在外國的德國人，從事貿易，竟漸次在全世界上組成一個完全的植民地貿易網。但是，約莫四十年前，德國才真正開始從事輸出品製造的時候，這個貿易網，便成為德國的植民地貿易的工具，這個網，在這樣的短期間內，竟替德國完成了一件值得驚駭的任務，即：使德國由農產物輸出國，轉變為第一流的工業國。因此，約莫十年前，英國的工場製造業者，最後才大發雷霆，質問他們的公使與領事：怎麼會弄成他們業已不能保持他們的顧客呢？一致的答覆，就是：一，你們沒有學習你們顧客的話，却只是要求顧客學習你們的話；二，你們從來沒有想方設法，使你們顧客的需要、習慣、以及嗜好得到滿足，你們却要求顧客，接受你們英國的需要、習慣、以及嗜好。（恩格斯註。）

即使在今日，從新聞上關於"中等階級教育"的不斷的論爭看來，也明示英國中等階級，自己覺得還不夠去接受高等教育，不夠去貪求本分以上的東西。因此，在穀物條例撤廢以後所發生的以下一事實，也似乎是當然的，即：戰取這一次勝利（即穀物條例撤廢的成功。譯者附註。）的人們，如哥布

機械論的唯物論批判

登、伯來脫、福耳斯忒等，都不能參與政府的公職，直到最後，過了二十年，新選舉改正法，才讓他們走到內閣的門邊去。不但如此，甚至在今日，英國布爾喬汜亞，還深深地保持着他們自己的社會地位低下的感情；其結果，他們竟以他們自己的經費與國民的經費，去豢養一種裝飾的寄生階級，在一切光榮儀式中，堂堂地代表着民族；其結果，如果人們承認布爾喬汜亞裏面的任一個人，有加入特權團體——這團體，結局，也是由布爾喬汜亞自身所造成的，——的價值，他們自己，竟引以為無上的榮幸。

因此，在工業的與商業的中等階級，尚未了結將貴族完全逐出於政治權力之外—工作的當兒，而新的競爭者即勞動者階級，就已經上了舞臺。憲章運動及大陸革命以後的反動，再加上一八四八年至一八六六年英國產業空前的發達，（通常只認為這是自由貿易的結果，但更進一步，却是由於鐵路航海以及一般交通機關而發生的）。使勞動者再行追從自由主義者的後面，勞動者在這個當兒，恰如在憲章運動以前一樣，也形成了急進的左翼。但是勞動者對於選舉權的要求，漸次成為不可抵抗的力量；當自由主義者首領輝格，還在猶豫不決之時，的士累利便顯出他的靈活手腕，為得托利黨，而利用這個良機，在城市選舉區中，使用戶別選舉權，

附錄 三、費兒巴哈的宗敎哲學與倫理學　　143

（住居獨立家屋的人，也一倂包含在內。）同時，藉以改正選舉區。隨後不久，就實施不記名投票，接着一八八四年，又將戶別選舉權，擴大到全國，卽地方諸州，也採用這種選舉權；並且又重新改正選舉區，至少，全國各選舉區，在某種程度上，已經到達了各各相等的地位。因爲這些改正，勞動者階級，對於選舉的權力，便大大增加了，其結果，以致他們到今日在一五〇至二〇〇選舉區裏面，佔選舉人的過半數。但是再沒有一個學校，勝過議會制度敎示人們去尊重傳統的東西。如果中等階級，對於約翰・曼涅爵士所戲稱的"我們的老貴族"一集團，出以崇拜及畏敬的態度，那末，當時的勞動大衆，也就會對於當時稱爲"長上階級"的布爾喬汜亞，出以尊敬與謙遜的態度，並且事實上，十五年前的不列顚勞動者，乃係模範勞動者；他們對於雇主地位之周到的注意，以及他們提出本身要求時之克己與謙遜，這些事，在我們德意志講壇社會主義者看來，也可以慰安他們的苦痛；這種苦痛，是因德意志本國勞動者不可救治的共產主義的及革命的傾向而來的。

可是，英吉利布爾喬汜亞，究竟是買賣中人，較德意志敎授們看得遠。他們只是勉強將他們的政權，分一部分給勞動者。他們在憲章運動時代，認清了這"強健但兇惡的小孩"卽平民，具有能做某種事件的能力。 從此以後，他們被迫着將人民憲章中的大部分，加入到英國國法裏面。 到今日，更覺得要藉道德的手段，去羈絆人民，但羈絆大衆的第一個最重要的道德手段，却依然是宗敎。 因此，學務委員的位置，就爲牧師所佔有；因此，布爾喬汜亞拿出一天多一天的費用，去煽動各派宗敎，自崇禮敎（Ritualismus）以至救世軍。

現在不列顚"尊嚴的"斐利斯主義，（Philisterimus）戰勝了大陸布爾喬汜亞的自由思想以及對於宗敎的怠慢。法國及德國的勞働者，已經成了暴徒。 他們完全沾染了社會主義，同時，又基於許多原因，他們也就不固執手段的合法性，而去獲得統治權。"强健的小孩"在這裏，事實上，又一天一天地'兇惡"起來了。 法蘭西及德意志布爾喬汜亞的最後手段，除掉讓他們的自由思想消沈下去，——這恰如一個漸次在海中暈船的壯漢不得不把上船時引以自誇的燃着的雪茄煙拋在海中一樣，——難道還有別的嗎？從前嘲笑宗敎的人，現在一個一個表面上都裝着敬虔的樣子，談到敎會及其敎理與儀式時，都以一種敬意來說話，並且碰着難於廻避的事情，他們也就只好遵奉。 法蘭西布爾喬汜亞，在金曜日禁肉食，德意志布爾喬汜亞，在星期日，坐在敎堂的椅子上，

附錄 三、費兒巴哈的宗教哲學與倫理學

自始至終，汗流如洗地傾聽新教的說教。他們將唯物論陷于一個不幸的運命之中。"應當為人民保存宗教"，——這就是從完全破滅的境地去救出社會的惟一最後的手段。可惜是他們竭全力破壞宗教使之永遠不能存在以後，他們對於他們自己設想，才發見這個手段。到這個時候，就輪到不列顛布爾喬汜亞來嘲笑他們，並對他們叫喚：你們這些蠢材，這件事情，在兩世紀以前，我們就已經告訴你們了呵！

可是，不拘不列顛布爾喬亞的宗教的迷頑，也不拘德意志布爾喬汜亞的臨時皈依宗教，我恐怕都不能築一道長堤，來擋住普羅列達里亞日益高漲的大潮。傳統，是大阻力，是歷史的惰力。但傳統完全是被動的，所以一定會被消滅下去。同樣，宗教，也就不能成為資本主義社會的永久保障。如果我們的法律的哲學的宗教的觀念，是支配一定社會的經濟關係之較直接的或較間接的產物，那末，在其經濟關係發生根本變動以後，這些觀念，也就不能永久保存了。這樣，我們如果不相信超自然的啟示，我們就必得承認沒有一個宗教的說教，能夠支持行將崩壞的社會。

事實上，勞動者又在英國開始運動起來了。不用疑惑，他們是為種種傳統所束縛。布爾喬汜亞的傳統，——例如：一種流行甚廣的迷信，認為在英國只有保守自由兩個政黨，

機械論的唯物論批判

就為可能，勞動者階級，必得藉大自由黨才可以得到解放。**勞動者傳統**，——這是由於勞動者獨立行動之摸索的最初嘗試相續下來的，——例如：多數舊勞動組合，將那些未經過正規學徒期間的勞動者，一律排除在外，這就叫做這組合，豢養他們自己的破壞罷工的人。但縱令如此，英國勞動者階級，却不顧一切地前進，連布稜他諾教授，都不得不將這個事實，用一種遺憾的態度，向他們的講壇社會主義的伙伴報告。這勞動者運動和其他一切英國的事象一樣，也是以緩慢調整的步調去運動；這運動，在某些地方，是躊躇徘徊的,在某些地方，又是連一部分的效果都沒有的摸索的嘗試，勞動者運動,對於社會主義一名詞雖處處表示過分的不信用，但對於社會主義的實質却漸次吸取了。這運動漸次擴大,且逐次獲得勞動者社會的種種階層。現在這運動已經將倫敦東部的不熟練勞動者，從他們昏睡狀態中喚醒起來了，並且我們會看見這種新勢力（即不熟練勞動者。譯者附註。）對於勞運者運動，將要反結何種偉大的刺戟。縱令這運動的步調,不和那些無耐性的人一致，可是，那些無耐性的人，却不要忘記：活活地保存英國國民性最好部分的人，正是這勞動者階級,並且英國一度所獲得的前進的一步,是決不會再失落的。如果憲章運動派的兒子，根據上述諸原因，不能達成一切的

附錄 三、費兒巴哈的宗教哲學與倫理學　147

期望，那末，他們的孫子，看來是不會辜負其祖父的。

不用說，歐羅巴勞働者階級的勝利，決不是專門依靠英國的。

至少，要由英法德三國的合作，才可以確立這利勝。後兩國的勞働者運動，較諸英國稍爲進步。在德國，勞働者運動，隔離勝利的距離，已經是可以計算的。過去二十五年勞働者運動，在德國所發生的進步，是無與倫比的，這進步不斷地增加牠的速度向前進展。在德意志布爾喬汜亞，表示他們對於政治的能力、訓練、氣魄、以及精力，十分可憐地感到欠缺的時候，勞働者階級，却表示了勞働者充分具有這一切的特質。約莫四百年前，德意志乃是歐羅巴中等階級第一次大暴動的出發點，從今日的情勢看來，難道德意志不能成爲歐羅巴普羅列達里亞第一次大勝利的舞臺嗎？

四　法蘭西唯物論史 (註)

(註) 出自神聖家族。　見馬克思恩格斯遺稿集第二卷，二三二頁至二四二頁。

"正確地並且用散文的意義說起來"，十八世紀法蘭西啓蒙運動，尤其是法蘭西唯物論，不但對於現存政治制度以及現存宗敎與神學鬪爭，而且對於十七世紀形而上學，對於一切形而上學，尤其是對於笛卡兒、麥爾伯蘭基、斯賓挪莎、與布尼茲的形而上學，也一樣與以公開顯然的鬪爭。人們將切學來和形而上學對立，這恰如費兒巴哈在他以最初的決絕來度反對黑智兒時，將覺醒的哲學來和沈醉的形而上學對立哲樣。爲法蘭西啓蒙運動，尤其是爲十八世紀法蘭西唯物論態所打敗的十七世紀形而上學，在德志意哲學中，尤其是在十一九世紀德意志思辨哲學中，又充分勝利地實在地復興起來了。自從黑智兒以天才的方法，將十九世紀德意志思辨哲學，和從來一切形而上學及德意志觀念論結合。而建立一個形而上

附錄 四、法蘭西唯物論史

學的世界王國以後，就恰如十八世紀攻擊神學一樣，相應而生的，就是攻擊思辨的形而上學與一切形而上學。 形而上學，將永遠屈服於唯物論之下，這唯物論，藉思辨哲學的勞作，以完成牠自身，並和人本主義一致。 但恰如費兒巴哈在理論領域上一樣，法蘭西與英吉利的社會主義及共產主義在實踐領域上，就表明了和人本主義一致的唯物論。

"正確地並且用散文的意義說起來"，法蘭西唯物論，有兩個傾向：其一導源於笛卡兒，他一導源於洛克。 後者，特別是法蘭西的教育要素，直接注入到社會主義裏面。 前者即機械論的唯物論，却注入到固有的法蘭西自然科學裏面。在發展行程上，這兩傾向是相互交錯的。 對於直接由笛卡兒伸展出來的法蘭西唯物論，我們並無深究的必要，同樣，對於牛頓的法蘭西學派及法蘭西一般自然科學的發展，也無深究的必要。

因此，僅僅深究以下一點，便已充分：笛卡兒在他的物理學裏面，認為物質有自己創造的能力，並將機械的運動，看作物質的生活行為，去把握。 他將他的物理學，完全和他的形而上學分離。 在他的物理學以內，物質便是惟一的實體，便是存在與認識的惟一基礎。

機械論的法蘭西唯物論，密接着笛卡兒的物理學，——他

| 150 | 機械論的唯物論批判 |

的物理學，是和他的形而上學對立的。 他的學徒，便是專門的反形而上學者，即是物理學者。

這個學派，以醫生勒拉而始，以醫生喀巴尼思到達其最高點，以醫生拉美脫里爲其中心。 當勒拉像十八世紀的拉美脫里一樣，將笛卡兒式的動物構造，轉移到人間的心上面去，並說明心是軀體的一樣態，觀念是機械的運動的時候，笛卡兒還活着。 勒拉認爲笛卡兒隱蔽了他的眞意。笛卡兒對於這一點，就與以抗辯。 十八世紀末，喀巴尼思，將笛卡兒的唯物論完成在他的著作人的身體與道德的關係一書裏面。

笛卡兒的唯物論，就是到了今日，還存在於法國。 這唯物論，在機械的自然科學上，成就了牠的偉大結果，人們對於這一點所發生的非難，——"正確地並且用散文的意義說起來的"浪漫主義的非難，——是非常稀少的。

十七世紀形而上學，——在法國而言，尤其是爲笛卡兒所代表的形而上學，——從牠誕生之時，就是和唯物論對立的。 從人物方面言：唯物論，便是以伽桑狄——他是伊壁鳩魯的唯物論的復興者，——的形態和笛卡兒對立。 法蘭西及英吉利唯物論,常和德謨頡利圖及伊壁鳩魯有密切關係。笛卡兒的形而上學，又另外和英吉利唯物論者霍布士對立。

附錄 四、法蘭西唯物論史

伽桑狄與霍布士，在他們死亡很久以後，換言之，卽在他們的敵人以官家的權力業已支配法蘭西一切學派的時候，他們才戰勝了他們的敵人。

福祿特爾說過：十八世紀法國人對於耶蘇派與揚森派（揚森派係由揚森所創的敎義而得名，揚森生於一五八五年死於一六三八年。譯者附註。）之爭之冷淡，與其說是由哲學而起，却不如說是由羅的財政思辨（Finanzspekulation）而起，同樣，十七世紀形而上學的崩壞，可以從十八世紀唯物論——只要在這理論的本身，是從當時法蘭西生活的實際狀態去說明一範圍以內，——得到說明。這種生活，注目在直接的現在上面。注目在現世的享樂及現世的利益上面，卽注目在地上的世界上面。相應於這生活，反神學反形而上學的唯物論的實踐，便不得不發生反神學的反形而上學的唯物論的理論。形而上學，在實踐方面，失落了一切信用。這裏，我們只是簡單說明理論進展的徑路。

形而上學，在十七世紀"人們要想到笛卡兒及來布尼茲等，"便已爲實證的卑俗的內容所代替。形而上學，在數學物理學及其他嚴密科學中，——這些科學，外觀上，似乎屬於形而上學，——完成了許多發見。可是，到十八世紀之初，這種外觀，就業已消滅了。實證的科學，和形而上學

機械論的唯物論批判

分離，建立獨立的領域。 當現實的存在物與地上事物，開始自己吸收一切利益的時候，整個形而上學的財富，便只剩下思考及天上的事物了。 形而上學，業已成為沒有滋味的東西。 十七世紀法蘭西最後的偉大的形而上學者麥爾伯蘭基與阿諾死之年，即愛爾法修與康的亞克生之年。

從理論上去剝奪十七世紀形而上學及一切形而上學的信用的人，便是皮耳·貝爾。他的武器，是從形而上學的魔術形態本身所煅煉出來的懷疑論。 他自己，開初，就是從笛卡兒的形而上學出發。 因為費兒巴哈認為思辨是神學的最後支柱，因為費兒巴哈迫着神學者從外觀的科學逃歸到粗樸的可厭的信仰，所以費兒巴哈從攻擊神學，進而以至於攻擊思辨哲學；同樣，宗教上的懷疑，也就使貝爾懷疑維持這種宗教信仰的形而上學。 因此，貝爾更在形而上學的整個歷史過程中，去批判形而上學。 他要記述形而上學的死之歷史，他就成為了形而上學的歷史家。 他特別反對斯賓挪莎與來布尼茲。

皮耳·貝爾不但藉懷疑論，將形而上學解體，去準備在法國採用唯物論及常識的哲學。 他還用以下的證據，——這證據，即：純粹無神論者的社會，是存在的，無神論者，能成為可尊敬的人，人不由無神論而由迷信與偶像崇拜，便要

附錄 四、法蘭西唯物論史

卽於墮落，——去宣布不久才開始存在的無神論的社會。

依照法蘭西一著作家的話，皮耳·貝爾便是"十七世紀那種意義中的形而上學的最後之一人，十八世紀那種意義中的哲學的最初之一人"。

除開消極辯駁神學及十七世紀形而上學以外，還需要一個積極的反形而上學的體系。人們需要一種使當時實際生活體系化並與以理論上的基礎的書籍。洛克"人類悟性的起源"這著作，恰如被召而來一樣，是從海峽的彼岸而來的。（洛克為英人故云。譯者附註。）這著作，恰如久為人所渴望的客人一樣，受了狂熱的歡迎。

人們問：洛克也是斯賓挪莎的弟子麼？卑俗的歷史或許會這樣答：唯物論是大不列顛的產兒。大不列顛的煩瑣哲學家鄧司·各脫斯，業已自問道：物質是否能思惟？（註）

(註) 以下數節，在恩格斯著史的唯物論中業已引過，因此，這裏就不必再引用一遍。

洛克的合時宜的著作，如何來到法國人面前，這一點，我們已經說過了。洛克建立了 Bon Sens 哲學，卽建立了常識的哲學，這一句話，繞遠一點說，就叫做不是區別健全人的感覺與悟性——悟性以感覺為基礎，——的哲學家。

洛克的直接弟子並法蘭西的翻譯者康的亞克，立刻就拿

| 154 | 機械論的唯物論批判 |

洛克的感覺主義 (Sensualismus) 去攻擊十七世紀形而上學。他證明法蘭西人，將形而上學，看作想像力及神學的偏見之純粹產物去非難，是有理由的。

他宣布反對笛卡兒、斯賓挪莎、來布尼茲、及麥爾伯蘭基的體系。在他的著作人間知識起源論裏面，他詳述洛克的思想，並證明：不但精神，還有感覺，不但形成觀念的技術，還有感官的感覺之技術，這些，都是經驗及習慣的事件。因此，人的整個發展，便依存教育及外界的環境。康的亞克，其初，因其為折衷論的哲學，而為法蘭西學派所排擠。

法蘭西與英吉利的唯物論的區別，就是兩國國民性的區別。法蘭西人，用精神，用肉與血，用雄辯，給與英吉利唯物論。法蘭西人又給與英吉利唯物論以還在缺乏的氣質與優美。法蘭西人將英吉利唯物論文化化了。

在愛爾法修裏面，——他也是從洛克出發，——唯物論取得法蘭西的獨特的性質。他認為唯物論，是與社會生活息息相關的。（愛爾法修人間論）感覺的特性與自愛,享樂與良好理解過的個人利害關係， (Das wohlverstandenepersoenliche Interesse) 便是一切道德的基礎。人的智能之自然的平等，理性進步與產業進步之間的統一，人類之自然的財

附錄 四、法蘭西唯物論史　　155

产以及敎育之全能，都是他的體系的主要要素。

笛卡兒唯物論與英吉利唯物論之間的結合，可以從拉美脫理著作中找出來。 拉美脫理，在各方面，都詳細運用笛卡兒的物理學。 他的人間機械論，便是照着笛卡兒的機械動物的模本所完成出來的著作。 在何爾巴哈的自然體系裏面，物理的部分，是從法蘭西唯物論與英吉利唯物論的結合而成立的，恰如道德的部分，依據愛爾法修的道德論一樣。法蘭西唯物論者羅必勒特（自然論）——他與形而上學還有最密切的關係，可是，因此就爲黑智兒所讚賞，——彰明較著是與來布尼茲有關係的。

我們既已證明了法蘭西唯物論有兩個來源：一出於笛卡兒的物理學，一出於英吉利唯物論；又已證明了：法蘭西唯物論對於十七世紀形而上學的對立以及對於笛卡兒、斯賓挪莎、麥爾伯蘭基、來布尼茲的對立；因此，關於服爾內，慮譜伊，及狄德羅等，就不用再說了，關於重農學派，（Physiokraten）也一樣不用再說了。 自從德國人自己和思辨的形而上學對立以來，德國人才開始明白以上所述這些對立。

恰如笛卡兒的唯物論注入到固有的法蘭西自然科學裏面一樣，法蘭西唯物論其他傾向，便直接注入到社會主義與共產主義裏面。

機械論的唯物論批判

要從唯物論，關於人的根本性質與平等的智力，關於經驗、習慣、教育的全能，關於外界環境對於人的影響，關於產業的重大意義，以及關於享樂的權利諸學說，去看出唯物論諸學說和共產主義及社會主義的必然關聯，這並不需要何等明敏力。如果人是從感覺世界，是從感覺世界中的經驗，以形成一切認識與感覺，那末，主要任務，就在於建立下面所述那樣的經驗世界，即：人必得在這世界中去經驗並去熟習真實的人間，人自身必得看作人去經驗。如果良好理解過的利害關係，是一切道德的原則，那末，私人的利害關係，就必得與人類的利害關系一致。如果從唯物論的意義說起來，人是不自由的，換言之，即不是從那種迴避這個及那個的消極力所獲得的自由，而是從那種主張真實的個人性的積極力所獲得的自由，那末，人就不應把罪過加在個人身上，而應該去毀滅罪惡之反社會的誕生地，而應該對於個人與以充分的餘地，使之表現他的本質的生活。如果人是由環境形成的，那末，人就必得人一般地去形成環境。如果人生來就是社會的人，那末，人就必得在社會裏面去發展他的真實的性質，那末，他的天性的權力，就不是由個人的權力去測定的，而是由社會的權力去測定的。

以上這些同樣的命題，真是差不多照字句所說一樣，甚

附錄　四、法蘭西唯物論史

至在最舊的法蘭西唯物論中，也可以找出來。可是，這裏不是批判牠的處所。要顯明表示唯物論的社會主義傾向、便是孟第維爾——他是洛克的英吉利的舊弟了，——對於罪惡所下的辯解。他證明在今日社會裏面，罪惡是不得避免的，而且是有用的。可是，這個辯解，却不是今日的社會之辯解。

傅立葉直接從法蘭西唯物論的學說出發。巴布夫派是粗樸的未經文化化的唯物論者，但是發達的共產主義，却直接出自法蘭西唯物論。這個唯物論，帶着愛爾法修所給與牠的形態，回到牠的母國——英吉利。邊沁在愛爾法修的道德論上面，樹立了他的良善理解過的利害關係的體系，恰如歐文從邊沁的體系出發，建立英吉利共產主義一樣。爲英吉利所放逐的法蘭人卡倍，受了英吉利共產主義的刺戟，回到法國以後，就成爲法國共產主義最負人望的——雖然是最平凡的，——代表。法蘭西科學的共產主義者德札米、給等，恰如歐文一樣，把唯物論學說，當作現實的人本主義學說，當作共產主義的邏輯基礎去說明。……

註釋：法蘭西唯物論和笛卡兒及洛克的關聯，以及十八世紀哲學對於十七世紀形而上學的對立，都在大部分的法蘭西新哲學史中詳述了。我們在這裏，不過

機械論的唯物論批判

是對於"批判的批判"，重述一些大衆所周知的事實罷了。 反之，十八世紀唯物論和十九世紀英吉利及法蘭西共產主義的關聯，却還需要詳細的說明。 我們在這裏，只限於從愛爾法修、何爾巴哈、及邊沁，引用數個簡要的處所。

一、愛爾法修。"人並不惡，但依從他的利害關係。因此，人不應悲嘆人間的惡性，却應悲嘆立法者的無知，立法者每每將獨特的利害關係和一般的利害關係對立。""道德家，直到現在，都沒有一點成果，因爲人們要找出創造罪惡的根元，以致在立法上不得不穿鑿附會。在新奧爾良地方，只要婦人爲男子所困倦，婦人就得和男離婚。 在這樣的地方，並找不出惡婦人，因爲婦人，並沒有成爲惡婦人的利害關係。" "如果人們不將道德，和政治及立法結合，那末，道德便只是無價值的學問。" "人們認識了僞善的道德家，僞善的道德家，一方面，對於使國家解體的罪惡，漠不關懷，他方面，對於私人的罪惡，又與以暴怒。" "人生之初，既非善又非惡，但人之爲善或爲惡，却隨社會的利害關係與人相結合或與人相分離爲轉移。" "像國民不能造成一般的幸福，就不能造成他的獨特的幸福一樣，除了惡人之外，

附錄 四、法蘭西唯物論史

便無罪人了。（Do lésprit paris 一八二二年發行，第一卷，一一七頁二四〇頁二九一頁二九九頁三五一頁三六九頁及三三九頁。）——依照愛爾法修的見解，恰如敎育——所謂敎育，他不但理解為普通意義的敎育，而且理解為個性的生活關係的全體，（同書三九〇頁）——形成人一樣，如果需要一種改革，去揚棄存在於獨特的利害關係與共同的利害關係之間的矛盾，那末，他要實現這改革，在他方面，就需要意識的變化，"人們只有削弱國民對於舊法律與習慣的恐鈍的尊敬，才可以實現這偉大的改革，"（同書二六〇頁）或者，如他在別處所說一樣，人們只有揚棄立法者的無知，才可以實現這改革。

二、何爾巴哈（註）"在人能愛他所愛的目的物之中，就只有他自己，在人所愛的人種的存在中，就只有他自己。……不拘在人的生活的那一瞬間，人都不能和他自己分離，人不能忘記他自己。 使我們憎惡或愛好目的物的，……常常是我們的利益，我們的利害關係。"（見社會體系，第一部， 一八二二年， 巴黎發行， 八〇頁，一一二頁。） 但是"人要為他自己的利害關係計，就必得愛他人，因為他人也是以其幸福生活為必要。 這

機械論的唯物論批判

德向人證明：在一切存在物中，從人看起來，最必要的東西，就是人。"（七七頁）"眞實的道德，恰如眞實的政治一樣，都是接近到人的嘗試，都是藉結合的努力，爲相互幸福計而動作。 將我們的利害關係和我們的伙伴的利害關係分離的一切道德，都是謬誤的、背理的、反自然的道德。"（一一六頁）"所謂愛他人，……就叫做將我們的利害關係，和伙伴的利害關係結合，爲其同利益計而動作。 道德不外就是結合在社會裏面的人們之利益。"（七七頁）"一個人，旣無熱情又無慾望，就不叫做人；……完全離開自己能够和他人結合麽？一個人對於一切都漠不關懷，又無熱情，却只滿足自己，這樣的人，就已經不是社會的存在物，……道德只是幸福的傳達。"（一一八頁）"宗敎的道德，決不能將人類更社會化。"（三六頁）

三、邊沁。 我們只引用邊沁的一個處所，在這處所裏面，他攻擊政治意義上的一般的利害關係。"個人的利害關係，應該向公衆的利害關係退讓。 但是，……這是什麽意義呢？ 每個個人，難道不是和其他個人一樣，都是爲公衆的一部分嗎？使你人格化的這個公衆利害關係，只是抽象的話頭，這只是表明個人利害關係的集

附錄 四、法蘭西唯物論史

合，……如果個人的幸福，爲他人的幸福而犧牲是善，那末，沒有一點界限，第二第三都爲他人的幸福而犧牲，或許就更加善了。 個人的利害關係，是惟一的現實的利害關係。"（見邊沁著罰與賞等等之理論，一八三五年，巴黎第三版，第二卷，二三〇頁。）

(註) 關於何爾巴哈與邊沁的兩節，見於法蘭西版的神聖家族，我們這個版本，將他譯爲德文。

機械論的唯物論批判

五　馬克思的唯物論與辯證法 (註)

(註) 本節出自馬克思的經濟學批判中的解說。(一八五九年) 恩格斯這個解說，載於德意志民衆 (Das Volk) 雜誌上，一八五九年，倫敦印行。(德拉姆編纂的 Friedrich Engels Brevier, 也收錄了這個解說。一九二〇年，維也納版)

……這德意志經濟學，本質上，是以唯物史觀爲依據的；唯物史觀的綱要，在上述著作 (即馬克思的經濟學批判。譯者附註) 序文中，業已簡單敍述了。這序文的主要部分，已載在民衆雜誌上面，因此，我們便就這部分加以指明。"物質生活的生產方法，一般爲限制社會上政治上及精神上的生活過程的條件。" 這就是說，出現於歷史中的一切社會上及政治上的關係、一切宗敎上及法律上的制度、以及理論上的見解，都只有在理解了與其相適應的時代之物質生活條件時，都只有這些關係、制度、以及見解由物質條件導出時，才可以得到理解；這個命題，不但在經濟學上言，是一個重命的發見,並且在一切歷史的科學上言,(在一切科學,不是自然科學--範圍以內,都是歷史的科學。) 也是一個革命的發見。"並非人類的意識,決定他們的存在,倒是他們的社會的存在,決定他們的意識。" 這個命題很簡單,只要人們不為觀念論的妄想所束縛,不拘誰,都是自己必得理解的。但是,這事實,不但對於理論具有最高的革命的結果,並且對於實踐也具有最高的革命的結果:"社會的物質生產力,發展到一定階段的時候,便和當時的生產關係相衝突,或者用法律上的術語說起來,就是和所有關係相衝突,然而社會的物質生產力,從前却在這所有關係裏面活動發展過來的。這所有關係,(即生產關係。譯者附註。) 便從生產力的發展形態,變成生產力的桎梏了。 從此逐進到社會革命的時代。 經濟的基礎一經變動,那龐大的上部建築物的全部,或是慢慢地或是急劇地,也跟着變革了。……布爾喬汜亞的生產關係,乃是社會的生產過程之最後的敵對形態,這裏所謂敵對,並非個人的敵對的意思,而是從個人的社會生活條件所發生的敵對的意思;然而在布爾喬汜亞社會胎裏所發展的生產力,同時成為解決這種敵對上所必需的物質的條件。" 當我們對於唯物論的這命題,加以深刻的研究並將牠應用到現代的時候,在偉大的革命上面,在一切時代最偉大的革命上面的展望,

164	機械論的唯物論批判

便展開在我們面前。 人類的意識，依存於他們的存在，而不是他們的社會的存在，依存他們的意識，這個命題，在外觀上，是這般簡單的；但是，當詳細考察這命題的時候，馬上便會明白這命題的最初的歸結，要直接冒犯一切觀念論並冒犯深深藏隱着的觀念論。 對於歷史事件一切傳來的通常的見解，都因這命題所否定了。 政治上的議論之整個傳統的樣態，都會崩落；愛國的高情，會憤激地反抗這樣無操守的見解。 因此，這新見解，不但爲市民階級的代表所反對，而且爲法蘭西社會主義者的羣團所反對團，法蘭西社會主義者，是想用自由平等博愛的呪文，來解放世界的。……

自從黑智兒死後，差不多沒有人嘗試，去在科學本身內部的相互關聯裏面，以發展科學。 官家黑智兒學派，只是從他們先師的辯證法，學習操縱一切最簡單的知識的方法，只是以令人發噱的粗笨方式，將這操縱的方法，常常無差別地應用在一切事物上面。 在他們看來，黑智兒的遺產就只限於純粹的模型，藉這模型的幫助，去整理一切問題；並且又只限於語句與熟語的目錄，這目錄，只有當缺少思想與積極知識時，用作去點綴這個時代，而無別的目的。 這就正如波昂地方某教授所說一樣，這些黑智兒學徒，並不理解什麼，却只能鈔寫一切。

附錄　五、馬克思的唯物論與辯證法　　165

不用說，像這樣的事是有的。但是，這些先生們，縱令他們自負，可是也自知他們的弱點，卽他們儘可能地遠避重大的問題；陳腐的科學，因其長於積極的知識，還保有牠的領域；從而當費兒巴哈最初警告思辨的概念的時候，黑智兒風，才次第消滅下去，並且陳舊的形而上學的王國，似乎才開始重新在科學裏面具有牠的固定之範疇。

像這樣的事體，自有牠的自然的原因。在專耽於字句穿鑿的黑智兒繼承者支配以後，接着自然發生一個時代，在這時代裏面，科學的積極的內容，又超越了形式的方面。但同時在德國，相應於一八四八年以來偉大的布爾喬泥亞的發展，也以整個的異常的力量，對付自然科學，從而，隨着這自然科學的流行，——在這自然科學裏面，思辨的傾向，並不佔有何等重要的價值，——同時，思惟之舊形而上學的風氣，又再蔓延起來了，一直到達服爾夫之流的極平凡的狀態。

黑智兒已經失踪了；新自然科學的唯物論發展起來了，這唯物論從理論上言，與十八世紀唯物論是毫無區別的，牠的長處，大部分也不外是具有豐富的自然科學的尤其是化學的與生理學的材料而已。我們找到了先康德時代的鄙陋的菲利斯人的思惟方法，又在畢希勒及佛格特身上以極端陳腐

166　機械論的唯物論批判

的套語發生起來了，甚至信仰費兒巴哈的伴雷斯珂，不拘何時，也是以極滑稽的風態，固執於最單純的範疇上面。　布爾喬汜亞日常知識之笨重的拖貨車的駑馬，在鴻溝前面，——這是將本質和現象將原因和結果分開的鴻溝，——不用說，就要狠狠起來了；但是如果人們在崚岨的抽象思惟的領域上面，實行過騎獵，那末，人們就不應騎什麼拖貨車的駑馬了。

因此，這裏就還有其他一個問題要解決，這問題與經濟學本身是沒有關係的。即：怎樣去研究科學呢？在一方面，就有黑智兒的辯證法，這辯證法存在於黑智兒所遺留下來的整個抽象的思辨的形態裏面；在他方面，還有現今又流行的通俗的方法，——本質上，是服爾夫之流的形而上學的方法，——布爾喬汜亞經濟學者，也依據這法方，去著述他們的毫無相互關聯的浩瀚的著作。　後一方法，已經爲康德尤其是爲黑智兒在理論上所攻破了，所以只有在存有惰性以及沒有其他一種簡明方法的時候，後一方法，才可以實際存續下去。他方面，黑智兒方法，以牠的現存的形態，也是絕對不適用的。　黑智兒方法，本質上，是觀念論的，因此，這裏最重要的，就在於發展一個超過以前一切世界觀的唯物論世界觀。黑智兒方法，從純粹思惟出發；但唯物論的世界觀，却從正確的事實出發。　如黑智兒方法自身所表示的："從無，經過無，以到達無"，這方法，像這樣的形態，在這裏，並沒有一個地位給牠立足。　縱令如此，但黑智兒方法，却是在現存一切邏輯材料中，至少是能夠連結起來的惟一的材料。這方法，並未曾爲人批判過，爲人克服過，也沒有一個反對這偉大的辯證法的人，能夠在辯證法的自矜的結構上，去攻破牠的裂口；牠已經失踪了，因爲黑智兒學派，並不知道用牠去創造什麼。　所以首先第一個要務，就在於徹底批判黑智兒方法。

黑智兒思惟方法，超越其他一切哲學家的思惟方法之處，就在於爲這方法的基礎的那偉大的歷史的精神。　縱令這方法的形態如何抽象，如何爲觀念論的，但他的思考的發展，却常與世界史的發展平行地進行　本來，後者也就只是對於前者的證明。　縱令因此把正確的關係歪曲了，顚倒了，但不拘何處，都將現實的內容，引入到哲學裏面去，這在黑智兒，尤其是如此，因爲黑智兒和他的弟子的區別，就在於他不像他的弟子一樣，以無知而自衒，就在於他是一切時代故博學的人們中之一人。　在歷史上去企圖證明其發展證明其內部的相互關聯的第一個人，就是黑智兒，並且因爲在他的歷史哲學中，到今日還呈現許多奇妙的處所，所以他的根本見解的偉大，甚至在今日，都還是值得驚嘆的，凡此，試拿他來和他的先輩及他的後輩——這些人對於歷史，都與以一

機械論的唯物論批判

般的熟考，——一爲比較，便可明白。在現象學中（即指黑神現象學。譯者附註。）在美學中，在哲學史中，不拘何處，都無不貫以這個偉大的歷史的見解，並且縱令不拘何處，把材料從歷史上抽象地將其相互關聯與以顛倒，然而這些材料，都是在那一和歷史有一定的相互關聯中去與以研究的。

歷史之這個開新紀元的見解，是新唯物論見解之直接的理論的前提，並且因爲這一點，所以對於邏輯方法，也發生一個極相連接的處所。因爲這個已失踪的辯證法，業已從純粹思惟的立場到達了這樣的成果，並且因爲這辯證法，輕快地終結了從來一切邏輯與形而上學，所以無論如何，辯證法，就不得不是詭辯與穿鑿附會以外的東西。但是，對於在以前爲整個官家哲學所不敢批判的甚至在今日還爲人所不敢批判的這個辯證法，加以批判，決不是一件零星的瑣事。

從黑智兒邏輯剝取其核心，——這核心含有在邏輯領域上的黑智兒的真實發見，——揭穿同一論的（觀念論的）面具，並將辯證法形成爲簡明的形態，——只有在這個形態裏面，辯證法才成爲思惟發展的惟一正確形式，——能夠企圖幹這樣工作的惟一的人，在過去是馬克思，在現在也是馬克思。完成那一成爲馬克思經濟學批判的基礎的方法，就其重要而言，我們認爲也是不劣於唯物論的根本見解的一種成果。……

附錄　五、馬克思的唯物論與辯證法

……因此，只有邏輯的研究方法，是適當的。但事實上，邏輯的研究方法，並非別的，就只是歷史的研究方法，不過剝去了歷史的形式與攪亂的偶然性而已。這個歷史發端之處，同樣，也就不得不是思惟過程發端之處；接續發生的思惟過程，就是一種反映；但這反映，要依從現實的歷史推移本身所表示的——在一切要素，能夠於牠的完全成熟即於牠的優越性中去觀察時，——法則，去加以訂正。

我們在辯證法上，從最初的最簡單的關係——這關係，歷史地事實地呈現在我們面前，——出發，因此在這裏，就是從我們所面接的最初的經濟關係出發。其次，我們要分析這關係。在牠成為一個關係之內，便業已含有互相關聯的兩方面。這兩方面的每一方面，都要從其自身個別地去考察，如此，才會現出這兩方面相互關係的方式及這兩方面的交互作用。從此要求解決的矛盾，就發生了。但這裏，我們所觀察的，並不是僅生於我們頭腦中的抽象的思惟過程，而是現實的事象，——這事象，不拘何時，都是現實地已經發生了，或逕在這裏發生，——因此，這些矛盾，也就發展於實踐之中，並且其解決，或許也在實踐之中。我們要追求這個解決的方法，並且我們知道這個解決，是由一個新關係——我們要發展這新關係的相互對立的兩方面等等，之成

| 170 | 機械論的唯物論批判 |

立而完成的。……

六　費兒巴哈論綱原稿譯文

（由李雅利諾夫所公布）

（一）

從來一切唯物論（費兒巴哈的唯物論也算在裏面，）的主要缺點，就在於只在客觀或直觀的形式之下，去把握對象、現實界、感覺界；而不是看作感覺的人的行動，不是看作實踐，不是主觀地，去把握。因此，行動的方面，就抽象地，在和唯物論對立裏面，爲觀念論——觀念論，當然不將現實的感覺的行動，就認爲是現實的感覺的行動，——所發展。費兒巴哈想把握感覺的——現實上和思考客觀和區別的客觀；但他不將人的行動本身，看作對象的行動，去把握。因此，他在基督教之本質中。只把理論的行爲，認爲眞的人的行爲，同時，實踐只在牠的汚穢的猶太人的現象形態之中，被把握並被固定。因此，他不理解革命的行動之意義，不理解實踐的批判的行動之意義。

機械論的唯物論批判

（二）

對象的眞理，是否到達人的思惟，這問題，不是理論問題，而是一個實踐的問題。人必得在實踐中，證明眞理，換言之，卽證明：他的思惟之現實性、他的思惟之力、以及他的思惟之此岸性。對於離開實踐的思惟之爲現實的抑爲非現實的之爭，是一個純煩瑣哲學的問題。

（三）

關於環境與敎育之變化的唯物論學說，忘記：環境爲人所變化，並敎育者自身必得受敎育。因此，這學說必得分社會爲兩個部分，其中之一，超越社會。

環境與人的行動之變化之一致，或自己變化，(Selbstveraenderung) 只有看作革命的實踐，才能被把握並合理地被理解。

（四）

費兒巴哈，從宗敎的自己隔離之事實出發，從世界的二重化——一爲宗敎的世界，一爲現世的世界，——之事實出發。他的工作，就在於將宗敎的世界，融解在他的現世的基礎中。然而，現世的基礎，從牠自己自身，自己游離出來，自己在雲端建立獨立的王國，這一點，只有由這現世的基礎之自己潰裂與自己矛盾去說明。因此，這現世的基礎自身，就必[須]在牠自己自身中並在牠的矛盾中去理解，並實踐地對這現世的基礎革命。

所以，譬如看作神聖家族的秘密，去發見了地上家族以後，現在就應理論地並實踐地去消滅地上家族自身。

（五）

費兒巴哈，不以抽象的思惟為滿足，而希求直觀；但他並不看作實踐的（感覺的）人的感覺的行動，去把握感覺界。

（註）括弧中感覺的三字，係馬克思寫了這三字之後，又勾銷了的文字。

（六）

費兒巴哈將宗敎的本質，融解在人的本質中。但人的本質，並不是內在於個別的個人之中的抽象物。人的本質，在他的現實界中，是社會的關係之總和。

費兒巴哈，不去批判這現實的本質，因此他迫於不得已

一、將歷史的進行抽象化了，將宗敎的情操向着牠自身地固定了，並假定有抽象的孤立的個人；

二、因此，只看作"物種，"只看作內部的潛默的普遍性——自然地結合多數個人的普遍性，——去把握本質。

（七）

因此，費兒巴哈看不到"宗敎的情操"本身，就是社會的

機械論的唯物論批判

產物，他所分析的抽象的個人，是屬於一定的社會形態的。

（八）

一切社會生活，本質上，是實踐的。　引誘理論走入神秘主義的一切神秘，在人的實踐中及在這實踐之理解中，得到牠的合理的解決

（九）

直觀的唯物論，卽不將感覺界看作實踐的行動去理解的唯物論，所達到的最高點，就是直觀到個別的個人，直觀到市民社會。

（一〇）

舊唯物論的立場，是市民社會，新唯物論的立場，是人的社會或社會的人類。

（一一）

哲學家只各種各樣地去解釋世界，重要的，則在於改變世界。

七 觀念論的見解與唯物論的見解之對立

（譯自德意志觀念形態論。 見馬克思恩格斯文庫第一卷）

（我們只知道一個惟一的科學，即歷史科學。 歷史能夠從兩方面去觀察，而區分為自然歷史與人類歷史。 但是，這兩方面是不能分離的；只要人類存在多久，自然歷史與人類歷史，都相互地制約着。 自然歷史，即所謂自然科學，我們現在並不去深究；可是人類歷史，我們却要與以深究，因為差不多整個觀念形態，不是曲解了這歷史，便是從這歷史復歸到全然的抽象上面。 觀念形態自身，只是這歷史底諸方面之一。）

成為我們底出發點的諸前提，决不是任意的前提，决不是獨斷，而是現實的諸前提，只有在空想裏面，才能夠將諸前提抽象化。 這些前提，就是現實的個人，他們底行動以

機械論的唯物論批判

及他們底物質的生活條件，——這些生活條件，包含着既存的生活條件以及由他們底行動所造出來的生活條件。因此，這些前提，可以用純經驗的方法而被確立着。

一切人類歷史底最初前提，不用說，就是生活着的人類的個人底存在。（這種個人底最初的歷史的行動，——由這行動，他們便和動物區別起來，——並不是他們思惟着，而是他們開始去生產他們底生活資料。）所以，最初能確立的事實，就是這些個人底肉體組織，以及由這組織而存立的他們對於外界自然的關係。不用說，在這裏，我們既不能深究人類自身底生理的性質，也不能深究存立在人類面前的自然諸條件，如地質、山河、氣候及其諸關係（並人類底特殊的解剖學上的性質）。（但是，這些關係，不但制約着人類底本來的自然發生的組織，尤其是人種差別，而且制約着直到今日的人類底全發展及不發展。）一切歷史記述，都必得從這些自然的基礎出發，（從整個歷史底自然的基礎出發，）都必得從那一在歷史經過上為人類行動所改變的自然的基礎出發。

人們可以從意識，從宗教，從其他任意什麼東西，將人類去和動物區別出來。只要人類開始去生產他們底生活資料，人類自身就開始和動物區別起來。所謂生產他們底生活資料，乃係一個進步，而（正是）為他們底肉體的組織所制約。因為人類生產他們底生活資料，從而人類就間接地生產他們底物質的生活自身。

人類生產他們底生活資料的方法，首先依存於既存的而且是可以再生產的生活資料自身底性質。

這種生產方法，並不單是從一方面去觀察，這一方面認為生產方法，是個人底生理的存在底再生產。這生產方法，無寧說是這些個人底行動底一定樣式，是表現出他們底生活的一定樣式，即他們底一定的生活方法。個人表現出他們底生活（表現出自己）的樣式，即是他們底存在樣式。因此個人底存在樣式，便和他們底生產（方法）一致，即是和他們生產什麼，和他們怎樣去生產一致。所以，個人底存在樣式，依存於他們底生產底物質的條件。

這種生產，伴着人口底增加而開始遂行着。這種生產自身，又以個人相互間底交通為前提。這交通底形態，又為生產所制約。

因此，事實就如次所示：用一定的生產方法去從事生產的（在一定的生產關係之下的）一定的個人，和這一定的社會的與政治的諸關係結合着。經驗的觀察（純粹以現實的事實為依據），在各個場合上，必得經驗地，而且不用一切神秘與思辨,去明示着社會的政治的組織和生產底相互關聯。社會組織與國家,常是由一定的個人底生活過程而發生;但是,這種個人,決不是表現在他們自身底或別人底表象上面的那樣的個人,而是現實地存在着的個人,換言之,卽這些個人,都活動着 都從事物質上的生產,都在那種和他們底恣意無關的制限,前提及條件之下活動着。

(這些個人所造出的表象,或者是關於他們對於自然底關係的表象,或者是關於他們相互間底關係的表象,更或者是關於他們自身底性質的表象。 在這一切的場合上,這些表象,便是他們底現實的關係底,他們底活動底,他們底生產底,他們底社會的及政治的組織底——現實的或幻想的——意識了的表現,這是明明白白的。與這一點正相反對的主張,只有假定為在現實的物質地被制約着的個人底精神之外還存有一個遊離的精神,這主張才成為可能。 縱令這些個人底現實的諸關係底意識了的表現是幻想的,縱令這些個人,在他們底表象裏面,將他們底現實性倒立起來,可是,這一切,都還是他們底受着局限的物質的活動方法底結果,都還是由這活動而發生的他們底受有局限的社會關係底結果。)

觀念、表象以及意識底生產,首先,都直接地組合在人類底物質的活動及物質的交通裏面,卽組合在現實生活底言

附錄 七、觀念論的見解與唯物論的見解　179

語（發音）裏面。　人類底表象、思惟以及精神上的交通，在這裏，也當作他們底物質的關係底直接的流出物而表現着。關於在一民族底政治、法律、道德、宗教以及形而上學等言語裏面所表示的精神的生產，也和上面所述是一樣的。　人類,是他們底表象及觀念等等底生產者，（可是，這裏所說的人類，乃是為他們底物質生活底生產方法所規定的人類，乃是為他們底物質的交通以及在社會上與政治上的組織裏面底更進一步的發展所規定的人類，）但是，這裏所說的人類，乃是現實的活動着的人類，他們為他們底生產力底一定的發展所規定，為相應於這生產力而到達最高形態的交通底一定的發展所規定。　所謂意識（Bewusstsein），除了是被意識着的存在（das bewusste Sein）以外，並無別的，人類底存在，便是他們底現實的生活過程。　縱令人類及其關係，在整個觀念形態裏面，恰如在攝影底暗箱（Camera obscura）裏面一樣，倒立地表現着，但是，這種現象，也是由人類歷史底生活過程發生出來的，和那在網膜上面底對象底倒映乃係由牠底直接的物理的對象發生出來的一樣。

　　恰好和那從天上降到地下的德國哲學完全相反,在這裏，是從地下而登到天上。　這就是說，不是從人類所說的，所想像的，所表象的東西出發，不是從被說着的、被思惟着的、

機械論的唯物論批判

被想像着的以及被表象着的人類出發，以達到具有肉體的人類，而是從現實地活動着的人類出發，由人類底現實的生活過程，去說明這生活過程底反映與反應底發展。甚至人類頭腦裏面底幻像，也是他們底物質的生活過程底必然的補足物，這生活過程，是能夠經驗地去確立的，而和物質的諸前提相結合。因此，道德、宗敎、形而上學、其他觀念形態以及相應於觀念形態而發生的諸意識形態，便早就不能保持獨立性底外觀了。這一切東西，都不具有歷史及發展，但是發展他們底物質的生產及其物質的交通的人類，却隨着變化他們自身底現實性，也變化他們底思惟及他們底思惟底生產物。不是意識決定生活，倒是生活決定意識。在第一個觀察方法裏面，是從看作為生活者的（行動着的）個人的那種意識出發，在相應於現實生活的第二個觀察方法裏面，是從現實的生活着的個人自身出發，並且把意識只看作他們底（這些實踐地去活動着的個人底）意識。

後一觀察方法，並不是無前提的。牠由現實的前提出發，可是暫時間，牠又離開了這些前提。這些前提，並不是在某一幻想上被孤立着的被固定着的人類，而是在一定條件之下經驗地被觀察着的現實的發展過程上底人類。只要一旦這種活動或生活過程被說明了，那末，歷史就已經不是

附錄 七、觀念論的見解與唯物論的見解　181

死的事實底集積，如那種（被局限的）其自身依然爲抽象的經驗論者所見一樣，也不是空想的主體底空想的行動，如觀念論者所見一樣。

因此，在現實生活上，當其不存有思辨時，現實的實證的科學，便從而開始，卽人類底實踐的活動底說明，人類底實踐的發展過程底說明，便從而開始。 關於意識所說的空話，就停止了，而不得不代以現實的知識。 獨立的哲學，隨着現實性底說明，就失掉牠底存在根據。 代替這哲學的東西，最高也不外是最一般的結論——這結論，是從人類底歷史的發展底觀察抽象出來的，——底總括。 這抽象，其自身如果和現實的歷史隔離，便完全沒有價値。 這抽象，只能被用作去使歷史資料底整理成爲容易，去指示這資料底各個階層底配列。 然而，這抽象，決不和哲學一樣，供給一種歷史上諸時代所藉以整列的方案與方式。 但是，困難不是由上述一點而起，反之，却是在觀察並整理歷史底資料——不拘其爲過去時代的，或爲現代的，——的時候（在探究種種資料的階層間底現實的實際的相互關聯時），去現實地從事說明的時候，困難才開始發生。 這困難底除去，是爲前提所制約的，可是這些前提，在這裏，決不是旣存的東西，而是從各時代底個人底現實的生活過程與實踐的行動兩者之硏

182　機械論的唯物論批判

究而發生的。

附錄八 蒲列哈諾夫對費爾巴哈的序文和評註 183

一 「費爾巴哈論」俄譯第一版序文

當翻譯恩格斯的主要著作"費爾巴哈論"一書出版的時候，我想就本書對於俄國讀者所具有的意義略述一下。

得着勝利而矜驕的反動，在目前的俄國，特別飾着一件哲學的衣裳，這件事，例如"哲學的及心理的問題"雜誌，便已明白證實了。 一八六〇年代的否定派一派，雖然把這種反動的言論，當做是極輕薄的，並且是極無根據的而冷眼看待，但是阿斯達浮夫一派和羅巴金一派，以及與他們同類的哲學者們，却大半的都把那種言論，認爲且有哲學的要素（參見柯爾婆夫斯基在他俄譯的 寶維西。海因佐的"近代哲學史"補遺中所敍述的"俄國人的哲學"）。俄國的社會主義者，對於這種哲學的反動，無論如何，都是不得不深加注意的，因而也就不得不努力去研究哲學。

184	機械論的唯物論批判

個哲學方面，完全和經濟學及政治學一樣，只有馬克思和恩格斯，才是俄國社會主義者之最可靠最有益的指導者。恩格斯這本小冊子，就是綜合這兩位思想家的哲學見解之一個最完全的東西。

這本小冊子，是以極簡約的形式寫出來的，所以我在這本小冊子中，便要加入許多的註釋來說明。這些註釋裏面，其說明較長的，則編成號次，附在本書之末。此外還把兩個附錄，也附在後面，其中的一篇（馬克思的費爾巴哈論綱），在德文版"費爾巴哈論"中，也是有的，另外的一篇（馬克思的法蘭西的唯物論史），便是從馬克思和恩格斯共著的"神聖家族，卽批判的批判之批判，或對於白魯諾．寶尼一派"，法蘭庫佛特，阿姆，馬因一八四五年刊行）(„Die heilige Familieoder Kritik der kritischen Kritik, gegen Bruno Bauer und Co." Frankfurt a. M. 1845.)當中採錄而來，但我却不是直接從原書採錄的。其所以要這樣做者，因爲這種原書，也是屬於罕覯本之故。所以我對於法蘭西唯物論史的一篇，便從有名的德國社會民主黨的雜誌"新時代"中翻譯出來了，而這篇文章，是數年以前重登於此項雜誌中的。

馬克思和恩格斯對於"白魯諾，寶尼一派"（就自

附錄八　蒲列哈諾夫對費爾巴哈的序文和評註　185

魯諾，寶尼所論述的，可看評註（四））的論爭，已成了世界學問史上的一個時期，這個時期，就是近代辯證法的唯物論，對於觀念論哲學，斷然的下了一個攻擊。這一攻擊，不問從其歷史的意義來看，或是從其內容來看（這是從我們在前載馬恩兩氏合寫的著作中所知道的若干事情推斷而得的），都是很重要的，並且就俄國說，就是在現在，也怕還能演着重大的任務罷。因為俄國最進步的著述家，對於社會生活，依然拼命的固執着觀念論的見地之故。我們是想有本書在身邊時，把牠用俄文翻譯出來，以企救正一切的，但是這還不知道是什麼時候的事，所以目前勉強譯出本書的一篇（註一）放在這裏。這一篇文字，與恩格斯的費爾巴哈論有緊密的關係，而為極其美滿的著作。如果從思想豐富的一點看來，便要使朗格的有名的長篇著作近代唯物論，瞠乎在此篇之後。在這裏特別要請讀者注意的，就是馬克思指摘出來的十九世紀空想的社會主義和十八世紀法蘭西唯物論之間的一種關聯。

恩格斯的費爾巴哈論這一著述，本是因為有了斯搭克的費爾巴哈論而後寫出來的，但是恩格斯的著述當中，不過對斯搭克的著述，些微說了一下，所以我在這個序文裏面，也想不必提及，讀者在評註"五"的當中，當可找得着必要的知識來。

一八九二年六月　　　蒲列哈諾夫

（註一）這一篇，爲一九〇五年版的註釋。現在已放在本書的墨斯格版（"Gesammelte Schriften Von K. Marx und Fr. Engels 1841 bis 1856."）第二卷。

二 「費爾巴哈論」俄譯第二版序文

　　這本小冊子，自俄譯第一版刊行以來，已經經過了幾多歲月。　我在這個第一版序文當中，曾像這樣說過：得着勝利而矜驕的反動，在俄國，特別飾着一件哲學的衣裳，並且說：　俄國社會主義者，爲要和這種反動鬥爭起見，無論如何，都不得不努力去研究哲學。　我的這種先見，已由後來發生的種種事件，完全證實了。　俄國的社會主義者——我向來是以社會民主主義者，認爲社會主義者的，現今也是這樣——實際上，已是不能不着手於哲學的研究，但是因爲對於哲學着手太遲，並且因爲一般人們，還未親切的去研究哲學，所以還得不到特別可以如願相償的那樣結果。　縱令我們的同志，有時也拿着一本哲學書，然而我們對於這事，以有長不會照意。何以？　因爲這些同志，不知道批判的來

機械論的唯物論批判

對待這些研究哲學的著者，結果，他們本身，只有降伏在這些著者的影響之下。 現代的哲學，不僅只在俄國像這樣，就是在西歐，也是因爲站在反動的旗幟下面，而把反動的內容，裝入革命者的頭腦中了。 並且在混亂眞理的開始，有時是藉着所謂馬克思批判的這個無條理的威名，有時是持着一切資產階級的意特沃羅基（新康德派，馬哈，阿維拉里斯等等）與馬克思主義結合攏來的這個更穩當的（比馬克思批判更穩當的）名義。 本來，馬克思主義，能和一切理論，甚至於能和唯心論結合，這是毫不足怪的事。 但是問題，却在怎樣去結合這一點。 如果是不很聰明的人。 不問是誰，對於這個問題，除了拿出折衷主義來答覆外，再也不能予以解答。 若在我們，一經借助於折衷主義，便能夠把隨手所做的一切事情，完全和浮在腦海中的一切事情結合起來。 不過折衷主義，是不能對於理論上和實踐上，都來給與以美滿的結果的。 腓希特說："哲學這件事，就是表示不行動，行動這件事，就是表示不哲學"，這是完全妥當的。然而只有思惟徹底的人們，才能有徹底的活動，這也是一樣的妥當。 我們是要希望成爲革命階級——在某時代的歷史舞台上顯現出來的革命階級——代表者的，在這時的我們，就令反乎自己個人的利益，也要徹底，這件事，已成爲我們

附錄八　蒲列哈諾夫對費爾巴哈的序文和評註　189

的義務了。

這樣，那企圖把馬克思主義和一切資產階級的意特沃羅基相結合的努力，究竟是以什麼為條件呢？

這個條件，第一就是基於流行。

涅庫勞梭夫（譯註一），對於他自己詩中的一個主腳，像這樣賦着：

最新的著作告訴他的事，
鎭坐在他的靈魂之上。

　　（譯註一）　彥·阿·涅庫勞梭夫（一八二一——一八七八），是有名的民眾派俄國詩人。在他的作品當中，多是農奴對於地主的攻擊。他是急進主義雜誌"梭布列墨尼庫"和"阿捷斯托邊呂·札比斯基"的編輯者。

這樣的主腳，在一切時候，都是存在着，在一切陣營當中，都會混進去。可恨得很，我們的陣營當中，也是有牠。

當俄國的一八九○年代的後半期，在這些人士看來，是有過很豐富的收穫的。因為在這時代，馬克思主義這東西，對於俄國的許多知識階級，已是天降於"靈魂"之上的"最新的著作"之故。這些"知識階級"們，是因從事於馬克思主義和其他"最新的著作"之結合，而被歷史特意驅逐出

機械論的唯物論批判

去了的人類。 我們不必替他們悲傷。他們是屬於毫無價值可言之無所謂的一夥的。

可是最忠實的同志們，也常常發生了想爲這樣"結合"的念頭，那是很可惜的。 這時候，問題早已不能由流行的魅力來說明了。 這種現象，在問題本身上，是最有害最可悲的。 然而却又是表現着：偕來了可賀的動機。

現在假定某同志有想造成綜合的世界觀之要求罷。 這一位同志，對於馬克思學說之哲學的歷史的方面，多少也能體會一點。 但是這個學說之固有的哲學的方面，他還是不能理解，還是爲他的力量所不能及。 這時候，他是認定馬克思的這個哲學方面，仍舊是"粗具大概"的遺留下來，而由他自己來着手"完成"的。 可是在他着手這樣很不容易的工作時， 怕他無意之中， 會要遇着資產階級的"批判主義"之某某代表者罷。 這個"批判主義"的代表者，一直到今，雖然外觀上是假裝在只有渾沌王國存在着的地方，然而總是輸進了若干的秩序。 他的知識慾是具有的，而素養却是不足，並且還要極容易的囿於不能獨立的哲學眞理之探求者。 這樣，所謂"結合家"便成就了！ 他的意圖雖然很好，然所生的結果，却討厭得很。

現在俄國的反對論者，無論怎樣，都不能逃脫下面的一

附錄八　蒲列哈諾夫對費爾巴哈的序文和評註

點。即：借德國語所表現的來說，把與馬克思理論正相反對的其他理論，來和馬克思理論相"結合"的這一努力，本是表示着有想造成一個綜合的世界觀之要求，但是同時却把思惟的微弱情形，即把不能嚴格的徹底的固執着一個根本原理的情形，也暴露出來，換句話說，就是表現出來了沒有理解馬克思的力量。

究竟怎樣地來救濟這一困難呢？依我的意見，除了發展馬克思和恩格斯之正當的哲學觀以外，再也沒有方法可想。在這個意義上，我以爲這本小冊子，便是一個很大的貢獻。

我自己，常常聽到這樣的疑問：爲什麼不能夠把史的唯物論，來和康德的先驗的觀念論，阿維拉紐斯的經驗批判論，馬哈及其他一切人們的哲學相結合呢？我對於這個疑問，無論什麼時候，都是拿和今日所答覆的大概相同的話語答覆出來的。試就康德說，我所寫的評註（見評註"七"）已把康德的哲學，完全不能與發展論相結合的事證明了。爲休謨哲學之最新變相的馬哈和阿維拉紐斯的見解，也是一樣的不能和發展論結合攏來的。在徹底地固執着他兩人的見解時，便是到達了唯我論方面，即是把自身以外的一切人類的現存，都要否定。讀者諸君呵！我的這種說法，你們萬不能認爲

機械論的唯物論批判

是一種玩話！不錯，馬哈雖曾反抗過耶路基修把他自己的哲學，看做和巴枯甯（註一）的主觀的觀念論一樣，然而在這樣情形之下，却只是證明了他的不徹底性。物體或物，如果只是我們的感覺之思惟的象徵（再精密些說，是感覺的羣或複合體），物體或物，如果不是現存於我們的意識之外——這固然就是馬哈的思想——那末，則我們離開了主觀的觀念論和唯我論的唯一方法，便是只有立於極不徹底的立場了。馬哈的一個門徒柯路紐斯，在他的著作"哲學序說"（稱亨一九〇三年發行）中所說的一段與唯我論相近的話，那是很有道理的。他說："在人類本身的心理生活以外，究竟現存某種心理生活與否？這個問題，科學是不能對於人類來肯有定的或否定的予以解決的"（前揭柯氏著作三二二頁）。這件事，從馬哈主義的見地看來，已是沒有爭議之餘地。但是，如果那與我無緣的心理生活是現存着的一事，我既在無論什麼地方都認爲毫無可疑，復像前面所述，一般物體，都只是感覺的象徵，那末，則剩下來的事，便是只有和唯物論妥協了。然而柯路紐斯却未敢像這樣去做。

（註一）"感覺的分析"第四版二八二——二八三頁。

在這裏必須注意的，就是馬哈沒有把柯路紐斯，看做是自己的門徒，只是把他看做是阿維拉紐斯的門徒。這件

附錄八 蒲列哈諾夫對費爾巴哈的序文和評註　193

事，却也不必特別的驚異，因爲照馬哈先生本人（註一）在別處所說，他的見解和阿維拉紐斯的見解之間，有很多的共通點的緣故。 斐希特所說的關於個人多數性的問題，在阿維拉紐斯的哲學，也和馬哈的哲學一樣，都是主要的難問題。如果阿維拉紐斯的哲學，旣不承認唯物論的眞理，又不走入到唯我論的暗路，那便不能夠把這個難問題解决清楚。 這件事，只要是深思熟讀了俄譯阿維拉紐斯的著作"人類關於世界之槪念"的人們，無論是誰，想必都能明瞭（註二）。

（註一）參看馬哈前揭著述中的"我對於阿維拉紐斯及其他研究家的關係"一章。

（註二）德國某著述家說："在經驗批判論看來，經驗，只是研究的對象，決不是認識的手段"。 如果眞是這樣，那末，則把經驗批判論與唯物論對立的事，便已成爲無意義的了。 又關於經驗批判論是爲了代替唯物論才被喊出來的這個主要的推論，也完全成爲空虛的無知識的了。

唯我論，只有由於婆布里西金的信奉者，才能夠把牠和某種歷史觀（不僅是唯物史觀）結合攏來，那是不辨自明的道理。

現在的進化學說——我們的歷史的說明，是這個進化學說的一部分——只有在唯物論的裏面，才能找得出牠的堅實基礎來。 所以如恩格斯所說，科學的社會主義創始者們，

機械論的唯物論批判

未曾輕視過唯物論，並且他們還把唯物論，徹底的引進到科學的諸部門——以前為觀念論最可靠之城塞的科學諸部門——之中。這是很有道理的話。

此外還有應當注意的一事：所謂與唯物論緊密地聯繫著者，並不僅僅只是科學的社會主義，就是喜歡獻媚於觀念論，甚至喜歡獻媚於宗敎的宗想的社會主義，也要看做是唯物論的嫡子。這件事，就這本小冊子的第一附錄（"馬克思的法蘭西唯物論史"）看來，即可明瞭。

馬克思在這裏說。"笛卡兒的唯物論，已變成了固有意義的自然科學，法蘭西唯物論。則是直接地朝着社會主義和共產主義的方向。要理解人類向善的本然傾向，人類平等的智識能力，經驗和習慣以及敎育的萬能，環境對於人類的影響，產業的重要意義，享樂的正當權利等等，在法蘭西唯物論學說與共產主義社會主義之間所存在的必然關聯，那是不需要什麼很大的智慧的。如果人類是從外界以及在外界所獲得經驗，來形成自己的一切感覺和知識等，那便要建設環境的世界，好使人類從環境中攝取與環境相適應的印象，習慣於眞實的人類諸關係，並感覺着自己是一個人類。如果正當認定了的個人利害，為一切道德的基礎，那便要努力的使各個人類的利害，與全體人類的利害成為一致。如果人類在唯物論的意義上為不自由，換句話說，如果人類的自由這東西，不是包含在避免某種行為的消極能力之中，而是包含在發揮自己眞實個性的積極能力之中，那便不能因個人的犯罪而處罰個人，應該要杜絕犯罪的一種反社會的根源，給與各個人在社會中有充分的自由生活之餘地。如果人類的性格，是由周圍的環境所造成，那便要使這個周圍的環境適合於人類。如果人類生來就是營社會生活的，那便只有在社會中才能顯出他自己的眞實本性來，於是我們對於人類本性的能力，卽不能就各人的個性來測量，應當就社會方面來測量。這些命題，以及與此相類似的諸命題，就是在最古的法蘭西唯物論者之間，差不多也可逐字逐句的看得出來"。

此外馬克思對於法國和英國的一切空想主義學派與唯物論的血緣關係，也很明白地把牠暴露出來了。

可是企圖把馬克思主義來和一切徹底的觀念論之某種變相相結合的人們，對於這些事情，一點也沒有注意，這是一件可惜的事。並且因為理解這些結合企圖的全部破產，實際上並不需要多大的智慧，更是可惜得很。

然則我們究竟怎樣地來理解唯物論呢？關於這一問題，以前曾有許多人爭論過，恩格斯在這本小冊子中（本譯本四〇——四一頁）說："思惟對於存在——精神對於自然的關係

機械論的唯物論批判

這一問題，為一切哲學的最高問題。這一問題，正和一切宗教一樣，也是根源於野蠻人之狹隘無智的觀念之中。但是以充分明瞭的形式來提起這一問題，並且能夠獲得牠的完全意義的，却在歐羅巴的人類，漸漸從中世紀基督教的長期冬眠狀態中覺醒了的時候。在中世紀煩瑣哲學中，這個問題——即思惟對於存在有怎樣關係呢？究竟是什麼在什麼之先呢？抑精神在自然之先呢，還是自然在精神之先呢？這樣的問題——也曾演了重大的任務。不過這個問題，却是逆著教會的意思，而採取這樣很明顯的姿態：是神創造世界呢？還是世界從太古以來就存在着呢？

各個哲學者，因為對於這一問題答覆的情形不同，便分裂成了兩大陣營。一方面，主張精神存在於自然之先的人們，因而也就是認定用某種方法創造世界的人們，則形成為觀念論的陣營（在哲學者，例如黑智兒所說的世界創造，比之基督教的信仰者所說的世界創造，更為荒唐無稽，更為曖昧不明）。另一方面，主張自然為本源的人們，則屬於唯物論的各種流派。

所謂觀念論和唯物論，就是這兩個名詞的本來的意義，此外並不含着什麼別的意義的。並且在這個論文中，也只是以這個意義來使用着。究竟在這個意義以外，而賦與這兩個名詞以別的意義時，會發生怎樣的混亂，我們在後面再說罷"。

因此，唯物論之最重要的特徵，就在排除精神和物質——神和自然的二元論一點，並且又在把原始的狩獵種族依對象的靈魂——精神來說明的諸現象之基礎，看做是自然的一點。觀念不清楚的反唯物論者，關於唯物論的大部著分，大概是像這樣的思想：恩格斯對於唯物論本質的規定，是不妥當的，事實上，唯物論這東西，就是把心的現象，還元為物質的現象。所以當我和伯倫斯泰因論爭時，把斯賓諾莎算做了唯物論者的一夥，他們便特別地驚異起來。但是恩格斯對於唯物論所給與的規定，實是妥當的，這件事如果從十八世紀唯物論者的著述中，摘錄幾點來看，便可得到充分的證明。

霍爾巴克在他有名的著述"從自然所擷取的知識"("Le bon sens puise dans la nature.")中寫道："在我們想說明自然現象時，是不能超出於自然限界之外的（demeurns dans la nature）。我們對於很微渺的不作用於我們外部感官（註一）的諸原因，是不去探求的。我們是堅持着這樣信念：超出自然限界以外時，我們決不能夠把自然在我們面前所引起來的諸問題，予以解決"（註二）。

機械論的唯物論批判

（註一） 務須注意這一點！ 霍爾巴克把作用於我們外部感官的一切東西，叫做物質。

（註二） 我在這裏所引用的一段，是從巴黎版"共和國第一年"中摘錄而來。

此外霍爾巴克，在他更較有名的著作"自然體系"(Systeme de la Nature")中，也曾把和上面同一意義的事情說明過，惟其這一著作是更較有名的，所以我在這裏不再引用了。 現在只想簡單地示明一點： 這一著作中與我們在這裏討論的問題有關係的地方，是在第二卷第六章（一七八一年倫敦版一四六頁）的當中。

耶爾維鳩斯，也和霍爾巴克立在同一的見地。 他說："人類是自然的創造物。 人類存在於自然的當中，須服從自然法則，而不能超脫於自然法則以外。 人類就是對於自己的思想，也不能越出自然的限界。……在為自然所創造的被造物看來，牠本身也為構成自然的一部分，除了這個自然的廣大的全體之外， 什麼東西都沒有存在。 被造物，要是把自己看做好像是離開自然而站在另一方面，好像是與自然不同，那便完全是一種幻想"（註一）。

（註一）"自然體系的真意義"第一章"論自然"。 " Le vrai sens du systeme de la Nature." Chap .1, De la Nature.

不錯，承認神的存在，而把自然看做是神的創造物的這

附錄八 蒲列哈諾夫對費爾巴哈的序文和評註

種唯物論者，也曾有過。例如覺瑟夫，布里士多涅，便是這樣（註一）。不過這種信條，只是這個有名的自然科學者，在唯物論說中，對於神學的一種附帶認定。而他的唯物論說的根本命題，却認定人類是自然的創造物，"人類肉體的及其精神的屬性，是根源於同一的實體之中，而與實體共生長，成熟或衰滅"（註二）的這樣思想。這個實體是什麼東西呢？據布里士多涅在他的著作中常常反覆說明的，就是物質（註三）。

（註一）參照布里士多涅著作堡敏卡姆版（一七八二年刊行）第一卷"關於物質和精神論究"（"Disquisitions relating Matter and Spirit."）。他在這裏說：神是我們的創造者（"oun Maker.' P. 139），是一切的一切（P. 143）等等。

（註二）同書六九頁。

（註三）"Matter being capable, of the property of sensatio or thought."（"The History of the philosophical doctrine oncerning the origine of the soul." 他的著作同版第一卷四〇〇頁）。

費爾巴哈說：斯賓諾莎所謂神學的神之實體，如果把牠嚴密地考察起來（bei Lichte besehen）便是自然（註一）。這與費爾巴哈以別的言語說出來的，即：'斯賓諾莎的哲學之祕密——他的哲學之眞意，便是自然"（註二），却是一樣的妥當。因此，斯賓諾莎哲學上的根本觀念，固然是彼着了神學的外衣，總之不得不把他看做是唯物論者。狄德羅對於這一點，是有過很好的理解的，他自己承認自己以及和自己有同樣思想的人們，為最新的"斯賓諾莎主義者"(spinosist s modernes) 這種情形，只要看一看百科全書第十五卷中的他的論文"斯賓諾莎主義者"(Spinosists) 便可明白。在我和伯倫斯泰因論爭時，曾發表了馬克思和恩格斯的唯物論，就是斯賓諾莎主義之一種(eine Art Spinozismus)的這樣思想，那時候的"馬克思批判家"們，都一齊驚呼起來，但是他們這種驚呼，只是證明了他們之特別的無知(註三)。為了把我的這種思想，弄成更加易懂起見，還要努力的說明下面兩點：（一）馬克思和恩格斯的哲學，是經過費爾巴哈的哲學而來，（二）費爾巴哈哲學和斯賓諾莎哲學，根本上沒有何種區別。我之所以把自己所看過的各學說，能夠融會貫通的，就是看到了這一點：即從思惟與存在的關係之根本見解說來，費爾巴哈是排除崇拜自然為神的觀念，經過黑智兒派而來的斯賓諾莎。

(註一) 費爾巴哈著作第四卷三八〇頁。

(註二) 同書三九一頁。

(註三) 反對論者以反駁我的態度而質問道：所謂"斯賓諾莎主義的人"，究竟是什麼呢？這頓質問，是很容易答覆的。即：馬克思與恩格斯，和前面說過的狄德羅一樣，是斯賓諾莎主義卸下了神學的外衣的。所謂"斯賓諾莎主義的一種"，只是這個，並且這個就是全部。

再進一層的看看罷：如前所述，布里士多德是表示物質具有感覺，思考的屬性的。然從這點說來，已經知道決不是和反唯物論者所說一樣（註一）唯物論是企圖一切心的現象還元於質物運動的。在唯物論者看來，感覺，思想，意識，雖是運動不息的物質之內面的狀態，但在哲學思想史上有名的唯物論者當中，却誰也沒有把意識"還元"於運動，誰也沒有由後者來說明前者。唯物論者如果像這樣主張：要說明心的現象，不必從頭腦中想出特殊的實體（靈魂），而物質原具有"感覺，思考"的能力，那末，他們對於物質的這種能力，怕就要認為和動一運樣，是物質之基礎的，因而又是不能說明的屬性了。所以通常稱為最粗俗的唯物論之一種變相的那個學說的主張者拉梅得里，很肯定的說：要把運動看做和意識一樣，都是"自然的奇蹟"（註二）。在這時候的各個唯物論者，對於物質所具有的這種意識能力，是有各種各樣的看法的。某某唯物論者——例如布里士多德霍爾巴克。雖然霍氏沒有充分地決定的發表下面這樣意見。但一見即可認為是這樣的——認為只有當運動不息的物質用一定的方法來組織的時候，才能在這個運動的物質當中，發生意識。其他唯物論者——例如斯

202	機械論的唯物論批評

資諾莎，拉梅得里，狄德羅——則認為物質，不問什麼時候，都是具有意識的，不過當物質有幾分組織時，意識才達到很顯著的某種程度之強度。 大家都知道，現在有名的赫克爾，是支持着這種見解的。 試就物質果能思考與否的這樣普通問題說來，如果是真正的自然科學者，誰也不難對於這個問題，給與以否定的回答。 "不可知論者"海庫斯流，在他"論休謨"的著作中說： "不待說，現在站着高上地位的人們，對於這個問題，誰都相信心理學的基礎，是在神經系統的生理學之中"（註三）。 這一段話，簡直就是唯物論者的口氣。又恩格斯在這個費爾巴論中說過，不可知論，只是簡略的唯物論，這是完全對的。 現代的精神生理學，已是徹頭徹尾的浸潤了唯物論精神。 固然某某精神生理學者，曾創立心的現象和物理的現象並行說，來避免唯物論的結論。但在這時候。無疑的，那並行說的認證，已經和亞列基山大，貝因（註四）所說一樣， 只是發見心的及物理的現象間之因果關係的手段。

(註一) 例如拉斯維茨的著作 „Die Lehre Kants von der Idealitat des Raumes und der zeit" Berlin 1383, S. 9.

(註二) "Oeuvres philosohiques de la Mettrie." Amsterdam, MDCCL XIV, tome premier P.67-73.

(註三) 參照海氏著述"論休謨"法譯本一八一頁。

(註四) 參照由英文本第六版翻譯出來的俄文譯本"靈魂與為體"二四——二五頁，捷夫一八八四年刊行。

現在來注意到問題的別的方面看看罷。 馬克思和恩格斯的哲學，不僅是唯物論的哲學，並且還是辯證法的唯物論。 雖然這樣，但人們對於這個學說的反駁，却這樣說：(一)辯證法這東西，是不耐批判的，(二)唯物論，簡直是和辯證法不兩立的。 在這裏，只就這個反駁看一看罷。

想大半的讀者都能記憶着：伯倫斯泰因，他自己所說的馬克思和恩格斯之謬誤， 是拿辯證法之有害的影響來說明的。 一般的論理學，都是支持着"然＝＝然和否＝＝否"的公式，但辯證法。 却把這個公式，變成為正相反對的公式，即"然＝＝否和否＝＝然"的公式。 伯倫斯泰因，因為不喜歡這個後面的"公式"， 就斷定這一公式，有把人類陷於最危險的論理的迷惑和謬誤之虞。 大多數的所謂有教養的讀者。大概怕都要和伯倫斯泰因具着同樣的意見罷。因為"然＝＝否和否＝＝然"的公式，表面上，好像與思惟之根本的而且不變的諸法則顯然相矛盾的緣故。 因此，我們對於問題的這一方面，便不得不在這裏來考察一下。

(一)自同性的法則，(二) 矛盾的法則，(三) 不容間位的法

機械論的唯物論批判

則,這三者,是看做"思惟的根本法則"的。

所謂自同性的法則(Principium identitatis)，就是A即A (omne subbectum est predicatumsui)，再換一句話說。就是A＝＝A。

至於A不是非A的這樣矛盾的法則，不過只是第一個法則之消極的形式。

再據不容間位的法則(principium exclusitertii)說來，相互排斥的兩個對立的判斷，萬不能兩個都錯誤的。實際上。A就是B,不然就是非B。如果這兩個判斷中的一方面是妥當的，別方面必定屬於錯誤，反之這一方面是錯誤的，別方面必定屬於妥當，在這裏，沒有中間的判斷存在，而且又是不能存在的。

勤寶維西說過，矛盾的法則和不容間位的法則，是能夠統一於下列論理的法則之中的。即：對於能否把特定的屬性歸屬於特定的對象這樣的各個問題，在完全判定這個問題時，並且在恰恰理解着這個完全判定的意義時，可以答然或答否，而不能答然答否（註一）

（註一）"論理學的體系" 二一九頁，波恩一八七四年刊行。

對於這個法則的確實性，固然不易加以某種的反駁，但是，如果這個法則是妥當的，則"然＝＝否和否＝＝然"的公式，便要完全看做為無用的公式了。因此，我們就只有仿傚伯倫斯泰因的故智，來嘲笑這個公式。此外已無別的方法。並且我們對於下面的這樣問題——即海拉庫里托斯。黑智兒和馬克思那些真正深遠的思想家，為什麼能把這個公式，看做比前述思惟的根本法則之堅固基礎的公式"然＝＝然和否＝＝否"，還要更加滿足呢？這樣的問題——也就只有輕視過去，此外什麼方法都沒有。

對於辯證法這個中肯的結論。表面上，雖然認為好像不能夠加以反駁，但是我們在承受這個結論之前，要從另一方面來把問題考察一下看看。

物質的運動，為一切自然現象的基礎（註一）。然而所謂運動者，究竟是什麼呢。很明顯的，運動就是矛盾。當有人像這樣：運動不息的物體，在一定的瞬間，是否在一定的場所呢。來質問諸君時，諸君無論如何思索，也不能依照勖寶維西的法則答覆出來，即是說，無論如何思索，也不能依照"然＝＝然和否＝＝否"的公式答覆出來。運動不息的物體，不是同時在一定場所的（註二）。對於這個運動不息的物體，若依照"然＝＝否和否＝＝然"以外的公式來下判斷，那便不可能了。因此，這個運動不息的物體，便替"矛盾的論理學"作了不可掩飾的證明，而不想和

機械論的唯物論批判

這個"矛盾的論理學"妥協的人們，也便不得不表示那隨着往古繼續變化而來的運動，只是感官的欺瞞了。我們國內的彥，寇氏，好像總是沒有理解這一點的樣子。寇氏也是一個辯證法的大反對者，但是可惜得很，却不能算爲最忠實的反對者。他說"如果運動不息的物體之全部的構成部分，是在"一定的場所"那末，則那個物體同時停留於別的場所這件事，便是很明白的從無的當中發生出來。何以？因爲那個物體，究從何處來到第二的場所，已經成了問題之故。從第一的場所而來嗎？那却不能。何以？因爲那個物體，還是沒有把第一的場所丟開之故"。他又接着說："如果承認物體的構成部分之一部分，在一定的瞬間，是在一定的場所，那末，則物體的各種構成部分，縱任靜止的時候，也要在空間占着各種的場所"（註三）。這些說法，雖然是最陳腐的話，但是却也很有道理。不過彥，寇氏的論據，並沒有證明什麼，所證明的，只是運動的不可能罷了，對的，我們也不想在這裏來論爭，惟希望彥，寇氏把亞里士多德所謂"如果否定運動，便一舉而使一切的自然研究成了不可能"的這種話語——由自然科學常常不斷地說出來的正當話語——仔細追憶一下（註四）。然則彥。寇氏，眞有意追憶這種話語嗎？又刊行了寇氏最深遠的著述的"人雜誌"編輯部,也眞有意追憶這種話語嗎？如果彥

附錄八 蒲列哈諾夫對費爾巴哈的序文和評註 207

寇氏和編輯部，眞都不敢否定運動這東西，那末，很明顯地除了承認運動在作用中的矛盾外，換句話說，除了承認寇氏所想否認的事情以外，則不斷的繼續變化的"難問題"便不能有一點什麼結論留下來給他們。噫！"批評家"諸君呵！

（註一） 我在這裏，是就現象之客觀的方面說的，請參看羅比奴和費爾巴哈的言論。 羅比奴說（"論自然"中的第一卷第二十二章第四節： "某種意欲，從腦髓看來，爲某種神經系統的運動。 意欲，是由神經運動的結果即精神所感受而來的東西"。 費爾巴哈說（著作集第二卷三五〇頁）： "從我或從主觀的看來，是純粹地精神的作用，從卽自的或客觀的看來，便是物質的感性的作用"。

（註二） 這件事，就是對於歸證法的方法之最堅決的反對者，也是不得已的要承認的。 埃·托連德連普羅說："由那個概念說來，是存在於同一點而同時又不存在於同一點的運動"（"論理學的研究"第一卷一八九頁，萊布提西一八七〇年刊）。 至托連德連普羅所爲不能說"運動"當說"運動不息的物體"的這樣論斷，在這裏，已無舉出的必要。 這是已由鬭寶維西說過了的。

（註三） 見"唯物論和歸證法的論理學"，在一八九八年七月刊行的"盧斯奎·波卡托阜"雜誌中的九四頁和九六頁。

（註四）"Metaphysik." I. VII,5.

我們來問一問不否定運動的一切人們看看：我們對於與存在的根本事實相矛盾的思惟的"根本法則"，究竟應當考察的是什麼呢？我們最緊要的………不就是要考察這個思惟的"根本法則"嗎？

在這裏，我們便是不消思索的，不是要承認形式論理學的"根本法則"來否定運動，就是要承認運動來否定這個"根本法則"。兩者之中，必須選擇其一。像這樣地兩者之中必須選擇其一的事，却是一點也不大滿意的，所以又要來考察有不有什麼別的走路看看。

物質的運動，為一切自然現象的基礎，所謂運動者，就是一個矛盾。我們對於運動，必須專靠辯證法的，卽'然＝＝否和否＝＝然"的公式來下判斷。所以在以一切現象的這個基礎為問題時，我們如果不承認在"矛盾的論理學"的領域中去探究，那是不行的。但是運動不息的物質的分子，是由彼此相互結合，而形成特定之結成體，卽物——對象的。這樣結成體，因其結成之強度不同，而彼此各有多少差別的繼續存在，挨次為別的結成體所代替而消滅。所以永遠的東西，只是物質的運動，只是為不壞之實體的物質本身。然而因永遠運動的結果，一宜發生了物質的某種暫特結成體，而牠在這個永遠運動的結果上還未消滅時，關於這個結成的體現存題問，便不得不在積極的意義上去求解決。所以對於我們指着金星來問這個行星是否現存着時，我們便要決定的答道：是的，

附錄八　蒲列哈諾夫對費爾巴哈的序文和評註　209

現存着的。又對於我們來問妖魔是否現存着時，我們也是同樣地要決定的答道：否，非現存着的。這種情形，究竟是表示着什麽意義呢？這就是表示着各個對象成了問題而對於對象下判斷時，卽不得不依照所述的面的勤實維西之法則，不得不受一般地思惟的"根本法制"之指導。在這個領域裏面，便是伯倫斯泰因所推崇的"然＝＝然和否＝＝否"的公式支配着（註一）。

（註一）勤寶維西，雖然舉出了柏拉圖的出生時期，是紀元前四二九年，或是四二八年，或是四二七年的這樣歷史的判斷，（論理學一九六頁），但這樣歷史的判斷，還是要依照這種公式。在這裏，我想起來了俄國某青年革命家一個滑稽的答辯。這個青年革命家——假使我沒有弄錯——是一八八二年來到捷盧巴的，關於他自己的身分，無論如何，都要大概的向察署報告。現在他雖已死，但在當時承辦此事的彥·伊·捷可夫斯基，對這一位青年問道："你的出生地在什麽地方？"，這位用心很深的"謀叛家"，謙遜的答道："在各方的縣"。捷可夫斯基很忿怒的喝道；"誰想信這樣的事！"。不待說，如果是很傾向於辯證法的方法者，想必要贊成這種青年的情形罷。

可是在這種地方，這個至上的公式之權力，也不是毫無限制的。對於已經發生着的對象之現存的問題，我們固然是不得不決定的答覆，然而對於剛纔漸漸發生的對象而他是否現存着的問題，我們有時候，却有充分的根據，能夠把答覆保留起

機械論的唯物論批判

來。比如在某人的頭頂半禿時，他本是有完全成爲禿頭的時候的，但是，究竟頭髮的脫落，何時成爲完全的禿頭呢？那却不能夠決定。

對於一定的屬性，能否歸屬於一定的對象這樣各個的特定問題，不得不拿然或否來答覆，這是毫無疑義的。但是在對象發生變化時，在對象已漸失掉了一定屬性，或者剛要獲得這個屬性時，在這種時候，究竟要答覆什麼總可以呢？很明顯的，這時候，也是不得不決定的來答覆的。不過在這裏所謂決定的答覆，只是依照"然——否和否——然"的公式所構成的答覆而已，並不是依照鄧寶維西所推重的"或然或否"的公式所構成的答覆來決定的答覆的。在這裏的問題。本來也可像這樣反駁：對象漸漸失掉的屬性。還是沒有停止存在的，對象剛要獲得的屬性，又是已經存在的。因此,依照"或然或否"的公式來決定的答覆，也未有什麼不可以，並且某對象在變化狀態時，依然一樣地可以依照這個公式來決定的答覆。可是這樣的反駁，完全不妥當的。下顎生長了"汗毛"的青年但是還不能稱他固已無疑的具有鬍鬚，是鬚子。因爲顎下的"汗毛"，鬚，雖是變成鬍鬚的東西，總之現在還不是鬍鬚。變化，爲着成爲質的東西，是要達到一定的量的界限的。忘掉了這一點的人們。對於對象的屬性，即不能表示出決定的判斷來。

附錄八 蒲列哈諾夫對費爾巴哈的序文和評註

"萬物是流轉,變化着",古代希臘的思想家,曾這樣說過。我們叫做對象的這個結成體,是在不斷變化——這個速度有快慢——的狀態之中的。在一定的結成體成為一定的結成體而存留着時,我們固然要依"然====然和否====否"的公式來判斷他,但在這個結成體發生變化,而廢止這個結成體的現存時,我們却不得不求之於矛盾的論理學。就令要惹起伯倫斯泰因,彥·寇,以及他們一夥的,形而上學者的不滿,我們也是不得不像這樣的說:"然和否,這些對象,是現存又不是現存"。

靜止,是運動的特殊情形,同樣,思惟依照形式論理學的法則(思惟的"根本法則")時,也是辯證法的思惟之特殊情形。

柏拉圖的一個門徒格拉提洛斯,對於海拉格托斯所說"不能二次下流於同一的河流"的事,也是不同意的。格氏說:"奠要說二次,就是一次,也不能下流於同一的河流。何以呢?因為在下流的時候,那個河流起了變化,已成為別的河流之故"。在這種判斷當中,就是定有的要素,為生成的要素所替換了(註一),這是辯證法的惡用,不是辯證法的方法之正當用法。 黑智兒說:"所謂某種東西者,就是否定之第一的否定"("DasKtwas ist die erste Negation der Negation.")

機械論的唯物論批判

（註二）。

（註一） 我在這裏所採用的用語，是彥・洛斯基氏當翻譯格羅・費發和黑智兒論爭的著述時使用過的。卽：Dasein＝＝定有，Werden ―― 生成。

（註二） 黑智兒著作第三卷一一四頁。

我們的批評家中熱於哲學文獻的人們，喜歡把托連德連普羅援引出來。外觀上，托連德連普羅雖似粉碎了辯證法的一切有利的論據。但是這些批判家們，若是果眞讀了托連德連普羅著作，那末，很明顯地是他們的讀法錯誤，是他們忘掉了下面的一點。我雖決不相信是這樣，但是他們如果看過了這一點，卻眞是這樣。所謂這一點者，卽托連德連普羅認定矛盾的原理（principiumcontradictionis），不能適用於運動上，只能適用於由運動所產出來的對象（註一）。托連德連普羅這種認定，是妥當的。不過運動，卻不僅僅只產出對象，並且還要像前面說過的，復不斷地變化對象。因之而運動的論理學（"矛盾的論理學"）決不對於運動所產出來的對象，而失掉自己的權利。又因之而我們於注意形式論理學的"根本法則"上應注意的當然事件外，卻不得不知道：只有在一定的界限內，就是說，只有在這個法則不妨碍辯證法中也是當然事件的界限內，這個法則，才有意義。據托連德連普羅的意見看來，實際上，本是這樣的。不過托連德連普羅本人，沒有從自己所發表的原理（這對於科學的認識論，是極重要的）中，把當然的論理結論引伸出來罷了。

（註一）"論理學研究"第三版第二卷一七五頁，萊布提西一八七〇年刊行。

順便再說一說：在托連德連普羅的"論理學研究"（Log=ische Untersuchungen）當中，散見着許多很合理的見解。這些見解，並不是對於我們的不利，反而是有利的。在表面上看來，我的這種說法，或許是很奇怪地一種思想。但是托連德連普羅，曾和觀念論的辯證法論爭過的，由這樣極間單地事情，已是極間單說明了這一點。例如托連德連普羅，力說辯證法"同時為存在本身產出的一種純粹思想的本身運動"時（註一），以為辯證法的缺陷就在這裏。不錯，這本是辯證法的很大的缺陷，然而這個缺陷，誰不知道專是觀念論的辯證法之固有的缺陷呢？又馬克思想把辯證法顛倒過來用"腳"立着時，誰不知道是首先從改正這個根本的缺陷——起因於辯證法之舊的觀念論的基礎上面的根本缺陷——出發呢？再擧一個例子看看。托連德連普羅說："在黑智兒方面，對於運動這東西，因為賦與以論理學的基礎，而實際上，一看就是什麼前提都不要的論理學的基礎"（註二）。這樣說法，也是完全正當的，然對於唯物論的辯證法，這也是有利的證據。更擧最有興

機械論的唯物論批判

昧的一個例子看看。在黑智兒，本是以爲自然（自然哲學————譯補）只是應用論理學的一個人。但據托連德連普羅說："這種認定,是一種空想,事實正和那種想法相反的。黑智兒的論理學,決不是純粹思惟的產物,乃是預先抽象了自然（rne anticipierte Abstraktion der Natur）而後產生出來的,在黑智兒的辯證法中,差不多一切事情,都是從經驗中得來。因此,如果把經驗貸與於辯證法的事情,當做是從辯證法得來,那末,黑智兒的辯證法,怕要成爲窮光蛋的的乞丐了"（註三）。是的,正是這樣,背叛老師的觀念論而轉變到唯物論陣營去了的黑智兒的門徒們,也說過這種同樣的話。

（註一）"論理學研究"第一卷三六頁。
（註二） 同前四二頁。
（註三） 同前七八頁和七九頁。

我們本還能夠舉出像這樣的許多例子,但是這樣一來,却太離開論題了。因此,我在這裏,只想對批評家諸君說這樣一句話：批評家諸君當和我們論爭時,要完全不把托連德連普羅搬出來總可以。

再進一層的看看罷。前面說過：運動,是作用中的矛盾,因而形式論理學上的"根本法則",也就對於運動不能適用。這個命題,或許也會使人發生誤解罷,所以我還不得不說明一下。在遇着了某種類的運動推移到他的種類的運動——例如機械的運動推移到熱——這樣問題時，我們仍然是要依照鄒寶維西的根本法則來判斷的。這一種的運動，或者是熱，或者是機械的運動，或者是別的，這是很明瞭的。如果就是這樣來判斷，則形式論理學的根本法則，在一定的界限以內，也便對於運動能夠適用了。因此，辯證法，並不是排除形式論理學的，而只是把形而上學者所賦與於形式論理學的法則之絕對的意義剎奪而已。

　　以上所說的事，讀者如果注意一下，便很容易了解現在常常見着的那個辯證法和唯物論不相容的思想，是如何地沒何價值（註一）。在我們的辯證法的基礎之下，是潛在着唯物的自然觀的，辯證法，便是在唯物論的自然觀上面，把自己掌持起來。所以在唯物論陷於沒落的運命時，辯證法也是要歸於沒落。反過來說，如果是沒有辯證法，則唯物論的認識論，也是不完全的，片面的，極而言之，就是不可能的。

　　（註一）　深刻的思想家彥·冠氏說："我們是這樣認定的，即：唯物論和辯證法的論理學，在哲學關係上，可看做為兩不並立的兩種要素"（見"洛士柯·波卡特鄂„雜誌六月號五九頁）。

　　在黑智兒看來，辯證法，是與形而上學相結合，在我們看來，辯證法，是根據自然方面的學理。

在黑智兒看來，現實性的創造主——在這裏，襲用馬克思的這個說法看看——係絕對觀念，在我們看來，絕對觀念，只是把物質的一切結成體和產生出來的狀態解運動的抽象。

在黑智兒看來，思惟，是由於暴露和解決在諸概念當中所包含的諸矛盾而前進的。據我們唯物論的學說看來，諸概念當中所包含的諸矛盾，只是諸現象當中所包含的諸矛盾之反映，只是把牠（諸現象當中所包含的諸矛盾——譯補）翻譯在思惟的各詞之中的東西。但是現象中的諸矛盾，是因這個現象的一般基礎之矛盾的本性——即運動的影響，而被包含在這個現象當中的。

在黑智兒看來，物的行程，是為觀念的行程所決定，在我們看來，觀念的行程，是為物的行程所決定，思想的行程，是為生活的行程所決定。

唯物論，已把辯證法顛倒過來用"脚"立着了，並且因此而把辯證法的神祕的外衣除去了。以前的黑智兒，是由這樣的外衣，包藏了辯證法的，因為唯物論除去了這樣的外衣所以就顯示了辯證法的革命性質。

馬克思說："辯證法，在其神祕化的形態方面，已成為德國的時髦了。何以？因為外觀上，好像辯證法形已承認現存事物為正當的緣故。但是在其合理的姿態方面，辯證法對於資產階級及其理論的指導者,却是一個討嫌的東西。何以？因爲辯證法在肯定的理解現存事物當中，同時還含有現存事物之否定的理解和必然沒落的理解之故。並因爲辯證法,把生長而來（gew·ordene——蒲列哈諾夫）的一切形態,在其運動過程當中去下觀察,因而也就是從其過渡的方面去下觀察,毫不爲何物所懾伏,本質上是批判的是革命的之故"（註一）

（註一） 參照"資本論"第一卷德國本第二版序文（駑篇書店刊行的中文本第一卷第一分冊一八八————一八九頁——譯者。

浸透了反動精神的資產階級,其不滿意於唯物論的辯證法，那本是應該的事情。然而眞心同情於革命的社會主義的人們,有時也不滿意於唯物論的辯證法,那便是滑稽之至，可惜之至，笨拙到了這步田地,已經是萬事皆休了。

以上我已分別詳述過了，我以爲關於彥·寇氏之不足掛齒的虛構，很可以置之不理。寇氏曾把"智性的二種組織"之原理，轉嫁於我們，並且說這個原理，已成爲能使"我們的辯證法的論理學有幾分妥當樣子"的唯一前提（註一）。

（註一） 見"洛斯柯·波卡托郭,,雜誌六月號六四頁。巴爾米尼德士,和海拉庫里托斯的門徒論爭時曾把相手方呼爲二頭的哲學者,這些哲學者們,是把一個事物,同時在兩重的形態之下,卽在現存的和非現存的兩重形態之下表現着的。可是彥·寇氏,却把巴爾米尼德士在激

機械論的唯物論批判

烈論爭上說的這種滑稽話，晉做是現在哲學上的命題了。噫！還是跟着„神靈的默偲''，才對於哲學上"第一問題„的理解有偉大的進步的呵！

但是現在還有一件事應當注意的。鄒寶維西說過，論理學家們對於一定的屬性是否歸屬於一定的對象的這樣決定的質問，必須要爲決定的答覆。我們關於他的這種說法，已經知是正當了，已經知道是怎樣程度的正當了。可是在這裏，假定不是單純的對象，而是把複雜的對象，卽正相反對的諸現象統合於本身當中，因之而在本身當中結合着正相反對的屬性之對象成爲問題時，那末，鄒寶維西的那種要求，然則能夠適用於這樣對象的判斷嗎？那當然是不能夠適用的。鄒寶維西和在托連德建普羅一樣，同是黑智兒的辯證法之堅決的反對者，他本已又像這樣說："在這樣時候，可由別個法則，卽媒介的法則 (Principiumcoincidentiae oppositorum) 來下判斷"。然而自然科學和社會科學所研究的現象，大多數就是屬於這種"對象"的，卽是說，大多數是統合了正相反對的現象於原形質的最單純的小塊和未開化的社會生活當中的。所以在自然科學和社會科學裏面，卽不得不以廣闊的位置，拿來分配於辯證法的方法，並且這些科學之眞正的完成了偉大進步的，也是在分配了廣闊的位置於辯證法的方法以後。

附錄八　蒲列哈諾夫對費爾巴哈的序文和評註　219

讀者要想知道辯證法在生物學裏面，究竟爭得了自己的怎樣權利麼？要是眞想這樣，那只消把由變態論出現後所惹起的物種論爭追溯一下就行了。達爾文及其同情者，他們所持的意見，是以同一類的動的動植物之各個種屬，不外爲同一的原始形態之子孫，遂行了各種進化的東西，並且據進化論說來，同一科中的一切種屬，以及同一部門中的各科，都是起源於同一的共通形態的。據反對達爾文者的反對意見看來，則以動植物的各個種屬，彼此全係各個獨立，只有屬於同一種屬的個體，才從同一的共通形態中發生出來。林奴對於物種的意見，是具着這個同樣的概念的，他曾以這樣的言語表現出來："最高的本質（神），最初所創造出來的物種，是存在着的"。這種說法，完全是形而上學的見解。爲什麼呢？因爲形而上學者，是把物和概念，常做"孤立的而且不變的凝固的，並是僅爲一次給與的，又是一個一個可以順次地而且可以彼此獨立地來研究的對象"（恩格斯說）去下觀察的。反之，辯證法的學者，則是把物和概念，"在其相互關聯的當中，在其連鎖的當中，在其運動，發生和消滅的當中"（也是恩格斯說）去下觀察。這樣的見解，自達爾文時代以來，已深入到了生物的裏面，雖然以後因科學的發達，對於變態論給與了以怎樣地修正，但這樣的見解，無論到什麼時候，仍然是要保留在生物學裏面的。

220　　　　　　機械論的唯物論批判

　　至於要理解辯證法在社會學中的重要意義，只消把社會主義，如何由空想轉變到科學的這一點追溯一下就夠了。

　　空想的社會主義者，是站在人類性的一種抽象的見地，把社會諸現象，依照"然──然和否──否"的公式來下判斷的。據他們的見解，是在研究所有權制度是否與人類性相合以及一夫一婦制的家族是否與人類性相合的這樣一切等等的事件。這些空想的社會主義者，因為假定了人類性為不變的東西，所以當然地要期待着這樣的事：即在可能的許多社會組織體系裏面，必有最能合乎人類性的事情。因為這樣，他們便是很努力地想把這樣最善的體系，即最能合乎人類性的體系發見出來。空想的社會主義之各學派的創始者，都認為已由自己發見了這個體系，而各人提出各人的空想了。但是，從馬克思把辯證法的方法導入於社會主義之中以後，已因此完成了科學的社會主義，而給與了空想主義以致命的打擊。馬克思，老早就不是以人類性為依據的，所謂與人類性相合或不相合的這樣社會制度，在馬克思看來，完全沒有關係。我們在馬克思的"哲學之貧困"當中，曾看見了他對於蒲魯東之最堪注意的而且極特徵的非難。他說："蒲魯東，沒有知道歷史全體只是人體性之不斷的改變"（註一）。馬克思又在"資本論"中說："人類在勤勞於外界之中，一面改變外界，一面還改變本身的本性"(註二)。這是對於社會生活上的諸問題,完全給與了以新的光輝之辯證法的見解,現在比如拿私有財產問題來看看罷。空想論者們,曾就私有財產的存在之良否,換句話說,牠究竟拿人類性與否的這樣問題,創作了許多著述,並在他們同夥的相互之間。以及與其他經濟學者之間,發生了許多的論爭。在馬克思,則已把這個問題,樹立在具體的地盤之上了,據他說:所有的諸形態和財產的諸關係,是由生產力的發達所決定的。這個生產力的發達在甲階段時,便是甲的形態來適應,在乙階段時,便是乙的形態來適應。在這裏,是沒有絕對的解決方法的,並且是不能有的。爲什麼呢？因爲萬物是流轉的變化的緣故——"明智的變爲愚昧,幸福的變爲痛苦"。

(註一) "哲學之貧困,,新版二〇四頁,巴黎一八九六年刊。

(註二) "資本論"第三版一五五——一五六頁。

黑智兒說:"矛盾,是引導前進的"。 科學已在階級鬥爭的當中, 把黑智兒這個辯證法的見解之很好的確證,找出來了。如果忘掉了這個階級鬥爭,那便對於階級分裂的社會之社會的和精神的生活發展中的一切事情,一點也不會理解。

前面說過的"矛盾的論理學",就是長期的運動過程,反映在人類頭腦當中的東西。然則這個"矛盾的論理學",爲什麼被叫做爲辯證法呢？我對於這點,爲了簡省冗漫的考察起

機械論的唯物論批判

見,在這裏,只把庫洛・佛夏說所說的話引用出來。

他說:"人類的生活,是可以把牠比之於辯論的事件的。這就是因爲我們對於人類和事物的見解,隨着年齡的增進與生活經驗的加多而徐徐地改變,猶之辯論者的意見,在內容和觀念很豐富的辯論進行中而徐徐地改變一樣之故。所謂經驗這東西,就是這樣地像我們的人生觀和世界觀,受着有限制地而且必然地改變當中而成立着的…………所以黑智兒,由於把意識的發展行程比之於哲學的辯論行程這件事,便把意識的發展行程,用證辯或辯證法的運動這樣名詞稱呼出來。在柏拉圖,亞里士多德及康德,也曾以重要的而且各個互異的意義,使用過這個名詞。但是這個名詞,無論在誰的體系當中,都未曾像在黑智兒的體系當中具有那樣最廣泛的意義"(註一)

(註一) 見佛氏所著"黑智兒的生涯及著作„第一分册三〇八頁,彥・鄂・洛基譯聖彼得堡刊行。

許多的人們,對於某項見解,例如林奴關於動植物種屬的見解,何以叫做形而上學的見解這一點,仍然是沒有理解的。人們好象是把形而上學和形上學的這樣名詞,都認爲是表示着什麼特別的意義的。所以現在還要把這件事說明一下。

形而上學是什麽呢?牠的對象是怎樣的東西呢?

形而上學的對象,就是所謂無制約者(絕對者),然則無制約者的主要特徵,究係怎樣的東西呢?那就是不變性。這種說法,並無別的不可思議之處,何以呢?因為無制約者,並不是依存於使我們所理解的有限的對象發生變化的那個時間和場所的事情(諸條件)的。所以無制約者,也就沒有變化。然則辯證法學者所謂形而上學者的人們,以前據以行動着,現在還是同樣據以行動着的那個概念的主要特徵,又係怎樣的東西呢?這個概念的特徵,也是包含着在不變性的當中的,只消看看前面所述的林奴關於動植物種屬的見解的例子,便已明瞭。這樣的概念,本來也是無制約的,所以這樣概念的本性,也和構成形而上學對象的無制約者之概念的本性一樣。因此,黑智兒便把由悟性所完成(這是依照他的用語)的一切概念,都叫做是形而上學的概念,即是把當做被不能超越的深淵所隔離而彼此孤立了的不變化的東西來看待的一切概念,都叫做是形而上學的概念。米海諾夫斯基,以為恩格斯就是照我們現今所知道的意義,來使用"形而上學的"和"辯證法的"這個用語之最初的著述家,那是不正確的。這樣的用語,早已由黑智兒肇其端了。(註一)

(註一) 見黑智兒全集第一篇第三十一節。

"在黑智兒,是有獨特的形而上學的",像這樣對我說的人,大概怕是有的。我却並不否定這個,的確,是有獨特的形而上學的。不過他的形而上學,是與辯證法融合起來的,在辯證法,則沒有什麼不變的東西,在辯證法,則是萬物流轉變化。

當我開始作這個序文時,本想把俾爾笛耶夫在"哇布洛瑞·鳩智尼"雜誌中,對於最近俄譯的恩格斯"反杜林格論"所爲的評論,來論述一下的,但是現在因爲沒有餘地,已不能來完成這個企圖了。雖然這樣,我却也沒有好大的遺憾。俾爾笛耶夫的評論,只是對於已被說服,因而不必再去說服的讀者,而重加說服的東西,並且俾氏的意見本身,也沒有值得注意的地方。斯賓諾莎論寶坤的時候說:寶坤不是論證自己的意見,只是記述着自己的意見。如果俾爾笛耶夫敍述着自己的思想之方法,沒有依據所謂"訓示"的這個名詞,賦與以一層更好的特徵,那末,則斯賓諾莎論寶坤時所說的話,也可加之於俾爾笛耶夫的身上。不過像寶坤這樣的思想家,當記述自己的見解或施以訓示時,他的訓示和記述,尙有很大的價值。然而像俾爾笛耶夫這樣混亂不清的頭腦,當着手訓示時,那是完全沒有什麼可以垂爲敎訓的理論,從他的腦袋裏產生出來的。

否,否,不是這樣。如果是以俾爾笛耶夫的訓示爲依據,則從他的實踐理性的見地去觀察時,便已知道了恩格斯的世界觀之主要缺點,在什麼地方。明瞭些說,卽恩格斯的世界觀之主要缺陷,是在他的世界觀,妨害了社會民主主義轉變到資產階級民主主義這一點。因為這件事，是非常有興味的，遲早總得要就這一點來論述一下。

　　　　一九〇五年七月四日　在維溫市歇浦爾

　　　　　　　　　　　　　　　蒲列哈諾夫

二 評註

（一） 在這裏，恩格斯是常常把海涅先在"兩世界評論"(Revue des deux Mondes.)中發表出來，隨後改作單行本（在這個第一版序文中，載有一八三四年十二月這樣日期）出版的那個關於德國的一般論文，放在心頭的，各位讀者在恩格斯的著作全集當中，當可看得出他注意海涅這些論文時的精心構作來。但是可惜得很，這個精心構作的俄譯本，因檢查的關係，慘遭了無情的竄改。

近代的亞里士托腓涅士（譯註一），對於和自己同時代的哲學之態度，與天才的希臘人（亞里士托腓涅士）對於"梭費士托"(Sophist——詭辯學派——譯者)所採取的態度，沒有相似的地方。近代的亞里士托腓涅士，不僅是理解了德國哲學之革命的意義，而且因為牠具有革命的意義之故，簡直是熱烈地同席了德國哲學。並且海涅在他"論德國"的著述當中，對於康德（他的"純粹理性批判"）之革命的——爲海涅所非常誇張的——意義，比之黑智兒，更有較大的展開。海涅在一八四〇年代，已就黑智兒的學說，發表了更決定的意見，在他"論德國"之最初的（並是唯一的）片斷記述而保存到現在的一部分當中，能夠看得到他和"哲學帝王"，曾交換着很滑稽的許多思想。他說："我前對一切實在的，都是合理的"這句話，表示幾分爲難的態度時，黑智兒便發出怪笑來，並且說，這一句話，還包含了一切合理的，必須是實在的意義。以後他就環顧左右，現出很驚駭的樣子，並因爲解明了這一事，只是聽到亨利佐•貝爾所說，才撫摸胸膛的放了心"。在這裏，只消注意下面一點就夠了，即注意：據海涅的意見，黑智兒本身，雖已理解了自己的哲學之革命的意義，但是深怕把革命的意義顯露出來。至於海涅對於黑智兒的這樣觀察，究竟是怎樣的正確？這和亨利佐•貝爾，究竟是什麼人一樣，仍然是另一問題。對於這一問題，原來在這本小冊子（費巴哈論——譯註）當中，也曾給與了以解答，不過黑智兒本身，完全不屬於深怕從自己的哲學中生出各種結論來的這樣見識淺陋的一流人物，這是很明白的事。海涅在上面所載的對話裏面，偷換了黑智兒有名的命題，即是拿普通所說的實在的，代替了現實的，這不是沒有意義的。

很明顯的，海涅說話的本意，也就是想以不大明瞭黑智兒哲學奧義的人們說及這一命題時所具有的流俗姿態，來確實的保存這一命題之革命的意義。（二二頁）

（譯註一） 亞里士托胚湼士，生於紀元前四四四年至三八〇年，為希臘的偉大戲曲家。

（二）大家知道的，黑智兒的一切"現實的東西"之合理性的學說，當怎樣去理解的這一問題，在一八三〇年代後半及一八四〇年代開始的俄國哲學領域內，占了很重要的地位。俄國一般著述家中頭腦最明晰的俾寧斯基（譯註一），可說爲了這一問題，經過了眞正的悲劇。在俾寧斯基所著的波羅金紀念日和敏智耶爾（譯註二）的那些論文中，對於非難"現實"，即非難圍繞自己的社會諸關係的人們，充滿了最辛辣的攻擊。以後因爲他已把那些論文，看做了是毫無意思的謬誤，極不願意再提起這件事情來。他雖很熱情地否定了討厭的俄國的秩序，但在那時候，却早已不憚其煩的，就這些秩序之表面上的合理性，作了一種哲學的考察。在俾寧斯基之後，其著述和他具着同樣傾向的人們，都不承認那回到黑智兒的必要，並且對於這個天才的批評家，在醉心（熱情）保守時代做了出發點的理論上的前提，也看做無研究的必要。在他們看來，是以爲這些前提當中，除掉謬誤之外，什麼東西都沒有的，就是現在俄國"進步的"著述家們,還是保持着這樣見解。然則這樣見解,究竟是正確的見解嗎?

黑爾智(譯註三)在他所著的"倍雷•伊•多瑪"當中說道:"一切"現實的東西"都具着"合理性"的這一學說,牠自身究由怎樣論理的路徑,通過了在乍見時(這個乍見,全不妥當的,而是極皮相的觀察,須注意)所表示的理論上之關口呢?"他所決定的,以為這一學說,只是把充分理由的原理,弄成了新的公式化而已。然而充分理由的原理,決不是對於特定的一切社會組織,都認為是正當的。在俄國歷史當中,如果專制主義的發生和發展,為有充分的理由,那末,則十二月黨(譯註四)的解放運動,也是顯然的有充分的理由。因而在這種意義上,如果專制主義是"合理的",那末,則想絕對地消滅這個專制主義的努力,也就一樣地是"合理的"了。所以黑爾智便像下面那樣的決定說:"黑智兒的學說,寧是承認一切的解放鬥爭在理論上為正當的,這就是革命的真正代數學"。

(譯註一) 俾寧斯基(一八一一——一八四八),為俄國有名的批評家,是一八三〇年代及四〇年代之急進的知識階級的最大代表者。他受了空想的社會主義學說很大的影響。

(譯註二) 敏智耶爾(一七八九——一八七三),為德國的政治評。家兼歷史家,青年時代,為極端者自由主義者,後來成了極壞的反動家論

230　機械械的唯物論批判

（譯註三）　黑爾智（一八一二——一八七〇），爲有名的俄國著述家。一八三四年，因宣傳革命被捕，最初把他流到帕爾姆，後來轉到維托加。一八四七年亡命外國（倫敦），創刊了俄國最初第一的非合法雜誌"鐘"，這一雜誌，在俄國的社會運動上，演了重大的任務。

（譯註四）　十二月黨，是十九世紀初期俄國革命家的團體。

黑爾智的最後結論之點，是完全正確的，不過是以不同的路線，而達到了這一結論罷了。現在試舉例說明一下。

恩格斯一面展開黑智兒的思想，一面說："羅馬共和國，是現實的，但傾覆牠的那羅馬帝國，也是現實的"、在這裏，便發生了疑問，就是說，爲什麼帝國會傾覆共和國呢？充分理由的原理，不過只是在我們面前，保證這個事實，不會無理由的罷了，而這個原理，對於這個事實的原因或各種原因，應當在什麼地方去尋求，却一點也沒有指示出來。羅馬共和國讓位於羅馬帝國，或者是因凱撒爾比之邦貝烏斯具有較大的軍事才能，或者是因加霞士和布爾達士犯了失錯，或者是因奧克達畢士狡黠異常，或者是因某種偶然的原因，均不可知。黑智兒對於這樣的說明，是不充實的，據他的意見，偶然性，只是一個外皮的東西，在這外皮之下，則隱藏着必然性。本來，必然性的概念，也是很可爲皮相的說明的，羅馬共和國的沒落，可以說：是因凱撒爾征服了邦貝烏斯的緣故，唯其有這個緣故，就成了必然的。但是在黑智兒看來，必然性的概念，比之這個，却格外具有很深奧的特別意義。他把特定的社會現象稱爲必然的時候，他的意思之間，是含着下面一件事的，卽：社會現象，是由呈現着那社會現象的國家中之一切先行的發展過程預先準備好了的。社會現象的原因或各種原因，必須在這個過程的當中去尋求，因而羅馬共和國沒落的這一問題，也就不能夠由凱撒爾的才能，以及布爾達士或某個人或某人類集團的失錯來說明。要說明這個，只有拿羅馬共和國內部的諸關係中起了某種變化，因爲這種變化，而共和國以後便不能存立的這一件事，才有可能。然則這是什麼變化呢？黑智兒本人對於這種問題，往往給與以不充分的解答，但這一點，却不什麼要緊。主要的，是黑智兒對於社會諸現象的見解，已比之只知道所謂無原因卽無結果一事的人們的見解，實較深刻得多。況且這個見解，還不是黑智兒的全部，他還表示出來了更深刻，更重要的眞理。他說：各種現象之一定的總和，都是在牠的發展過程當中，從自己的內部，由自己造出那招致這個總和的否定卽招致這個總和的消滅之各種力量來的，因而也就是一切特定的社會組織，在牠的發展過程當中，從自己的內部，由自己造出那破壞這個社會組織，代替以新的社會組織之社會的各種力量來的。由於這樣的事情，自然會生出下面的結論來──但這不是黑智兒所表示

論機械的唯物論批判

出來的——即:我對特定的社會組織具着否定的態度時,我的否定,只有在下面的這樣情形之下,才是"合理的",就是說,這個否定,只有和這個社會組織本身內部所發生的否定之客觀的過程互相一致時,換句話說,只有在這個社會組織,失掉了自身之歷史的意義,而和以前曾為自身發生之原因的種種社會欲求有了矛盾時,才是"合理的"。

現在試把這個見地,應用到一八三〇年代轟動了俄國有敎養的靑年的社會問題看看罷。俄國的"現實"——農奴制度,專制主義,具有無上勢力的警察,檢查制度等——在這些靑年看來,都認為是最討厭的不妥當的東西。他們對於十二月黨當時企圖改善俄國的社會關係的努力,雖不願意,却也抱一同情的心理而想念着牠。可是他們——至少也是他們同夥中最有能力的人們——對於十八世紀之抽象的革命的否定,對於浪漫主義者之傲慢的利己的否定,都早已表示不滿了。他們在黑智兒的影響之下,已具了很大的抱負,他們說:"務須把自己否定的合理性證明出來,勁須拿社會的發展之客觀的諸法則,來辯明這個否定。如果不能證明和辯明,就要當做個人的輕浮和像小孩一樣的愚昧,來拒絕這個否定"。可是把俄國現實的否定,依於這個現實本身的發展之內部的諸法則來辯明這件事,就是表示解決了黑智兒本身之力所未及的課題。試拿俄國的農奴制度來說罷，把俄國農奴制度的否定來加以說明這件事，就是表示析明了農奴制度，已從自身當中否定了自身，換句話說，也就是表示析明了農奴制度，早已不能滿足以前曾為自身發生原因的社會欲求了。然則俄國農奴制度的發生原因，究為怎樣的社會欲求？簡單說一句，那就是俄國國家的經濟欲求。如果俄國當時，不把農民成為農奴化，那末，俄國的國家想必是疲憊不堪，想必要歸於死滅。因此，到了十九世紀，俄國的農奴制度，又必然的要成為這樣情形：即，不僅是已經成了適應國家的經濟欲求之最拙劣的手段，而不能滿足其欲求，並且是成了直接妨害這個欲求的東西。這樣的一切情事，後來已由克里米戰爭確實地證明出來了。但是，回轉來再說一句，在黑智兒本身，怕也未曾把這件事，從理論上證明出來罷。據黑智兒哲學之直接的意義看來，一切特定社會之歷史運動的諸原因，是根基於那個社會的內部發展當中的。這種見解，已把社會科學上之最重要的課題，給與了正確的指示。不過黑智兒本身，却對於這種很正確的見解，已陷於非常地矛盾，並且又是不能不陷於矛盾了。黑智兒，為"絕對的"觀念論者，他已把"觀念"之論理的屬性，看做了是一切發展的根本原因，因之觀念的屬性，便成為歷史運動的根本原因了。他當很大的歷史問題湧現於自己之前的時候，總是拿出這個觀念的屬性來。然而拿出觀念的屬性這一件事，便是把歷史的本質，已經放棄了，便是把發見歷史運動之眞實諸原因的一切可能性，任意剝奪了。非常偉大而且是眞正天才的智慧者黑智兒，在這裏，自己已感知了這事情，不一定都可順利進行，感知了自己的說明，本來也就全然不能說明什麼。所以他在注重了„觀念" 以後，馬上就歸落到具體的歷史的本質，而對於社會諸現象之實在的諸原因，早已沒有在觀念的諸屬性當中去尋求，反而是在社會的諸現象自身當中――在他當時所研究的社會現象自身當中――去尋求了。在這時候，他（從考察歷史運動之經濟的諸原因中）常常發表着最天才的豫測。不過這個天才的豫測，仍舊是一點也沒有豫測着。這等豫測，是失掉了鞏固的體系基礎的，所以黑智兒及黑智兒學派之歷史的見解，未能占着很重要的地位，因之在發表這等豫測時，人們對於這等豫測，大概也不什麼重視。

黑智兒所指示的十九世紀之社會科學上的重大課題，仍舊是沒有解決而擱置下來了，卽是說，人類歷史運動之現實的內部諸原因，終於沒有發見過。能夠發見這等原因的人，不能在俄國出現那是很明白的道理。縱令這等未知的諸原因，在俄國國內，好像已現出於社會現象的表面之上，但是俄國的社會關係，還是極未發達，俄國的社會是停滯，還是極難溝通。所以這等諸原因,結果,是由在俄國以外的別個社會環境之下的,卽在歐洲的馬克思恩格斯所發見了。可是這個發見,還是有些遲緩,所以在這事成爲問題的時代,一切黑智兒學派──否定主義者,在西歐方面,依然是糾纏在觀念論的諸矛盾當中。由以上所說看來,則俄國的青年黑智兒學派人們,爲什麽和俄國的現實,要完全從妥協上出發,已經明瞭。順便再說一句,俄國的現實,是極其污穢的現實,因此,我想黑智兒本人,怕也決不至於把牠認做是"現實的"東西罷。他們對於俄國現實之理論上不合理的否定態度,從他們看來,以爲就是剝奪了一切合理的存在權。他們一面拒絕這個合理的存在權,一面又曾獻身的並且無私慾的以自己之社會的努力,盡了哲學的良心之犧牲。但是另一方面,現實本身,却是很盡力的企圖使他們把這種犧牲撈回來。現實,每日每夜的拿着污穢的姿態來惱他們眼簾而使他們不得不已的無論拚着怎樣犧牲也要努力採取着否定的行動──採取着沒有充分的理論基礎之否定的行動。大家都知道,他們對於現實的懇求,是已表示讓了步的。俾寧斯基,自和黑智兒的"哲學的糊塗"分離後,已對他本身在不久以前曾認爲正當的那個秩序,很熱心地着手攻擊了。自然,這件事,從俾寧斯基方面看來,本是很好的事,但我們却要認識下列一點:卽這個天才的著述家,已由這一舉動,承認了把自

機械論的唯物論批判

己之理論抱負的水準低降下來，承認了自己，以及代表自己的俄國一切進步思想，是對於理論之一個無支付能力的債務者。這樣，所以他就不妨常常的對於俄國的社會生活，發表了很深刻的見解。例如他在一八四〇年代末的一個記錄中說：只有資產階級，卽只有資本主義，才能把眞正地並且有効地來否定那醜惡的俄國現實之基礎創造出來。但是從大體上看來，他仍然是在這個否定當中，對於社會的諸現象而保持着空想的見解。撿雷塞夫斯基，以後一八六〇年代末到一八七〇年代初期："主觀的"著述家和具有革命傾向的革命家，也是同樣的支持着這個見解。事態愈進步，愈多把黑智兒忘掉，俄國的否定主義者，愈不能意識着他們的社會見解，是從何種理論上的犯法，延長而來的系統了，這是應當注意的一點。俄國"主觀的"著述家們，已把破產了的科學，提高成了敎義，他們努力的對於俄國的社會思想，敍述並且反覆的敍述其理論上貧弱的證據，而自己豫想替俄國的社會思想，準備着最有利並且最貴重的證書。 可是這種情形，想在任何時候都繼續下去，那是不能的。因爲俄國的社會思想，僅僅是以讚美本身的無資力爲止，那只是充分的助成了一八七〇年代的革命運動之不成功。在一八四〇年代俄國的哲學社會所不能解決之理論的課題，自馬克思把黑智兒的哲學"囘轉過來"以後，卽把牠放置在唯物論的基礎之上以後,已很容易地被解決了。馬克思,是發見了人類歷史運動的內部諸原因的,所以只有從馬克思的見地,才可以把俄國的社會諸關係,觀察出來。社會民主主義者,就是像這樣的去下觀察的,因之他們常常地彼此沒有什麼依存關係,而對於俄國的生活,却達到了同一的見解。俄國的社會思想,是以社會民主主義者為代表的,結果,便走入於十九世紀的科學思想之一般的水綫了。舊時代的西歐人們之理論上的犯法,已被贖其罪了。換句話說,卽是為要否定俄國的現實,而這個現實本身當中不能動搖的客觀基礎,已被發見了。(可以參看一八九一年十一月我在"新時代"中所發表的論文,"黑智兒六十年忌日"("Zu Hegel,ssechsigstem Todestage.")和一八九八年我在日內瓦的演說"俾寧斯基")。(二三頁)

(三) 一八二七年,黑智兒主義者海林格,為了展開和擁護自己的老師見解起見,創刊了"科學的批評年報"(Jahr'eucher bur wissnrschaftliche Krtik.")。但因他保持着保守的傾向,他的雜誌,未能使青年智黑兒學徒表示滿意。一八三八年,路格和耶夫托曼,創刊了"哈爾·德意志科學藝術年報"(Hallische Jahrbucher Furdeutche Wissenschaft und Kuust.")這個雜誌,到一八四一年把發行所遷移於來比錫時,已改名為"德意志年報"("D.utsche Jahbrucher")。"德意志年報",

機械論的唯物論批判

無論在宗教的關係上，在政治的關係上，都是保持着急進的傾向。一八四三年，這個雜誌，已在薩克索里被禁止發行了。在這時候，路格和馬克思，又決定以"德法年報"（Deutsch—Frauzosche Jahrbucher."）的名義，在巴黎發行了這個雜誌。

在這個雜誌的投稿人當中，有恩格斯和海涅。但是可惜得很，這個"德法年報"，僅僅出了第一卷和第二卷的合裝本一冊。在這個小册子裏面，曾把馬克思的著名論文"黑智兒法律哲學的批評之序說"（"Einleitung zuo der Hegel,schen Rechtsphilosophie." 這已於一八八八年在日內瓦用俄文翻譯出來）和"關於猶太人問題"（Zur Judeubrage."），以及與馬氏論文齊名的恩格斯論文"國民經濟學批判概說"（"Umrisse zu einer Kritik der Nationalokanom'e." 這已在發行後九年號的"新時代"第八號中再登載出來）發表出來。

"萊茵新聞"（'Rheiniche Zeitung)"，已由加姆普哈甄，哈塞曼及與他們具着同一思想的人們，在哥隆創刊了。馬克思爲這個新聞之最活動最有能的投稿者，在一八四二年十月半間，馬氏已做了這個新聞的主筆。那時候，他雖還未成爲社會主義者，但他已對於政府爲激烈地攻擊，所以在他主持之下的新聞，不過數個月就停刊了。一八四三年三月十七日號的"萊茵新聞"，登了"下列署名人，因現在的檢查條件，聲明退

附錄八　蒲列諾哈夫對費爾巴哈的序文和評註　239

出"萊茵新聞"的編輯部——特庫得爾•馬克思"（傍點,是依照原文加上的）這一簡單的的啓事,才發行出來。在同年三月三十一日,"萊茵新聞"終因一月二十五日政府所發布的條令,已不得不中止發行。但是編輯部,却在以前數天,即三月二十八日,便已把新聞的發行停止了。在這個新聞的停止,馬克思大概也是願意的,以前文筆上的運用,在馬克思,很感覺得經濟的知識之不充分,這時候,他便努力的補充了這個知識。政府對於"萊茵新聞"所施的懲罰,可說是一時的給與了馬克思以置身於研究室中的可能性。後來馬克思再現身於文筆上及政治上的活動場裏時,他不僅是已經充分的貯蓄了以前不足的知識,最主要的,並且是具有了經濟科學史上劃時代的經濟科學之新的見解。

馬克思在這個新聞內發表的論文,其中最當注意的,已由墨林格最近在"一八四一年至一八五〇年的馬克思和恩格斯的書簡集"("Gesammelte Schribtn von Karl Marx und Fr. Engels, 1841 bis 1850.")第一卷二〇八——三二一頁）中發行了。這些論文,在俄國讀者看來,並不失其今日以前之政治論文的興味。這些論文,不消說。在馬克思本身的知識發展史上,實是非常重要的。

一八四八年六月,在馬克思,恩格斯,佛萊利蘭,鄂諾夫("

機械論的唯物論批判

資本論"，是奉獻為此人的記念的)的協議之下，同在哥隆發起了"新萊茵新聞"。在這個新聞當中，馬克思及他的主要同事者等，於言論很新的意義間，即於他們的各種著作所表現出來的言論的意義之間，已經成為有確信的社會主義者了。"新萊茵新聞"，就由牠的敵人所宣佈的看來，也是當時最堪注重的一個學問上的現象。不過在我們看來，還要說"新萊茵新聞"，除掉這個現象外，還有牠的偉大，就是說：在這個新聞的以前或以後，所有一切社會主義的新聞，能夠和牠並駕齊驅的，沒有一個。這個"新萊茵新聞"，因公然煽動'反抗權力'——由革命受了重創，當時已經很快地漸漸回復了的"反抗權力"——的罪名，於一八四九年六月，已被禁止發行了。（三三頁）

（四）恩格斯所述的司特老司和白魯諾・寶尼之見解，因檢查局辛苦的福蔭，俄國的讀者，至今日還是不大知道。因此，來把這兩者的見解，消微說明一下，想也不是無益的。

問題是在下面：即所謂聖書這東西，如果確信是由冥冥中秘密選定了的某種神聖者的神靈本身（神聖的精神）所指揮而寫出來的，那末，恐怕諸君就連懷疑這個聖書中或許有某種謬誤和矛盾的這個思想，也不能容許了。而聖書中所說的一切事情，對於諸君，已具有行為完全確鑿的一種意義了。蛇能誘惑夏娃,並能有奸佞者的魅惑本領而爲適當的演說,這本有點奇怪。但是在神看來,什麼不可能的事情,都是不存在的。就是說。所有外觀上好像奇怪的東西,那不過只是神之萬能性的作用而形成着一種新的樣式罷了。有名的巴蘭之牝驢(譯註一),致與乘驢者談起話來,這也是一定沒有的現象,但是在神看來,已明明決定有像這樣的現象了。信仰,不管由於什麼東西,就是由於不合理,也是不能動搖牠的,即是說,因爲是不合理,所以才去信仰。(credo auia absurdum)信仰云者,"期待着的東西之示教,是看不見的東西之啓示。換句說話,就是把不可見的東西,信爲可見的東西,把希望,期待的東西,信爲眞實的東西"。在具有宗教心的人們看來,神——自然的創造者及支配者的萬能性,就是滿足他的最大"希望"的東西。總之這樣的事情,如果人類爲着生存而和自然鬥爭的時候,未能猜透"知道樹的善惡"(譯註二)之意味,即未能徐徐地專事研究這個自然本身的法則,那便是頂好的,便是大可感化的,否,便是大可靠的。假使一旦猜透了很不可靠的"知道樹的善惡"之意味,那末,人類已經不很容易馴服於假話之下了。他依着舊的習慣繼續信仰神的萬能性時,他的信仰,已帶着特別的性質,即是說,神是退居在世界舞臺的後臺,而在前臺上的,則是自然,及其永遠之不變的鐵則,相偕出來。可是奇蹟,是難以與合法則性妥協的，合法則性，因奇蹟的緣故，卽無存留的餘地，而奇蹟，便把合法則性否定了。在這裏，發生出來的問題，就是我們對於聖書中所有關於人類奇蹟——誇大到不變的自然法則之概念的那個人類奇蹟——的言語，到底要持什麽態度呢？毫無疑義的，我們對於聖書的言語，要持着否定的態度。可是否定，則因一時盛行着特定社會思潮的社會生活之傾向和行程如何，而有種種不同的姿態。

十八世紀法國的啓蒙主義者，對於聖書的言語，已極盡其冷嘲，排斥，而把牠看做是無智，甚至看做是一種騙術了。像這樣的猛烈的否定態度，是當時法國的第三階級，和一般"特權階級"及僧侶行着鬥爭時，向法國人宣傳過的。至在同時代的新敎國德國，情形就完全不同了。第一，德國僧侶本身，並沒有宗敎改革後加特力敎國僧侶所佔的那種地位。第二，德國"第三階級"，當時還沒有想和"舊秩序"鬥爭的決心。這些事情，在十八世紀德國文學史的全體當中，存留着不少的形跡。但是在法國方面，第三階級有敎養的代表者們，便利用科學上的種種新的結論和假說，來和生在陳腐的社會諸關係基礎之上的各種表象和概念相鬥爭了。在德國成爲問題的，不是根絕舊的偏見，寧是把舊的偏見和新的種種發見合爲一致。從具有革命精神的法國啓蒙主義者看來，宗敎，簡直是無智和欺瞞的成

附錄八　蒲列諾哈夫對費爾巴哈的序文和評計　243

果。然從德國的啓蒙主義者黨徒們看來——他們當中最進步的，例如涅新庫，也是一樣——宗敎，却是"人類種族的敎育"，所以聖書這東西，據他們的見解，也是不能否定的並嘲笑地去看待的一種書物。他們努力的"啓蒙"這個聖書，對於聖書中的言語，加進着新的意義，使牠適應於"時代精神"。於是聖書的最重大的困難問題，開始發生了。在舊約全書當中，大概每頁都有神的"言語"，但是這一點，並不是表示着神的本身，實際上的說話這只是東方人所那樣熱望的一種比喩的言語。我們讀聖書中神所說的這樣那樣話語時，要在這樣意義——神是傳授某種意旨於自己的某個忠僕的這樣意義——之中，來理解這一件事。不問是蛇——誘惑者，不問是巴蘭的牝驢，都是一樣的。決不是說這些動物，都是實際上的東西，不過只是拿這些動物，對於所謂自己的談話對手，使之印入某種思想罷了。大家都知道的五旬節，聖靈變化爲火燄的舌頭，降臨在使徒們的頭上，這也只是比喩的言辭，只是"使徒行傳"的一個著者或數個著者，想藉此把使徒們在那時所經歷的宗敎感情之強烈的衝動描寫出來罷了。至別的"啓蒙的"硏究家們對於這事的解釋，則有多少的不同，那降臨在使徒們頭上的火燄的舌頭，完全爲自然的現象，卽電光。同樣，包羅在將到大馬色的途中，成了盲目的一事，也是可以從雷電之自然的影響說明的。

機械論的唯物評批判

固然老人亞拿利亞以手一按包羅身上，包羅眼睛卽能看見，然老人的手是非常冷的，因此便知道完全是冷氣減退了炎症。又耶穌使許多死者復活了的一事，他並不是復活的死之已久的屍體，而是復活的氣閉尚活着的人體，這也是可以由這種單純的事情，說明的。又十字架上的耶穌本人之死，不過是一種假死，據當時很有名的包爾士博士（原註一）的解釋，耶穌本人，對於自己意外的更甦，是很驚異（"Verwunderuug."）的。最後耶穌昇天的一事，就是福音書的作者們，也說得極其曖昧，單就這一點看來，已是不成問題了。福音書的作者們說（馬可的話）：耶穌已被帶到天國去了，但這並不是說耶穌死後，他的精靈，已被帶到天國的意義。"砲彈飛到狼星，能夠精密地計算需要若干時間的事"，天文學者及自然科學者尚且不能相信，福音書的作者們，究想以怎樣地目的，來說這一件事呢？

（原註一） 包爾士，在一八〇〇年——一八〇四年，刊行了"福音書的註解者("Euangelienkommentar.")，一八二八年，刊行了"耶穌,, ("Ias Leben Jesw",,)。後者，就是下面引用包爾士時所舉出來的一書。

（譯註一） 據彼得後書第二章中說："⋯⋯他們引誘那心不堅定的人，心中習慣了貪婪，正是被咒詛的種類。他們因離棄正路而走到迷途，所以隨從比珥之子巴蘭的一道。巴蘭就是貪愛不義之報酬的，已因自己的不法，受了譴責。那不會說話的驢，以人言攔阻了這個預言者

狂妄。(傍點是譯者加的)

　　(譯註二) 據馬太福音書中說：「……豈有從荊棘能摘葡萄，從疾藜裏能摘無花果者。這樣，凡好樹便結好果子，惡樹便結惡果子"……。又說："……然以言語忤逆聖靈者，今生來世，皆將不會被赦。有的樹好，果子也好，有的樹惡，果子也惡，樹是憑着果子而能知道的……"。

　　(譯註三) 據使徒行傳第二章中說："到了五旬節，門徒們都聚集在一處，忽然從天上有響聲下來，好像一陣大風吹過，充滿了他們所坐的房子，並有舌頭如火燄顯現出來，分開落在他們各人的頭上"。(傍點是譯者加的)

　　(譯註四) 據使徒行徒第九章說："掃羅對於主的門徒，仍充然滿着恐嚇和兇殺之氣，去見大祭司，求文書給大馬色的各會堂，如果找着信奉這道的人，無論男女，都准他捆綁帶到耶路撒冷。掃羅將走近大馬色的途中，忽然從天上發光，四而照着他，他就仆倒在地，聽見"掃羅，掃羅，爲什麼逼迫我"的這樣聲音。他說："主呵！你是誰？" 主答說："我就是你所逼迫的耶穌．起來，進城去，你所當作的事，必有人告訴你" 同行的人，不能言語的站在那裏，只聽得見聲音，却看不見人。掃羅從地上起來，睜開眼睛，竟不能看見，什麼。有人牽他的手，領他進了大馬色，三日不能看見，並且不喫不喝"。(掃羅是包羅的別名——譯者)"却說在大馬色，有一個門徒，名叫亞拿尼亞…亞拿尼亞就去了，進入那家，把手按在掃羅身上說："兄弟掃羅，主，就是在你來的路上，向你顯現的耶穌，打發我來，叫你能看見，且爲聖靈所充滿"。掃羅的眼睛上，馬上上像有鱗掉下來，就能看見了，於是起來受了洗禮，並且吃過飯就健壯了"。

機械論的唯物論批判

以上對於福音書的這樣批判，不待說，都是完全無益的。這正是證明這樣批判的代表者們，對於問題，缺乏了眞實地批判的態度。這樣批判，第一步，是很漂亮的，是很有益的，然於斯賓諾莎旣已踏到第一步之後，就應該踏到第二步才好，可是德國的啓蒙主義者，是沒有踏到這個第二步的。司特老司（一八〇八年——一八七四年）的一些功績，是在根絕了"以無爲有，以歷史上不存在的爲歷史上所能思考的"那種無益的企圖。司特老司在福音書的言語當中，沒有看出來是關於現實事件的（許多被曲解了的）話語，只是看出了是基督敎團體內部於無意識中造成，而把這些團體發生當時的救世主之觀念反映出來的神話。於是耶蘇的說敎——並且他的說敎中最主要的，就是所謂約翰福音書的當中所引用的事情——在司特老司看來，都絕對的認爲是後世期望救世主而創作的成果。他在他的最後著述"耶蘇傳"中，說明他本人當時對於福音書的神話發生之見解如下。

"我對於福音書中的奇蹟故事，以及和歷史見解相矛盾的其他許多的福音書故事，其解法的關鍵，是以關於神話的概念爲………前提的。我說是像這樣：比如以東方的賢者羅現爲星之語告訴人們的事實，以及基督的化身和若干麵包能使數千人吃飽的事實，那都是不能求之於自然的說明的；另一方面,這樣超自然的現象,也不能承認是現實的出現,只能把這種話語,看做是一種假話。然則在這些福音書創刊之初,何以能夠捏造耶穌的這種話語呢?我對於這一問題的首先解答,不外是關於當時救世主之期望的一事,據我說:始而是幾個人繼而漸為多數人都承認耶穌為救世主以後,這些人們,因為根據舊約全書中所記的豫言和前兆,以及這些豫言和前兆之一般的說明,已確信他們自己對於救世主所期望的一切事情,都應當要在他們自己的方面,實現出來。耶穌生於拿撒勒的一事,不管怎樣為世界周知的事實,然而還是應當生在伯利恆,而為大衞的子孫及救世主。因為彌迦曾這樣豫言過的緣故。口頭的傳頌,是能夠把耶穌關於他本國人所熱望的奇蹟之最有激刺性的言語,保存起來的。於是因為摩色——人民的最初解放者,是顯現了奇蹟的,而人民最後的解放者,救世主,即耶穌,也一定要顯現奇蹟出來。據以賽亞的豫言:救世主對人顯現的,就是瞎子給他能看,聾子給他能聽,跛子給他能像鹿一樣的跳躍,啞子給他能言。這樣,耶穌,即救世主,應當顯現怎樣奇蹟的這一事,已是特別的明瞭了。最初的基督敎團體,不僅是能夠捏造耶穌的話語,並且是不得不像這樣捏造的,就是這個緣故。可是他們雖然自己捏造着這種話語,而自己却是未曾意識着!⋯⋯⋯這樣的見解,是把基督敎的神話之發生,和在其他

機械論的唯物論批判

諸宗教發生史中所見着的神話之發生，放在同一位置上的，理解神話——不是各個人類意識的且計畫的想出，而是全民族或全宗教社會的一般意識的產物之神話——是怎樣的發生，那在神話學領域內，含有科學的最近成功。自然，不問是那個最初的人，都是要表示這個一般的信念的。神話，不是賢人教化無知愚民，爲謀他的利益，而隱藏着特定觀念於其中的一個外皮，神話，是觀念和說話聯成一致而開始發生，具着說話的形式而開始存在的。並且在這個純粹的形式之下，說出這話的人，他本身並沒有理解着………

"福音書的神話，愈帶着一部分的新的獨立性質，愈不容易想到下面的一點。卽：這個神話的作者們，他們雖沒有意識着把自己的假話，看做是現實的事件，但是想到是假話的這一點，却是很困難的。最初說出耶穌生於伯利恆的人，的確要把這事當作事實而信仰的，何以？因爲豫言者彌迦，曾豫言救世主要從伯利恆到臨，耶穌旣是救世主，所以便不得不生在伯利恆。反之，最初說出耶穌死時，聖所幔子裂開（馬太福音書第二十七章五十一節）（譯註一）的人，自己沒有親眼看見，也沒有聽見誰說，大概當已意識着是從自己想像中說出來的話。而且在這時候，聽到"希伯來書"（第十章第十九節）——在這裏，是說明耶穌的死，開示了一條經過破裂的幔子到聖所之路的

附錄八　蒲列哈諾夫對費爾巴哈的序文和評註　（4）

事——中那樣比喻的人，實在可以依照文字上面的意義，容易理解明白（譯註二）。因此，話語這一事，也是能夠完全發生意識着的假話來的。又耶穌勸勉四個使徒去捕魚的這一故事，也可解釋為下面的這樣意義：即耶穌勸勉這四個使徒去捕魚，而這次的捕獲，恰比他們從前所捕獲的，其利益特別較多。然在人們的口頭展轉相傳之間，自然很容易地由這一捕魚的事，造出來了奇蹟的捕魚故事（路加福音書第五章）（譯註三）。又關於基督復活的故事，乍然一見，是認定為眞話呢？還是認定為明白的意識的虛構呢？本也可以在這兩者當中，隨便為一種認定的。但在這裏，如果仔細的加以觀察，而事實上，却很顯然的不是這樣。在猶太人和基督教徒爭論的時候，猶太人像這樣說："你們從棺材中偷去了基督的屍體，那時候，固然棺中成了空的，但這並不是奇蹟"。基督教徒便反駁說："我們有偷去的這樣事嗎？在你們很盡力地看守棺材之時，我們怎能夠偷去呢？" 基督教徒們的這樣說法，原是他們預先想好了的解答。然以後說話的人，已經以更大的確信，從這個基督教徒的言語中所謂"看守棺材"云云，而以後便說出來了印封棺材的事情。這就是因為但以理書中曾說過這個印封之事的緣故。但以理的獅子坑（譯註四），便成為耶穌的棺材之雛形了。……猶太人又可像這樣說："耶穌對於你們基督教徒，或許曾顯現

機械論的唯物論批判

過吧？但那已是成了天國中的無形的幽靈而顯現出來的。"基督教徒又反駁說："成了無形的幽靈而顯現出來的嗎？耶穌已因釘子受了傷（在基督教徒看來，這事已是自明之理），耶穌不是顯示過這樣傷痕嗎？"以後漸漸隨着展轉的傳說，這件事，已更進一步的成爲感觸着傷痕的事了。這卽是這樣的一切話語，能夠完全和歷史的眞理，很眞摯的，並且同時很矛盾的結合起來的"。（原註一）

（原註一）Das Leben Jesubur deutsche Volk bearbeit etvon David Erjebrioh Strauss, Dritto Aupblage, Leipzig 1874, ss. 150——155.

（譯註一）馬太福音書第二十七章五十一節以下載："忽然聖所的幔子，從上到下裂成兩半，地也震動，磐石也崩裂，墳墓也開了，已睡聖徒的身體，多有起來的，到耶穌復活以後，他們從墳墓裏面出來，進了聖城。向許多人顯現"。

（譯註二）希伯來書第十章十九節以下載："弟兄們！我們旣因耶穌的血，得以坦然進入至聖所，是藉着他給我們開了一條又新又活的路從幔子經過，這幔子，就是他的身體。又有一位大祭司治理上帝的家。我們就當滌去心中的天良的虧欠，用清水洗淨身體，存着誠心和充足的信仰，來到上帝面前"。

（譯註三）路加福音書第五章載："耶穌站在革尼撒勒湖邊，衆人擁擠他，要聽上帝的道時，他見有兩隻船䌫在湖邊，打魚的人却離開了船洗網去了。有一隻船，是西門的，耶穌就上去，請他把船撑開，稍微離

附錄八　蒲列哈諾夫對費爾巴哈的序文和評註　251

岸,就坐下,從船中教訓衆人。講完了,對西門說:"把船開到水深之外,下網打魚"。西門說:"夫子!我們整夜勞力,並沒有打着什麽,但依從你的話,我就下網罷"。他下了網,就網許多魚,網都險些裂開,他便招呼那隻船上的同伴來幫助。他們都攏來了,把魚裝滿了兩隻船,船幾乎要沉下去"。

（譯註四）　但以理第六章十六節以下載:"於是王下令,就把但以理帶來,投在獅子坑中。王對但以理說:想你所常事奉的上帝,必來救你。那時有人搬石頭塞住坑口,王用自己的璽和大臣們的印,把這坑口封閉,使懲辦但以理的事,毫無更改"。

　　毫無疑惑的,司特老司的見解,若和前面所載的他的前輩的見解比較起來,便是已有了很大的進步。但是他的見解,却也顯然地有很大的缺陷。"種種歷史的事件,經過口傳而蒙變化,卽司特老司所說的神話之生長,不外是民族基督敎的傳說,那不過只能說明一切福音書中的共通之點。有時或者只能說明其中的各種異說,而這些異說,則是特別地偶然的而且是無意識的東西,並沒有表示明白的傾向,也沒有成爲福音書中之某種惟一的一貫屬性。反之,在我們看到福音書中的某一種具有某種特徵,而其餘的福音書中缺乏這個特徵的時候,我們旣不能拿一切基督敎的傳說之一般固有的動因,來說這個特徵,我們便不得不已的要把這些特徵,歸着於各該福音書的作者本身或以這個作者爲代表的基督敎團體之個人的意見和利害的影響之所致。並且我們看到這些基礎的特徵，在各該福音書的某個章節以外也常表現出來時，又看到各該福音書的全體，專爲極力描寫這些特徵而著作時，又看到由這些特徵，而決定到材料分配，年表，話語中次要的特殊事件，文體等等時，又看到在各該福音書中，有通常難以由傳說保存的那種長篇演講和對話時（一切的這樣事情，存在於第四福音書中以及程度上比較少數的第三福音書中的，實使我們驚嘆），我們實在能夠確信着福音書的問題，不是單純的宗教傳說之敍述的解說，而是作者之意識的創作"（原註一）。因此，可知司特老司神話學的理論，決不是把一切應當說明的事，都去說明了的。以後司特老司本人，曾經承認了這個缺點，他在他所著的"耶穌傳"最後改訂版中，論及"作者之意識的創作"一事，已費了很多的頁數。不過在恩格斯把牠當做問題的時代，卽一八四○年代，他對於被寶尼所最猛烈攻擊的自己的見解之弱點，還是未有覺悟着，

(原註一) Ed. Zeller, Christian Bauer et lecoele l Jabingue, traduit Parich, Ritter Paris, 1863, P. 98.

寶尼（一八○九年——一八八二年），曾對司特老司傾倒在神秘主義的並且超自然的一點，下過了一個總攻擊。爲什麼呢？因爲在司特老司的神話理論中，認爲是"一般的，卽民族

附錄八 蒲列哈諾夫對費爾巴哈的序文和註評 253

宗敎共同體的口傳之直接地活動"，而對於自己意識之間接的活動，則不認有存在之餘地的緣故。寶尼說："司特老司的謬誤，不是在他指示出來了某種一般的力（卽口傳的力），而是在他把這種力，認爲是從自己的普遍性中直接發生出來，專在一般的形態之下而起作用。他的觀察，是宗敎的見解，是奇蹟的信仰，是站在批判的見地而把宗敎的表象再生產出來，是宗敎的無知，是對於自己意識的忘恩"………司老特司的見解和寶尼的見解之雙方的對立，"就是民族和自己意識，卽實體和主觀的對立"。（原註一）換句話說，卽司特老司，主張福音書的話語，爲無意識的發生，而寶尼則說這些話語，在其成立的歷史過程中，都是爲着達到宗敎的目的起見。經過了計畫地捏造這些話語的人類之意識而來。這件事，在所謂約翰傳（原註二）的福音書當中，極其明瞭。就是說，約翰已創造出來的一個特別耶穌一個和出現於別的福音書中的耶穌之完全不同的特別耶穌。可是其他的福音書作者，還是一樣地像這樣捏造的。比如所謂路加的，則是根據馬可所捏造的福音書，適應於自己的意見而刪減增補的。至於在路馬二人之後而執筆的馬太，並是毫無參雜地以路馬二人的福音書爲依歸，而努力的使兩者彼此歸於一致，使兩者的話語能順應那時代之宗敎上的見解和欲求。可是馬太，已經不能解決這個困難問

機械論的唯物論批判

題了，他已經慌忙無定的陷於最不合理的一切矛盾當中了。在這裏，可於許多事例之中舉出一個例子來。 馬太說，在主顯節之後，"當時耶穌被聖靈引到曠野，受魔鬼的試探"。 這樣，疑問便發生了，究竟爲什麼緣故，聖靈卽上帝，一定要介紹魔鬼來試探耶穌呢？ "上帝，豈不知道剛纔（在主顯節——蒲列哈諾夫註）稱做我的愛子之人，是不屈於誘惑的嗎？"（原註三）可是問題，就在馬太於自己的話語當中，完全慌忙無定的一點。 "馬太，不但是想把前輩們的話語抄寫出來，他並是努力的去說明這些話語，想把這些話語之內面的關聯表現出來'。 （原註四）他因爲讀路加傳卽馬可傳，已知道了聖靈把耶穌引到曠野，在荒野受魔鬼的試探這件事，所以他才決定聖靈爲要借魔鬼之助來試探耶穌，而把耶穌引到了曠野。 馬太在自己的福音書中說出這樣話來，而以全智全能的上帝，竟認試探自己的兒子爲必要，這在他的福音書中，究己錯誤到了一個怎樣不合理的立場，他便完全沒有想到。 在這裏，還有一個很明顯的例子。 以賽亞"豫言""在曠野有人喊着說"（豫備主的道），而馬可和馬太爲要應驗"豫言者的言語"起見，却使施洗禮的約翰在曠野傳道， 並且馬太更把在怎樣地曠野傳道，卽在猶太的曠野傳道這件事，精密地指示出來。 他在下面就馬可和路加的話反復的申述，說許多改悔

附錄八　蒲列哈諾夫對費爾巴哈的序文和評註　255

的人們，都聚集到約翰那裏，而約翰便在約但河對於這些人施洗禮。可是一面在猶太的曠野傳敎，一面又在約但河對於改悔的人們施洗禮，如果一閱巴列斯基剌地圖，就可知道約翰斷無那樣分身的本領，因猶太的曠野，和約但河相隔甚遠的緣故（原註五）。這樣的謬誤，當然要看做是這個神話的作者之個人的失敗。

（原註一）Diegute Sache der Freiheit, zurich undWintertur. 1842.ss. 117——18.

（原註二）使徒約翰，不是這個福音書的作者，這件事，現在已是誰都知道了。

（原註三）Kritik der evangelischen Geschichte der SynoPtiker-zwaeite Auglage LeioPtzig, 1846, 1 Band, s. 213.

（原註四）Ihid. s.214.

（原註五）Ibid. s·143.

信仰上帝，而情緒特別熱烈的人們，從四個福音書作者裏面，揀選着耶穌生平的幾個事由而能使自己稱奇的種種特異之點，並且根據這些特異之點，因自己之精神上的必要，而造出來了適應於自己的理解，嗜好，性癖之"救世主"的多小魅惑的姿態。可是因司特老司對於福音書批判，已使像這樣地來精心雕琢製成基督的一事，碰着了極大地困難。又因寶尼對於福音書的批判（原註一），更使像這樣地來製成基督的一

機械論的唯物論批判

事,感受了完全不可能的威脅。 寶尼,是不承認歷史上的耶蘇的,因此,就可知道他已使誠虔的"要尊敬"的人們,發生了如何的恐怖。他在神會科的敎授權利,已被剝奪了(他是波大學神學科的私講師)。 他所有的小册子,論文,神學上的報書,已受了很激烈的非難,但是十九世紀四十年代的德國,恩非十八世紀的德國可比,一八四八年的革命高潮,已是日益告近,德國國民的進步階級層之覺悟,已是所謂不是每日增已,而是每時每刻增長了。這些進步階級層之學問的代表者,追對於他們自已的批判結論,和舊有的諸概念相齟齬的這件長事,一點也不感着驚異,反而是日益受着濡染而走入於否定的態度。 白魯諾•寶尼,對于那個"要尊敬"的反對論者之攻擊,給與了以最激烈地回答,在這時候,他不問一切宗敎,不問"基督敎國家" 都是毫不寬容。他的弟弟耶托加•寶尼,更有比他還較激烈的論爭。他於一八四四年在百倫刊行了他所著的"對於敎會及國家的批判之論爭"("Der Streit der Kritik mit Kirche und Staat.")一書,便因此獲罪而被拘禁在城塞之中。 秩序擁護者方面的這樣論爭態度,其不能認識這個著述之很有價值,那是不消說的。 可是在這個著述中,因耶特加•寶尼的思考非常進步,實不能不意識到他的見解,就是在今日,也還能夠使俄國學界的許多"進步的"代表者嘖嘖

附錄八　蒲列哈諾夫對費爾巴哈的序文和評註　257

稱奇。但對於神,私有財產,國家,一切都不承認。因爲他的思考,是這樣非常地進步,所以要想超越這個思考以外的否定的方向,也就老早沒有走路了。然而我們的這種見解,却是錯誤的,即是這個否定的方向,還是能夠進一步的並且最決定的走過去,而又是不能不像這樣地走過去的。換句話說,就是對於批判的武器,要怎樣才是確實的東西呢？批判採取否定的行動時,要依着怎樣的根據呢？或者批判本身,要怎樣從攻擊自己的種種偏見中解放出來呢？——這樣一切問題,都是可以提出來,並且是應當提出來的。比較寶尼兄弟還更進步的學者,即馬克思和恩格斯,在他們所著的"神聖家族"("Die Heige Familie")中,却已注意於這樣的一切問題了。"批判的批判",很顯然地就是確立在那樣猛烈地反對牠自身而戰勝了的觀念論基礎之上的,"批判的批判"之最大的缺陷,就在這一點。當根據"自己意識"的權威,以分析福音書的話語之時,白魯諾•寶尼,固然對於順乎時宜而神聖化了的種種偏見,能夠給與以很大的打擊。但是一經同着他的弟弟耶托加,移轉到國家的批判,移轉到前世紀末和現世紀初期的法國事件之那樣重大事件的批判時,他的結論,已是一部分完全錯誤,一部分完全無根據,不確實。而且又是除此以外,再已沒有旁的方法。他所說的特定社會形態,和"自

機械論唯物論的批判

己意識"相矛盾的這件事,還有沒有把否定這個社會形態之歷史的意義顯現出來。 在沒有估定這個意義的時候,就不能够正常地理解這個社會形態,並且也不能拿所謂將來成功的這個熱望,來與這個社會形態相鬥爭。馬克思和恩格斯,已把由十九世紀哲學思想的全部發展行程所指示出來的事情,完全實行了,就是說,兩人已把第一要和觀念論分離,其次要和"自己意識"的獨裁分離,並且還要發見且指出那決定"自己意識"的諸原因這一些事情,完全實行了。 然則馬克思和恩格斯,對於自己經手的任務,究竟完成得怎樣呢? 在這裏,就是祇想略提一下,也沒有這種空白,讀者對於這件事,當可參看馬克思和恩格斯的著作而下判斷。 唯有一事應當注意的,就是寶尼兄弟的抽象的急進主義,使我在許多地方,想起了俄國的"社會學上的主觀的方法"來。 卽是說,在俄國方面,也是同樣地把"批判"和"批判的精神"(我在俄國,稱之為"批判的思想"),不絕地援用着,對於發生於社會諸關係自身的胎內而決定人類"自己意識"的那批判的過程,則缺乏洞察的能力。 我以為在某種特別論文當中,把耶托加•寶尼和尼古萊•米海諾夫斯基二人所說的話說相似之點——卽一方耶托加•寶尼反對黑智兒所提出的論據 ("Der Streit der Kritik." viertes Kapitel),和他方尼古萊•米海諾夫斯基

附錄八　蒲列哈諾夫對費爾巴哈的序文和評註　259

及對斯賓塞所提出反駁,其間相似之點——敍述出來,不但是非常有趣的,並且還能受着很多的敎訓。這樣的相似,大概就是表示有名的主觀的方法之中,很少進到了怎樣程度的新方法罷。這樣的相似,大概就是表示俄國主觀的社會學者們所具有的一切獨創性,不外爲古昔西歐思想家們所已看出已修正了的他人謬誤之無意識的回復罷。(三四頁)

(原註一) "Knitk der evangelischen Geschichte des Synoptiker." I nud II Band, Leipzig 1841. (第一版 "Knitk der evangelischen Geschiehte des Svnoptiker und des Johannes·" III und letzter Band, Branns. chweig 1842.

(五) 我們在這裏,來專門詳敍費兒巴哈的生平,沒有必要,有可能。所以僅從海又佐所着的"近代哲學史"(俄譯三九四頁)中引用一段在下面而止。"費爾巴哈,爲有名刑法學者安塞倫·費爾巴哈之子,生於一八〇四年,最初硏究神學………屬於黑智兒派。一八二四年移居柏林,聽到了黑智兒親身的講演,隨卽委其全身於哲學。一八二八年,他便在耶路蘭根開始講演。從一八三六年起,住居于安斯巴哈和倍萊得之間的普羅庫伯鄕村,到了一八六九年,他在紐倫伯附近的列智迭伯地方,其生活已陷於窮迫狀態之中,旋卽死於一八七二年"。

他的著作"基督敎的本質"之內容，也祇能以很簡單地言語，來敍述一下。

費爾巴哈說："所謂宗敎，就是人類之無意識的自己意識"。在宗敎這件事，是人類把自己，卽把自己的"本質"神格化了的。神之本質，就是人類之本質。或者再好點兒說，神之本質，是從各個人的限制性當中被純化被解放了的人類之本質。萊普尼智在他所著的"辯神論"當中說："神的完全性，是我們之靈的完全性，但是神，却在那圓滿無缺之下具着這個完全性……在我們的當中，有幾分的力的，有幾分的知識的，有幾分的善性的，但在神的方面，却把這樣一切的屬性，完全地具備着"。這是完全妥當的，這不過是表示"神的一切的屬性，就是人類的屬性"罷了。可是富有宗敎心的人們，自己却沒有意識着自己之本質的神格化這件事。他祇是把自己之本質客觀化了，卽："當做是和自己分離而各別獨立的存在，來直觀牠，崇拜牠"，宗敎，是人類之二重化，是人類本身和人類的分裂。因爲這一點，便派生出來了兩個結論。

第一，是像黑智兒的那種說法，那是完全蒙蔽了眞理的。他說："人類就神的方面所知道的事情，是關於神的本身之神的知識"，或者不然，"神是在人類當中認識自己"。然

附錄八 蒲列哈諾夫對費爾巴哈的序文和評註 261

事實上，恰恰和這相反，卽"人類是在神的當中認識自己"，"人類就神的方面所知道的事情，是關於人類本身之人類的知識"。神的種種的屬性，是適應於人類的怎樣地思考，怎樣地感想而變化的。"如果人類的價值，是像這樣，那末，人類之神的價值，也像這樣——而不能超越這樣以上。………宗敎，是人類的祕寶之嚴肅的曝露………宗敎，是人類的大事之祕密的公開告白"。宗敎上的一切進步，就是人類對於人類本身之認識的進步。那成為神的權化了的基督，"就是人類中之個人認識的神……神是存在着，並且在與感情的要求一樣的存在方法之下，以及在與感情的欲望一樣的存在方法之下，神是存在着，和這件事相對待的幸福的確信………是在基督當中，開始把宗敎的最後之希求實現出來，把宗敎的感情之奧祕曝示出來的（自然是用宗敎中固有的特別名詞曝示出來）。就神說，是本質的，就基督說，便成了現象………在這一意義上，基督敎，可以稱為絕對的宗敎"。東方的宗敎，例如印度的宗敎，也是所謂神的權化了的，但是在這些宗敎當中，却把這個權化，行使得過於紛繁，而"恰恰因此失掉了自己的意義"。具體化了的神，在這些宗敎當中，沒有形成個性，卽是沒有形成人類。因為無個性，便非人類的緣故。

第二，是以宗敎，為人類把自己本身和自己對立起來的一

機械論的唯物論批判

個無緣的特別的本質，因爲宗教只是人類之無意識的自己意識，所以牠(宗教)便要招來不可避免的一切矛盾。在神的信仰者，說神就是愛的時候，實際上他只是說着愛是世界上至上無比的東西。但在他的宗教的意識上，這個愛，却被低降到了特別的本質卽神的屬性的那個階段上面。可是這個神，就令不依存於愛，還是具有意義的。神的信仰，在具有宗教心的人類看來，便成了眞心以愛來待鄰人之絕對的條件，他在自己說法的愛，神格化的愛的名義之下，而嫌惡那無神論者。因此，那個把人類對於人類自身本質的關係變易着的神的信仰，就是把人類之交互關係變易着的。神的信仰，爲狂信以及與之相關聯的一切可怕的事情之源泉。神的信仰，是在救濟的名義之下而祈呪，是在幸福的名義之下而恣怒。 神是幻想，而且是極有害的幻想，卽是說，這個幻想，是拘束理性的，是抑制人類對於眞理和善之自然趨向的………所以成長到了自己意識的理性，便不能不滅絕這個幻想。 這樣的事，從理性看來，並不是一件難事，在理性方面，只要把由宗教所創出的一切關係翻轉過來，就可以了。宗教當做手段而表現出來的事情（例如當做永遠獲得多福的手段而利用的德行），便要翻轉過來成爲目的，宗教當做從屬的次要的問題，當做條件而表現出來的事情（例如對於鄰人的愛卽像神對於我們一樣的寵愛之條件），便要翻

附錄八 蒲列哈諾夫對費爾巴哈的序文和評註　263

轉過來成為主要問題，成為原因。公正，眞理，善，是在自己本身的當中，在自己的質的當中，隱藏着自己之神聖的根據的，從人類看來，再不能有超越人類以上的本質"。

在一九二〇年，"社會主義運動"（"Mcuvement Socialiste" 雜誌的編輯部，曾就各國社會黨對於舊敎主義的態度的問題，作過周密的調查。這個問題，現在很明顯的具有實踐的意義。 可是為了正當解決這個問題起見，首先就不得不究明主要的理論上的問題，卽科學的社會主義對於宗敎的態度的問題。 這一理論上的問題，在現在國際的社會主義文獻中，殆已完全無可查考。 這是國際的社會主義文獻上的一大空白，而這一空白，祇有根據今日社會主義者多數的"實踐力"才能說明出來。 人們都說宗敎是私事，這本是正確的，但是只有在受了特定限制的意義上，才算正確。 如果一方面承認一定國家的社會黨綱領，而有擁護這個綱領實現的覺悟，他方面，各該社會黨却拒絕保持某種宗敎偏見的人們加入本黨之列，這樣辦法，自然是沒有意思的辦法。但是，如果一切的黨，都把形成本黨綱領之基礎的理論放棄下去，這樣辦法，也怕是更無意思的辦法罷。 理論——現代科學的社會主義——是要把宗敎，是當做錯誤的自然觀社會觀當中產生出來的東西而加以排斥的，是要當做是無產者階級之全部發展的障碍物

機械論的唯物論批判

而加以非難的，我們對於受了宗教的信仰之毒的人們，沒有關閉本黨的門戶之權利。 然而我們為着破壞這些人們所具有的宗教信仰，或者至少為着防阻我們的同志（有宗教心的）想把他們的偏見普及於勞動者之間的企圖（自然是拿精神的武器來防阻）起見，却有盡着自己的能力所及來實行破壞或防阻的工作之義務。 徹底的社會主義世界觀，原與宗教立在兩不相容的地位，所以科學的社會主義創始的人們，對於宗教採取激烈的否定的態度，這是沒有什麼不可思議的。恩格斯說："我們的志願，凡是我們認為是超人間並是超自然的那個旗幟之下所表現出來的一切東西，是要依據我們的路線，把牠排除淨與盡的………所以我們對於宗教和宗教的觀念，要斷然的之宣戰"。 在馬克思方面，則把宗教稱為鴉片，而看做是上層階級企圖靠着這個鴉片來催眠人民的意識之一種把戲。他說："當作人民假定幸福的宗教之廢棄，是人民現實的幸福之要求"。 同時馬克思又說："宗敎的批判，是人類為妖術中解放出來的有覺悟的人類而思考和行動的時候，又是人類在自己本身的周圍，即自己之實的太陽的周圍而運行的時候，給與人類的迷妄以解放"。

上面所說的事情，是很真實的。 所以具有資產階級的意向而不想使無產階級完全覺醒的人們，以及未能想到這樣去

附錄八 蒲列哈諾夫對費爾巴哈的序文和評註　265

做的一切"馬克思主義者"，在俄國的現在，依然是回到宗教信仰的懷抱之中。(三六頁)

（六）　恩格斯在這裏，不是像現在俄國所使用的意義，而使用"美文學，美文調"這個名詞的。如果這樣，或許就要發生誤解，或許讀者就要這樣質問罷"那到底是什麼緣故呢？是"眞正"的社會主義，變成了無魔力的美文學嗎？或者是眞正社會主義派的人們，也像著述傾向很壞的小說和故事那樣說法嗎？"。但是問題却在這裏：在德國人所謂美文學（所謂"Schonen Misserechabten."）時，不是專指的詩學（Dichtkunst）而言，乃是連雄辯術（Redekunst）一併包括在內。所以眞正社會主義變爲美文學這件事，那是表示變爲俄國著述家所謂無魅力的里特力加（雄辯術）之意義。從前伯倫斯基，也說過"美文學"這一名詞，並沒有像現在俄國所加上去的那種意義，我們是知道的。

關於德國社會主義卽"眞正"社會主義，可以參看墨林格的"德國社會民主主義史"第一篇一九九——二〇三頁（第一版）（"Geschichte der deutschen Socialderocratie." heil.199—203）。這個眞正社會主義的傾向，在墨林格所刊行的馬克思和恩格斯著作（"Ausdem literaischen Nachlass."）及其他的（第二卷三四九——三七四頁）註釋當中，

機械論的唯物論批判

指出了最詳細的特徵。 愛得蘭教授所著的"德國最初的社會政治運動史"("Geschichte der erstensezinlpolitischen Bewegungen in Deutschland"),已搜羅了"眞正"社會主義者,特別是墨佐斯和克紐著作中的清華在裏面,因為這個主要的緣故,便引起了這時候的興味。 關於克紐的最優美的特徵,都被包括在馬克思的論文"克紐在法國和比國的社會運動或眞正社會主義的詳史"("Karl grun.Die soziale Bewegung in Frankrich und Belgien oder die geschichtsschreibung des wahren Sozilismus.")當中。 這一論文,最初是於一八四七年八月――十月("Wetbulischen Dampfboct.")發表出來,以後復於"新時代"的一八九九――一九〇〇年分第一號至第六號重行登載了。 最後――這雖是最後,却不能忽視(last not least)――我們便不能不想起"共產黨宣言"中關於眞正社會主義的一小部分――內容豐富並且正當的極辛辣的幾頁(拙譯本一九〇〇年版第三章一一九――三三頁)。在"新時代"(1895—1896, NO NO 37 aud 28. 1896—1897 NO NO 34—35)中所發表的斯圖洛伯氏(譯註一)的各論文,現在大概都失掉了意味。這些論文中最初的論文,是論述馬克思兩個論文的內容。馬克思的這兩篇論文,一篇(關於庫尼格的論文"Aus dem htearisch n nach alss." II.

附錄八 蒲列哈諾夫對費爾巴哈的序文和評註 267

B. SS. 415.) 已由墨林格現在刊行其全部。 其餘一篇(關於克紐的論文)，是在"新時代"的前載年號中，重復登載出來。帕·斯圖洛伯的第二論文"科學的社會主義發展史之研究及評言"("Sludien und Bem rkungen zur Entwicke'unge geschichte des wissenschabolichen Sozialismus.")，簡直就是關於"階級鬥爭的觀念之歷史"的問題。 若從這篇論文看來,則佛奧和修坦,至少也要在德國文獻中，為這個觀念的最初宣傳者。 所以斯圖洛伯氏,便以為馬克思對於階級鬥爭的觀念,是從修坦那裏借來。 但是這件事，却是沒有什麼根據,這完全是一種無或然性的推測。 斯圖洛伯氏為了維持這一推測起見，應當證明馬克思在佛奧和修坦關於法國社會主義著述出版的時代,完全不知道王政後古時代,曾經堅持過階級鬥爭見地的法國歷史家著述才可以。 然斯圖洛伯氏,却沒有證明這件事,而且這也是決不能夠證明的(對於這個問題有興味的讀者,我想把一九〇〇年發行的拙譯"共產黨宣言"中我的序文舉出來)。 斯圖洛伯氏的論文,在現在,專從一方面看來,還有興味。一八九六——一八九七年的斯圖洛伯氏,固然他的思惟很有缺陷,他的教養非常不夠,但與後來在"解放"雜誌時代的退化水準相較,還算站在很高的地位,已由這一論文,把這件事告訴我們了。 人類"從猿進化"，這是很愉快的，反之，由人類變形爲"猿"，那就沒有比這事還悲慘的了⋯⋯

（譯註一）伯約特爾·伯倫加爾托皮提·斯圖洛伯（一八七〇——），爲俄國經濟學者兼政治家。在一八九〇年代，屬於馬克思主義者，後來一變而爲自由主義者，曾在外國刊行過"解放"雜誌。一九〇五年後，成了立憲民主黨的指導者和理論家，十月革命後，成了很明顯的亡命反革命家。

德國的"眞正"社會主義者，因爲對於一般經濟，特別是階級鬥爭，未具有何種的概念，所以在理論上，固然是犯了錯誤，然在實際上，他們對於"政治"所採取的否定的態度也就有了最大的錯誤。從克紐對於當時德國資產階級的自由主義運動施以攻擊的論文看來，恐怕現在俄國的保守主義者，誰都情願署名罷。馬克思關於這一重大的謬誤，曾有極嚴重地非難，這便是馬克思許多成績中之一。但是我們對於非難眞正社會主義者的時候，一定要知道各國空想的社會主義者，當時就社會主義對於政治的態度問題，所提出來的不正當地解決。俄國也是沒有脫離這個常例的，卽俄國民衆黨和民衆主義者，也是很糊塗地來處理這個問題。（三七頁）

（七）"反對認識世界的可能性"，"或反對無遺漏的認識世界的可能性"，這究竟是表示着什麼意義呢？我們現在當要立刻把這件事弄明白。

附錄八　蒲列諾哈夫對費爾巴哈的序文和評註　269

我是一瞬間也不能懷疑我本身的存在的。　什麽人都不能加以顛覆的我的內部信念，已對於我保證了這個存在。可是讀者怕更要再加上一句說罷："足下現在在紙上作文，足下已無什麽根據來懷疑這個紙的存在，而對於紙的存在，下以健全的判斷時，想是可以承認的"。如果在別的時候，我大概是不懷疑這個紙的存在的，但在這時候，我却發生了哲學研究的慾求。在哲學者看來，常有的"健全的判斷"，不一定都可以承認。　我想問一問讀者：諸君所說的紙的存在，究係如何的存在呢？　如果諸君像這樣想法，以爲紙是存在於我之外，屬於所謂外界構成物的種種對象之一麽，那末，我便還要向諸君提出下面的一個新問題來：諸君是怎樣知道這些對象的存在的呢？　是什麽對於諸君，來保證了外界的存在呢？　毫無爭議的，關於這個存在，是諸君外部的感官，告訴了諸君，是諸君的感覺，保證了這個存在，換句話說，就是諸君看見了這個紙，觸着了這個書棹。可是這樣的事情，並不是表示諸君沒有把本來的種種對象當做問題，而把感覺及成長在那感覺基礎上面的表象當做了問題。那不過只是諸君立脚在感覺上而把對象的存在推理出來罷了。　然而諸君，究竟是由什麽來證明這樣推理的正當性呢？　在諸君的意思，當然以爲對象就是感覺的原因。但是諸君關於一般原因方面的表象，究有多大的力量呢？

| 270 | 機械論的唯物論批判 |

姑置勿論,現在想就諸君何以相信諸君的感覺原因,不在諸君之外,而在諸君自身之中的這件事,來說明一下。 不錯,諸君原具有一種習慣性,常把自己的感覺,分為下列兩種的,(一)感覺的原因,是在諸君自身之中的,(二)是由種種面的對象所喚起的。 可是這種區分,不過只是一種習慣性, 然則諸君像這樣的習慣上區分感覺,何以知道不是諸君之"我"的諸屬性的結果呢? 諸君的這個"我",是在由無意識的創造作用,創造出來了外界即"非我",而且只有把牠在自己本身當中和自己對立時,才能意識着自己。事實上,的確是這樣,並且無論如何外界,即在我之"我"以外的無論如何世界,都是不存在的,這一件事情,在我看來,想更有一番或然性罷。

在諸君為我的"詭辯"所眩惑的時候,我要接着從事於哲學的研究。 可是現在我要把以斐希特為最明顯的代表者的那個主觀的觀念論立場擱置起來,來談一談懷疑論者。

在這裏,我要把我看了休謨的著述"人類悟性之研究"後, 在這書第十二章中所得的下面一段精華,向諸君報告一下。"本來,單純的天然本能,是使人類對於自己的外部感官所為的立證加以信仰的………人類於依靠這個盲目的並且強有力的本能之中,常常把自己從外部感官所得來的各種心象,看做是各種外面對象,而於這些心象,就是這些對象的寫象這件事,一點也沒有疑惑"。但是,如果要想把本能沒有欺瞞人類的事,來爲哲學的立證,恐怕哲學就要陷於很困難的地步罷。 決定的論據,雖然只有從經驗中才能假借而來,然"在這裏,經驗是沈默而不言的,並且是不能不沈默的"。 換句話說,就是我們只能把種種的表象當做問題,而這些表象和對象的關聯,却不能檢查證據出來。 所以理性"是沒有爲着認識這樣關聯而賦與一點什麼根據的。 我們對於這件事,自然是無疑惑的必要,一切這樣的思考,都不過只是知覺性之無益的游戲罷了。 本來,如果是像這樣質問:足下究竟是想着什麼?足下持着聰明的論據,究竟是企圖獲得什麼? 就是在這個懷疑論者本身,怕也還是要疑惑罷。人類固然是要費盡一切的努力'但是關於自己的行動和自己的推理之最後基礎,却不能有完全的確信。 不過雖然如此,還是依然"不得不行動,不得不推理,並且不得不信仰"。但是在哲學上,如果要漠視着這件事——即不能有這個完全的確信的這件事——還是不行。我們須要想到我們所能達到的世界認識之領域,是爲一定的狹小界限所限制,我們對於一個現象和別個現象之因果關係的眞正本性仍然沒有理解的可能。 我們因爲千百次的看見了石子向地下落下來,所以在沒有什麼障碍物妨害牠落下的時候,便深深地相信石子是常常落下的。但是我們的信仰,只

機械論的唯物論批判

是基於一種習慣,理性是沒有把這個信仰造成妥當的信仰的,並且是萬不能造成妥當的信仰的。 理性對於所謂自然法則這東西是不變的這件事,便不能向我們加以保證。

再進而提出受着休謨懷疑論影響的康德哲學的根本命題看看。在我們之外,原存在着某某許多對象。但是某某許多對象,究竟是什麽東西呢?我們却不知道。實際上,我們只是把自己本身的感覺當做問題,只是把基於這些感覺而成長在我們內部的對象之心象當做問題。 然而這個感覺,這個對象之心象,却爲下面兩個力量的合成力。 一是使我們生出一定印象的對象之屬性。 二是承受這些印象的攝取者之屬性,換句話說,就是把這些印象在一定狀態之下分出類來,適應於自身的本性,以配列和結合這些印象的我們之"我"的屬性。卽就這一事情看來,已可知道我們對於對象的表象,原與喚起這個表象的對象不能夠相類似,並且知道我們的表象,原與在那個本體上存在着的東西——物是各別的東西。但是這還不是全部的。 如剛纔所說,我們的"我"是把由各種的外部對象(我們所未到達的物自體)使我們所生出來的印象,適應於自身的本性來分類的。 然而"我",究竟怎樣地來把這些印象分類呢? 怎樣地來把這些印象配列和結合呢? 我們原是在空間上觀看物的,因此便發生了疑問:究竟那個本體上的空間,是存在着的嗎? 經驗對於這一問題,並不能直接地給與以答覆。 試就悟性說來,若假定空間是在我們之外,離開了我們而獨立存在着的,那便是導引悟性達於矛盾的結論。 因此,除了假定空間(時間也是一樣)不外是我們的直觀(或者如俄國某著述家們所說的判斷)形式,假定空間對於那個本體上的(理體)沒有什麽關係以外,再沒有別的方法。 現在試從表象移到概念來看看罷,並且還拿着原因的概念來看看罷。 在我們說現象A,是現象B的原因這話時,這本是很容易陷於謬誤的。 但是在一般地說各種現象當間存在着因果關係這話時,却不能陷於謬誤。如果排除原因的概念,這時候存留在諸君方面的,只是各個現象之混沌,在這個混沌當中,諸君便是什麽東西都不知道。 問題,就在不能排除這個概念的一點。 這個概念,在我們看來,是妥當的,是我們思惟形式中之一。 我們在這裏,不想列舉思惟的其他一切形式,只想就下列的一點來說一說。 卽是:對於那個本體,如果一旦說是離開了我們的思惟而獨立存在着的東西——物,則在我們的思惟形式上,物便失掉了一切的意義。 換句話說,就是我們所謂的自然法則,只能及於我們的意識裏面所存在着的現象之世界,理體(那個本體上的物),是完全不依從這些自然法則的。

274　　機械論的唯物論批判

關於這樣的現象之世界，在康德學說當中，有下列兩個要素。（一）主觀的觀念論的要素，卽我們的直觀或思惟之一般認識的形式。（二）實在論的要素，卽從理體結與於我們而由我們的意識所加工的無規定的資料。康德是把自己的哲學，名之曰先驗的觀念論。我們關於自然的必然性之概念，因爲不能夠適用到理體的世界，所以把這個理體的世界，也可以看做是完全的自由王國，那些與合法則性不兩立的一切幻想，卽神，靈魂不滅，意志的自由等，便可在這個理體的世界當中，找出自己的穩避之所。康德在"純粹性批判"中極力地和這些幻想鬥爭，而在"實踐理性批判"中，卽在不以抽象的思辨爲問題而以行動爲問題的地方，却在這些幻想之前，把武器放下來了。

這個二重性（這個二元論），就是康德的觀念論之弱點。此外康德的觀念論的破產，也可從康德哲學的前提之見地，明白地窺探出來。

比如從康德哲學的意義上看來，究竟所謂現象的，是什麽東西呢？這便是下面的兩個原因的合成力。

（一）在我們之外（原註一）存在着的——在那個本體上爲我們所不知道，僅僅由各種的對象（理體）使我們所生出來印象而爲我們所知道的——這個對象，對於我們之我的作用。

（二）我們之我的屬性。我們的這個我，是把從物自體所受得的印象，適應於這些屬性而加工的。

（原註一）康德在"純粹理性批判"後所刊行的他的有名著作，對於能夠當做科學而表示出來的一切形而上學的序說"（"Prolegomena zn einer jeden Metaphysik, die als Wissenschaft wird auftrete keonnen."）的第三十二節當中，有這樣一段話："實際上，我們把感官的對象——雖然這樣辦法，是當然的——看做是單純的現象時，因此，同時就是承認著在感官對象的根柢上，有物自體這東西存在。但是我們對於物自體所知道的，並不是牠自身的如何性質，而只是牠的現象，牠只是我們的感官，為這個未知的某種東西所觸動的方法"。

本來，因物自體對於我們的作用而喚起現象的時候，這就是表示這個物的作用，為現象的原因之意義 然而同樣情形，據康德的學說，那因果性的範疇，却只能適生於現象的世界之限界以內，而不能適用於物自體。在這個明白的矛盾——這個矛盾，已在十八世紀末德國哲學的文獻中被指摘過——當中，便只有兩條逃路。卽（一）無論到什麼地方，都主張因果性的範疇，不能適用於物自體，因之又排斥現象為物自體對於我們的作用所喚起的這一思想，或者（二）無論到什麼地方，都以為這個思想正當，而承認因果性的範疇，能夠適用於物自體——只有在這個二者之中，選擇其一。在第一種情形之下，我們便是直接走向主觀的觀念論方面。何以？因為物自體對於我們沒有作用時，我們對於物自體的存在，便一點也不明白，於是不得不表明物自體的表象這東西，為我們哲學上不必要的東西——卽無益的東西——。在第二種情形之下，我們便是走上唯物論的道路。何以？因為唯物論者，決不主張：能夠知道物在那個本體上的，卽離開物自體對於我們的作用而獨立的，是怎樣地東西。而只是主張：這些物之所以為我們所知道的，是因為牠對於我們的感官起了作用，並且還要在牠對於我們的感官起了作用的程度上，才能夠知道牠。霍爾巴克說："物質的本質，以及物質的眞正本性，我們都不知道。但是我們，却能夠由物質對於我們的作用，來判斷物質的某種屬性……在我們看來，所謂物質，就是用某種方法，對於我們的感官發生作用的東西"（原註一）。雖然郎格在他所著的"唯物論史"（俄譯本第一卷三四九頁。在這裏，特別敍述過霍爾巴克的事）中寫道："唯物論，是固執的把感性的假象之世界，認為現實的對象之世界的"，但是這一點，只是因朗格"固執的"沒有理解唯物論，才會這樣地說明出來。總之關於外界之不可知性的問題，在我前面所舉出的兩條逃路中，是得着了積極的解決的。我們的我，能夠認識由我們的我所創造出來的非我這一事，事實上，在移到主觀的觀念論的見地時，已對於我們弄明白了。 然而在我們唯物論者，如果稍微費點思索，便不得不達於下面的信念。卽："因物自體對於我們的作用之關係，而我們知道了這些物的某種屬性時，却與霍爾巴克的意見相反，那個物的本性，在某種程度上，我們也是能夠知道的，換句話說，就是**物的本性**，實能夠在物的屬性當中顯露出來的"。 在普通的方面，人們雖常把物的本性和屬性對立起來，但是這個對立，是完全無益的，這個對立，只是把認識論導入於斯噶那哲學（煩瑣哲學）的山谷之中而已。 康德已在這個山谷之中迷失了道路，還有現在的一切反唯物論者，復繼續地在這個山谷之中，摸不着東南西北。 歌德以天才的詩人——思想家的敏慧感覺，比之"先驗的觀念論者"康德，並且比之唯物論者費爾巴哈，還較高强的理解了"何處究有眞理呢？"這一點。 彼說：

Michts ist innen Michts ist draussen, （沒有什麼是在裏邊，沒有什麼是在外邊。）

Denn was n en, das ist aussen. （因爲什麼是裏邊，牠也就是裏邊。）

So ergreifet ohne Saumniss （所以抓不住邊緣，）

Heilig offentlich Gehe mniss……（這是神聖的公開的秘密………）

械機論的唯物論批判

在這個極簡單地幾句話語當中，可已把說"認識論"的一切，都包括着了。但是主張外界之不可知性的斯噶那學派，直到今日，還是對於這些話語和唯物論的認識論，未能有一點兒理解。

(原註一) 英國唯物論者布里士多涅，對於這個意義，曾恨決定的說過。(參看他的著作 „Disquisitions relating to Matter and Spirit." vol 1. aeccnd erition, Birmingham MDCCLXXXII, P. 134 。不錯，布里士多涅，本是進一步的與近似"勢力論者„，奧士多瓦的唯物論之一種變相的精神相適合的，但這一點，在這裏和我們沒有什麼關 。

黑智兒已把為這樣一切判斷——物自體不能達於我們的認識之中的這樣一切判斷——的基礎之理論上的（如果願意的話，又可說是認識論上的）謬誤，很明顯暴露出來了。實際上，我們對於物自體究竟是什麼這一問題，完全沒有答辯的可能性。這個理由，並是很單純的，卽："究竟是什麼？"這一問題，不是以特定的物具着可以指示出來的種種屬性為前提，而只是在這個前提之下，才能保持着某種意義的。但是在主張物自體之不可知性的 "Philosophical people." （著述者們），却是預先把物的一切屬性抽象出來，復由此抽象，而認定問題為不合理，並且因而認定答辯也是不可能的。據黑智兒爾說，康德的先驗的觀念論，"無論對於形式，或是對於內容，都是把物的一切屬性，移入於意識當中的。我見着樹葉不是

附錄八　蒲列諸哈夫對費爾巴哈序文和評註

黑色而是綠色,砂糖不覺得苦而覺得甜,又鐘打二下時,我不是同時的覺得發音二下而是繼起的覺得,並且我也沒有把初次的發音,看做是二次發音的原因,或者是結果——像這樣的一切事情,從這個先驗的觀念論見地去下觀察時,那很顯明地只是依存於我,卽只是依存於主觀的"　"Wissenschaft der Logik."I Band, I Abth' S.55, II Ahth S.150.布里士多涅,在他所著的"關於物質和精神的論說"當中,又在他和普萊斯的論爭當中,對於向來是如何理解認識這一名詞的事,有極適切的許多評論,都在黑智兒之先發表。)

可是讀者怕要這樣反對罷:色和音,不完全是主觀的東西嗎?　然而從現代自然科學的學說看來,色和音的感覺,是與引起這個感覺的一種運動相類似的嗎?　不消說,這本是不相類似的。　所以,如果因溫度的差異,而鐵就有種種的顏色,那末,則關於這件事情,便是有離謂我的"精神"組織之屬性而獨立的一個客觀的原因。　我國有名的生理學者賽捷諾夫所說的下面一段話,那是完全正確的。　他說"關於我們所感知的音的一切振動或傳播,在其強度,高低,繼續性的各點上,是各個適應於現實的音響運動之完全限定的變化的。成爲感覺的音和光,本是人類之有機體的產物,但是我們眼中所見着的形態及運動的根柢,與我們耳中所聽着的音的抑揚,都是一樣

機械論的唯物論批判

地在我們之外而現實地存在着"。（見 "羅士卡·威托莫斯提" 社所發行的論文集 "餓者的救濟" 中之 "對象的思惟和現實" 的一八八頁）。 賽捷諾夫又說："不問離開我們的意識而獨立的對象本體，是什麼東西——不問我們從這些對象所受得的印象，僅僅只是假定的表徵——總之無論在怎樣時候，關於我們所感知的表徵之相似和差異，是適應於現實的相似和差異的。換句話說，在所感知的種種對象之中而被人類發見的相似和差異，就是現實的相似和差異"（前揭論文二〇七頁）。 這樣的說法，也是正確的。惟有一事應當注意的，就是賽捷諾夫沒有使着很正確的用語。 在賽氏承認我們的印象，僅僅只是物自體之假定的表徵時，好像他已承認了物自體具有我們所未知的，即沒有達到我們意識中的某種 "姿容"。但是 "姿容"，只是物自體對於我們的作用之結果，在這個作用以外，物自體便是什麼 "姿容" 都沒有。 因此，所以把存在於我們意識內的 "姿容"，來和彷彿像物自體實際上具有的姿容" 對立起來的一事，那就是表示沒有考慮到：究以如何的概念，來和 "姿容" 這一名詞相結合呢？ 如前面所述的康德哲學之 "認識論上" 的一切斯噶那主義，就是基於這樣用語法之不精密而來。 我因為知道賽捷諾夫未有傾向於這個斯噶那主義，所以我在上面稱許了賽氏的認識論，是完全正確

附錄八 蒲列諾哈夫對費爾巴哈的序文和評註

地論斷。但是我們切不可對於我們的哲學的反對論者,爲這樣用語法上——即對於很精密地來發表我們本身的思想有妨碍的這樣用語法上——的讓步。 我還要附帶說明的,因爲我在恩格斯這個小著"費爾巴哈論"拙譯本第一版的評註中,我自己沒有很精密地使着用語,以後才感覺了由用語不精密而生出來的種種不便,所以在這裏有這樣的評斷。

由以上看來,物自體,是無論何種的"姿容"都沒有的,物自體的"姿容",只有在承受這個物自體作用的種種主觀的意識當中,才能存在。 在這裏,却要發生一個疑問:究竟誰是這個主觀呢? 是人類嗎? 否,這不僅僅只是人類,凡是靠着本身的組織之某種特殊性,能以某種方法去"看"外界的一切有機體,都是一樣。 可是這些有機體的組織,却是各不相同的,所以外界,在這些有機體看來,也就具有各不相同的"姿容"。我雖不知道蝸牛是怎樣地去"看"東西,但總相信蝸牛決不是和人類同樣子去"看"的。 雖然這樣說,可是外界的**屬性**,並不是僅僅只具有主觀的意識的。完全不是這樣! 人類和蝸牛,在從A點運動到B點時,無論在人類,或是在蝸牛,直線都爲一樣地兩點之間的最短矩離。換句話說,就是這兩個有機體,如果沿曲線去進行,則兩者在其移動上,都要費較多的**勞力**。所以空間的屬性,還是具有客觀的意識。不過由站在不

機械論的唯物論批判

同發展階段上面的有機體看來，這個空間的屬性，却是表現出來的一個不同樣的表現。

還不止此，在我看來，所謂蝸牛，究竟是什麼東西呢？ 牠是在被我的組織體所約制了的一定方法之下，而對我發生作用的外界之一部分。 因而在我承認蝸牛這東西，是以某種方法去"看"外界的時候，我又不得已的要承認下面的一點。即：對於蝸牛所顯現出來的外界"姿容"，牠本身，是被這個實在地現存世界之種種屬性所約制了的。 這樣，那主觀和客觀——思惟和存在——的關係，卽恩格斯所謂最近哲學上的根本問題，便完全浴着新的光輝而對於我們表現出來，主觀與客觀的對立，更已歸於消滅，換句話說，也就是主觀都變成了客觀。 物質（可以把霍爾巴克所判定的"所謂物質，在我們看來，是用某種方法，對於我們的感官發生作用的東西"這幾句話追臆一下），在特定的各種條件之下，已成了被賦與以意識的東西。 這是很純粹的唯物論，而且對於主觀和客觀的關係之問題，也能夠爲幾分的圓滿解答，並是在科學上沒有矛盾的唯一的解答。

再進一層看看：康德在發展的學說當中，提起出來了毫無關聯的自己的認識論。 這個發展的學說，爲支配着最近科學界的一種學說，並且康德本人，在拿他所著的"天界之一般理論和歷史"("Allgemeine Theorie und geschishte des Himmels.")作為這個學說的基礎當中,曾費了很下少的努力。這樣提出認識論的方法之最大缺陷,本來是可依據和康德同時代的生物學狀態去說明的,但是,非常讚賞康德哲學的幾個生物學者,現在却已明白地意識着了這個缺陷。 舉一個例來說,如一九〇四年七月"德意志評論"("Deutsche Rundschau.")中那英格敎授的得意論文"康德的認識論和近代生物學"("Kants Erkenntnsslehre uud die moderne Biologie."),就是這樣。

據那英格的見解,現代的自然科學,特別是生物學,是與康德的"人類悟性之先天的性質"之學說爲兩不相容的東西。

如我們所知道的,康德曾這樣說過:"因果性的範疇,不能適用於物自體,只能適用於現象。因爲這是我們的悟性輸入了因果性於現象當中之故,因爲這是先天的自然法則之故"。據康德的說法,悟性一般的作用,是自然的一切秩序之源泉,同爲這是悟性以自己的法則,指令於自然的緣故。這一件事,已使那英格很陷於困難,他質問着說:"像這樣的先驗,是存在着的嗎?"。 並且他自己復解答如下:"人類從出生之初,以及在一切經驗以前,是不得不已的要靠着自己之悟性的屬

機械論的唯物論批判

性,以適應因果性之範疇而思考,來把現象在時間和空間上表象出來的(那英格對於時間,空間,也是稱做範疇。這並不是他的筆誤,而是他關於範疇論之獨特的解釋。我在這裏,可以置之不論)。同時,人類在其組織體的性質上,又是不得不已的要呼吸,運動,攝取食物等等的。因為人類是構成自然的一部分,所以就要服從自然的大法則——卽適應自己生存諸條件的法則。如果以為這個適應的法則。是由我們的悟性對於自然所指令的東西,那怕是完全的不合理罷。於是那屬於自然的有機體之精神的各性質,也要服從這個適應的法則。有機體適應於其周圍環境的一切形式——肺,腦等等——和思惟的各種形式,都一樣的是受先天的有機體所賦與。有機體各性質的這兩個部類,是有機體之遺傳的承繼,而隨着有機體的細胞進化而發展的。但是,在這個細胞的當中,這樣有機體的各性質,却仍完全的強健存在着。如果要問特種種類的動物,是怎樣獲得了這樣的各性質,我們就須得轉眼去看一看地球的發展史。然拿各個的個體——人類或人類以外的某種動物——來說,這個個體之一切物理的精神的屬性,總是受先天的賦與着的"。

那英格是像上面的那樣判斷了。他的這個判斷,是有趣味的,而且是正確的。不過因康德所說的先驗,在那氏的影

附錄八　蒲列諾哈夫對費爾巴哈的序文和評註

響之下，却是完全採取着別個姿態，所以那英格，或許是得不着康德本人方面的同意罷。　在這裏，我們很可這樣說：那英格對於時間，空間，因果性，是否認純主觀的性質的。他在否認這樣純主觀的性質之下，他說："由肉體的諸形態之適應類推起來，使我得到了下面的結論，卽：思惟之先天的諸法則，如果不與在我們之外的實在相適合，那怕是全然不能存在罷"。這種說法，已經完全是唯物論的論調。　可是入了現代新活力論的支持者一夥的那英格，自然不是唯物論者。　再者，戈亨，拉士維智，及李耳這些新康德派，對於那英格關於先驗的一切言論，自然也是不很同意的。　不過現代的生物學，却未有把這些新康德派的夥計們，放在高貴的地方。

　　在那英格之外，又有德國的其他一個著述家（卡克）說："我不知道墨守康德派認識論的哲學者們，是怎樣地來處理那發展的學說的。　在康德看來，人類的靈魂，是一定的，並且牠的要素是無大小變化的。　他所認做問題的，只在判定靈魂之先天的內包，而從這個內包當中，引出一切必俆的東西來，並不在把這個內包的起源，指示明白。　然而人類，是從原形質的小塊徐徐地進化而來的，我們由這一公理出發時，却不得不把康德認爲全現象界之基礎的東西，從細胞之原素的生命現象當中引出來"。(Ph. Eeck, "Die Nachahmung und ihre

Bedeutung fur Psychologie und volkerkunde." Leipzig, 1904, S.83.)。可是問題是在下面的這件事當中，卽：康德派直到於今，完全沒有考察過他們的認識論和發展的學說，是否彼此一致，如有人對他們提及曾否就這一點考察過的時候，他們便要抱着非常奇異的感想。我在和柯那提·休米特論爭文的當中，曾把剛纔所引用的卡克理論，作爲反對康德的根據而提出來了，但是那時候，我的友人——康德派，曾把眞實的侮辱態度給我看過，我現在這裏，還記得起這件事來。不過眞理，總是不會消滅的，現在如文德爾般所謂病入膏肓的康德主義者仍然墨守發展理論的人們，却也不得不已的要把可否承認時間的"現象性"("die Phaenomenalitat der zeit.")，當做問題了。（參看論文集 "Zu Kerlin" 1904, SS.17—18 中文德爾般的論文 "Nach hundert Jahren"）。

　　文德爾般以爲科學這東西，是在這時候的康德主義之前，提出的來一個"難問題"。然而這時候的"問題"，却不是"難"倒是完全的不能解決。

　　發展，是在時間上進行的。然據康德說來，時間，却只是直觀的主觀形式。當我說出在我以前便存在着，卽在沒有我時，沒有我的直觀形式之空間和時間時便存着的時候，如果我是墨守着康德的哲學，那末，我怕會自己陷於矛盾罷。可是康德的後門徒們，却想拿出下面的論調，來擺脫這個困難。他們說：在康德的意思，是以全人類的直觀和思惟的諸形式為問題，而個人的直觀和思惟的諸形式，沒有看做問題。但是這種論調，却不能有一點兒補救，反而只是造出了新的困難。

最主要的我是必須於下列的兩種情形中，承認一種的。他人只是在我的表象中才存在着，而在我的生前，或在我的死後，都怕沒有他人存在，這是第一種情形，他人是在我之外，離開我的意識而獨立的存在着，而在我的生或在我的死後，都有他人存在，這是第二種情形路線。但是在那個康德哲學，便有新的難以克服的困難發生出來。在說前，人類是存在於我之外的時候，這個"我之外"的東西，明明是因我的頭腦構造之關係，而形成為空間，來對我表觀着的。因而空間，也就不只是直觀的主觀形式，而是適合於"自體"（ansich）的某種客觀的東西了。如果又說人類在我的生前或在我的死後都是生活着時，這個"我的生前"和"我的死後"，也明明是適合於某種"自體"——離開我的意識而獨立，只是在時間的形式上反映於我的意識中的某種"自體"——的東西。因此，時間，也成為不只是主觀的了。還有一層，在人類存在於我之外的時候，這個人類，是屬於物自體之一夥，我們唯物論者，來和康德派論爭的根據，就是關於這個物

機械論的唯物論批判

自體之認識的可能性一點。更有一層,在這個人類的行為,能夠以某種方法限制我的行動,我的行動,能夠影響於他們的行為的時候,那因果性之範疇,能夠適用於實際上存在的外界即理體的世界——物自體,也是很明瞭的。總而言之,或者是徹底的把我們引到唯我論(即承認他人只在我的表象中而存在的學說)方面而成為主觀的觀念論,或者是否認康德所說的種種前提,除這兩者之外,再是沒有逃路的。可是如我前面所述的和柯那提・休米特論爭的時候一樣,要把這個否認為論理上的完成,那便不得不轉移到唯物論的見地上去。

再追溯到地面上僅有人類極遠的祖先存在着的時候,例如中生代(爬出時期)去看看。在這裏,便有疑問生出來了,即:那個時候,空間,時間,因果性,究竟是什麼東西呢?這些東西,當時是屬於誰的主觀形式呢?是屬於魚龍的主觀形式嗎?又當時是誰的悟性,來把自己的諸法則,對自然指令了的呢?是始祖鳥的悟性指令了的嗎?康德哲學,對於這些問題,是不能夠解答出來的,康德哲學,是和現代科學完全相反而應當屏棄的東西。

觀念論者說:"無主觀,即無客觀"。然地球的歷史告訴我們,主觀出現的極遠以前,即在具有程度很高的意識之有機體出現的極遠以前,已有客觀的存在着。觀念論者又說"悟性，是把自己的諸法則，對自然而爲指令的東西"。 然有機界的歷史告訴我們，在進化階程達於高度階段時，才有了"悟性"的表現。 這個進化，只有依着自然法則，才能說明，所以反成爲是自然以自己的諸法則，預先指令悟性了。 發展的理論，便已把唯物論的眞理暴露出來。

人類的歷史，是一般進化的特殊情形。 所以拿上述的說明，也可答覆康德學說能否和歷史唯物論的理論聯合爲一的這個問題。自然，折衷主義者，是能夠把一切的理論，在自己的智性當中聯合起來的。 折衷主義的思惟之借助，不僅可以把馬克思和康德聯合，並且可以把馬克思和中世紀的"實有論者"聯合。 但是在思惟徹底人們看來，康德哲學和馬克思的野合，要看做是在言語的完全意義上之一種渺茫不可思議的東西。

康德在他所著的"實踐理性批判"當中說："哲學者的最大義務，就是徹底。 但是這件事，通常的却很稀有"。他的這種評論，正是我們想到康德本人身上，以及想到企圖把他和馬克思連合起來的哲學上之師徒們的身上時，自然會記憶起來的一種言語。

"馬克思批判家"——前述的可憐的柯那提（armer Konrad），也算在內)——嘲噪起來了。他們說："恩格斯謂

機械論的唯物論批判

外界不可知說,已為最有力的實驗和產業所顛覆,這種說法,是露出他對於康德之完全的沒有理解"。然而在實際上,恩格斯的說話,却已成為無條件地正確。人類的一切實驗和生產行為,是對於外界採取積極的態度的,是把一定的現象為有意識的喚起的。現象,為物自體對於我的作用(康德謂物自體對於我的觸發)之成果,所以我便從蓄積的實驗當中,或從事於某項生產物的生產當中,使物自體依我豫先所決定了的一定方法來"觸發"我的"我"。因而我便至少也會知道物自體的若干屬性,換句話說,我便會知道那個使物自體發生作用時的媒介之種種屬性。還不止此,我在使物自體依一定的方法,對於發生作用的時候,我是對於這個物立在因果關係之下的。康德說:"原因的範疇,對於物自體,沒有一點什麼關係"。於是在康德說到原因的範疇,只是和現象(不是物自體)有關,同時又主張物自體對於我們的"我"發生作用,卽成為諸現象的原因的時候,他便是否認了自己本身。而且在這時候,實驗更加把他的學說顛覆了。因為這樣,便再歸結到下面的一點。卽:在康德說"我們的思惟諸形式"(範疇或"悟性的根本諸概念",例如因果性,交互作用,現存,必然性),只是"先天的諸形式"時,卽是說物自體,不依從於因果關係,交互作用等等時,他便是陷於非常地錯誤了。在現實

290

上,我們的思惟之根本的諸形式,不僅是和存在於物自體間的諸關係完全相適合,並且是不能不和牠相適合的。因為不如此,則我們的一般生存,以及我們的"思惟諸形式"之現存,也就成為不可能了。不錯,在我們探求思惟之根本的諸法則時,本是很容易陷於錯誤的,我們或許把完全不是範疇的東西作為範疇,也不可知。但是這件事,在這裏沒有直接的關係,全是另外的一個問題,所以我們關於這個問題,僅略述下列一點為止。即:我們說到外界的可知性時,我們決不想因此,來說一切哲學者,都對於外界具有正確的概念,

在這裏,讀者怕要這樣說罷:對於康德,當然要看做是不妥當的,他的二元論,當然要看做是不堪批判的。雖然這樣,然而各種外部對象的存在 東西,不是依然沒有證明嗎? 休謨是不妥當的事,以及象具有足下在這一評註之初所說那樣見解一樣的——即像具有足下所說那樣見解的賓克列一樣的——主觀的觀念論者是不妥當的事,足下究竟是怎樣地把牠證明出來呢?

我以為對於主觀的觀念論 問題,沒有答辯的必要。前面說過,與充滿了主觀的觀念論——即把羅理的人引到唯我論中的這樣的主觀的觀念論——哲學的那樣頭腦的人們來論爭,只是徒勞無益的事。但是我們對于這樣的人們,却能夠求

機械論的唯物論批判

得其徹底性，而且還是必須要求得的。這樣人們的徹底性，就是連自己本身的誕生作用，也會加以否認。在除了自己的"我"以外什麼都不承認的唯我論者，認定自己的母親，僅在自己的表象中存在着，或是從前曾經存在過的時候，不消說，他便會弄出很大的論理的謬誤——真正的智的死的飛躍（salto mort)——來。並且，無論何人，旣是都沒有在自己出生的過程中，"感覺"着自己，因之唯我論者，便沒有什麼根據來說自己是"從女人生出來"的人類了。但是充滿了這樣觀念論的，只是知不幸的婆布里西金之頭腦。這樣的觀念論除了那裏疑外界可性的批判主義之愚蠢以外，便是一點什麼供獻都沒有。休謨說過："人類是不得不行動，不得不推理，並且是不得不信仰外界存在的"。我們唯物論者，只再加上這樣一句就可以了。卽：這樣的信仰，是在好的意義上之批判的思惟所應具有的一個必然的豫備條件，是哲學之不可逃避的生的飛躍（salto uitale)。哲學上的根本問題，不是靠着把"我"和"非我"卽和外界對立起來所能解決的。這個對立，不過只有帶着人類進到背理的一條黑暗的死巷子裏去的力量。爲要解決哲學上的根本問題起見，便不得不走出"我"的界限以外，來觀察"他"（具有意識的有機體）對於圍繞他自身的外界，是怎樣地關係。這個問題，一旦帶着了這樣唯一的合理的姿式，不僅是馬上明瞭了一般"

主觀"——即我的"我"沒有用自己的諸法則來指令客觀界的事情，並且還馬上明瞭了只是這個客觀的構成部分——只是非從延長方面來觀察而是從別的方面即思惟的方法來觀察的（雖由哲學史家否認為唯物論者，然總不失為很顯然的唯物論者的斯賓諾莎，是像這樣說的）這個客觀的構成部分。（原註一）

由於這樣決定的思想之進步，那休謨懷疑論的一切柯爾丟斯之繩（譯註一），都被解開了。在我懷疑各種外部對象的存在之時，這些對象之間的因果關係的問題，也必然地要和休謨時候的姿勢一樣，都來呈現在我的眼前，那是自明之理。就是說，我那時候，不過只有把不知從何處而來的我自身的種種印象之繼起性說出來的那種權利而已。但是在我的思考的工作，使我確信了對於外界存在的疑惑，是誘導我的智性走到背理的方面時候，並且又在我老早不是"獨斷論的"而是"批判的"表明了不可懷疑外界的存在時候，我已依據這種表明，承認了我的印象，為外部諸對象對於我的作用之結果。換句話說，就是我已把客觀的意義，歸屬於因果性的裏面了。

（原註一）參看費爾巴哈下面的說話："從我或從主觀的看來，是純精神的，非物質的，非感性的作用，從卽自的或客觀的看來，便是物質的，感性的作用"（著作集第二卷三五〇頁。

（譯註一）柯爾丟斯之繩，是指難問題而言。出自亞力山大王的事故中。

| 294 | 機械論的唯物論批判 |

自然，思惟着的人們，是具着特定的心性的，因之我所說的思惟之生的飛躍(salto vitale)，在他看來，或許認爲是不合法的，也未可知，並且怕他還要感想到休謨的復活能。但是休謨的見地，原把思考作爲是完全不動的東西，所以休謨本人，就是在起心思惟而開始"信仰"外界存在時，無論什麼時候，也是會放棄這個見解的。因此，休謨的復活，據恩格斯的正確評論看來，便是比之唯物論較爲退步。 現代，就中是經驗一元論者們，是顯示着這樣退步的，李耳把他們的哲學，名叫休謨哲學的再生，可說是完全的妥當。("Zur Einleitung in die Philo rophie der Gegenwart." Leipzig 1903, s. 101) 以下爲第一版的評註——譯補)例如下面的事情，我是知道的。據康德說來，物自體是從對於我們的作用當中，給與以質料的，但是這個質料，却由我們的意識而加工。 然勒寶維西很正當的評論着說 （他的著述"近代哲學史"的俄譯本二三三頁）："作用，是包括着時間性和因果性的。另一方面，對於成爲先驗形式的這些時間性和因果性，康德却不承認在現象界彼岸的意義，而只承認在這個現象界界限以內的意義"。我們本可在上述以外，還能舉出不少的這樣矛盾，但在這個短評當中，却難盡述。

現在，德國和俄國的許多"哲學者們"是常常發揮着"物自體"不可知性的中心問題的。他們以爲在這樣情形之下，好像已是把很稀世的深刻的眞理發表出來了，不知這便是大大的錯誤。黑智兒的評判，是完全正當的。他說："物自體，不外是一切限定的諸屬性之抽象，卽空虛的抽象。關於這個抽象，是什麼都不能知道的，因爲這個抽象，爲一切限定的抽象之故。人們說：我們不知道物自體是什麼東西………自然是不知道的呵！所謂"是什麼東西"這一問題，就是豫想着可以指示出來的物之特定的諸屬性。但是在我們一度抽象了物的一切屬性時，我們對於物是什麼的問題，自然就不能夠答辯了。因爲在這一問題當中，已經是包含着答辯的不可能性之故。先驗的觀念論，無論對於形式，或是對於內容，都是把物的一切屬性，"移入"於意識當中的。我見着樹葉不是黑色而是綠色，太陽不是四方形而是圓形，砂糖不覺得苦而覺得甜，又鐘打二下時，我不是同時的覺得發音二下而是繼起的覺得，並且我也沒有把初次的發音，看做是二次發音的原因，或者是結果——象這樣的一切事情，從先驗的觀念論見地去下觀察時，那很明顯地只是依存於我，卽只是依存於主觀"。

可是讀者怕要這樣的反對罷：色和音，不完全是主觀的東西嗎？色和音的感覺，是與引起這個感覺的運動一樣的嗎？完全不是這樣的。但是"關於我們所感知的音的一切振動或

機械論的唯物論批判

傳播,在其强度,高低,繼續性各點上,是適應於現實的音響運動之完全限定的變化的。成為感覺的音和光,本是人類之有機體的產物,但是我們眼中所見的形式及運動的根柢,與我們耳中所聽着的音的抑揚,都是一樣地在我們之外而現實地存在着"(見"羅士卡・威汜莫斯提"社所發行的論文集"餓者的救濟"中之"對象的思惟和現實"一八八頁)。從一般的看來,"不問離開我們的意識而獨立的外部對象本體,是什麼東西——不問我們從這些對象所受得的印象,僅僅只是假定的表徵——總之無論在怎樣時候,關於我們所感知的表徵之相似和差異,是適應於現實的相似和差異的。換句話說,在所感知的種種對象之中而被人類所發見的相似和差異,就是現實的相似和差異"(賽捷諾夫的前揭論文二〇七頁)。在黑智兒把這些假想的物之論理的起源證明了以後,無論何人來想就這個"物"加以論列,都不能顛覆賽捷諾夫以上的話語,因之也就不能夠說出物自體的不可知性的話來了。

我們的感覺,是把發生於現實中的東西,獻給於我們的知識之一種特殊的象形文字。象形文字,雖和由這個象形文字所傳達的事件不甚相似,但是象形文字,却能夠把事件這東西——並且這是很緊要的——能夠把存在於這些事件當間的關係,完全正確地傳達出來。恩格斯說,"康德的理論,已被實

附錄八 蒲列哈諾夫對費爾巴哈的序文和評註 297

產業很好的把牠顛覆了"。關於這一事情,究竟要怎樣地來理解牠?在前面所引用的寞提諾夫的話語當中。本已說明大概,但是這一事情,却是要費幾分詳細討論的問題。一切實驗和一切產業——人類必要的種種物品之生產,以及特定的諸現象之計畫的喚起,為人類對於自然之積極的態度。這個積極的態度,其投給在自然方面的,比之由印象之消極的攝取所給與的光彩,更有較明瞭的新的光彩。人類能夠因利用自己關於自然法則的知識,來建設電氣,鐵道;這就是表示人類本身,計畫的喚起特定的諸現象(本來的意義上所謂對於運動及其他東西之電氣的轉移)之意義。 然據康德哲學所表示,所謂現象,究竟是什麼呢?這便是下面的兩個力的合成力。(一)是我們的"我",(二)是物自體所給與於這個"我"的作用。 因之我便從喚起特定的現象當中,依我豫先所決定的一定方法,使物自體對於我的"我"發生作用,因之我便至少也會知道物的某種屬性,換句話說,我便會知道那個使物發生作用時的媒介之屬性。 還不止此,我在使這個物依一定的方法對我作用的時候,是對於物立在因果關係之下的。 然康德說:原因的範疇對於物自體,沒有一點什麼關係。於是康德說到原因的範疇,只是和現象(不是物自體)有關,同時又主張物自體對於我們的"我"發生作用,即成為諸現象的原因之一的時候,他便

機械論的唯物論批判

是把自己本身否認了。而且在這裏,實驗對於他的主張,更加把他本身否認了。因爲這樣,便生出來下面的結果。即:在康德說到"我們的思惟諸形式"(範疇或"悟性的根本諸概念",例如因果性,交互作用,現存,必然性),只是"天的諸形式"時,即是說物自體不依從於因果關係,交互作用等等時,他便是犯了非常地謬誤。在現實上,我們的思惟之根本的諸形式,不僅是和存在於物自體之間的諸關係完全相適合,並且是不能不和物相適合的。 因爲不如此,則我們的一般生存,以及我們的"思惟諸形式"之現存,也都成了不可能的緣故。 不錯,在我們探求思惟之根本的諸法則時,本是很容易陷於錯誤的,我們或許把完全不是範疇的東西作爲範疇,也不可知。但是這件事,是在這裏沒有直接關係的另外一個問題,我們關於這一問題,只想像這樣的略述一下。 即:說到存在和思惟的根本諸形式之同一性時,我們決不想說一切哲學者,對於這些的諸形式,都具有完全正確的概念。

(在這裏是讀者說——譯補)對於康德,是可以看做爲不當的,他的二元論,是可以看做爲不堪批判的。 雖然這樣,然而種種外部對象的存在這東西,不是依然沒有證明嗎?主觀的觀念論者爲不妥當的事,以及足下在這個評註之初所說明的如寶克列見解一樣的哲學者爲不妥當的事,足下究竟是怎樣

附錄八　蒲列哈諾夫對費爾巴哈的序文和評註　299

地把牠證明了呢？（蒲列哈諾夫說——譯補）這件事，都是能夠證明的，希望讀者看一看和這裏有關係的勘寶維西的著作。（四四頁）

（八）　關於這一點，我們可以像這樣的說：化學，生物學，結果，都是歸着於分子的力學。但是讀者都知道：恩格斯對於法國唯物論者們的這個分子的力學——法國唯物論者們和他們的先生笛卡兒一樣的未有在"動物是一架機械"的構成問題當中注意到的，並且是不能注意到的這個分子的力學——並未說及。然而笛卡兒為了說明動物的機構當中所有的諸現象，而說出來的力學的諸原因，究竟是什麽東西？這從他的著述"欲情論"（"Des Passions en général etc."）第一部裏面，也能夠看得出來。法國唯物論者之力學的世界觀，其與史的自然觀究竟是怎樣地少有結合一事，已由有名的著述"自然體系"（"Systeme de la Nature."），作了很好的證明。在本書弟一部第六章裏面，著者們所遇着的人類起源的問題，雖然他們對於人類是漸進的（動物學的）進化這個思想，不以為有什麽矛盾，但從種種地方看來，這個思想，在他們的眼中，很明顯的是映着很少或然性的一種"臆測"。如果有人對於這樣臆測發生異議，或者有人向着他們說："自然，是靠着不變的一般法則之一定總和的協助而作用的東西"，或者更加

300　機械論的唯物論批判

上一句說："人類，四足獸，魚類，昆蟲，植物等等，是存在於遠古，而永久如故不變的"，這些著者們，"好像也未曾反對過這些議論"。 換句話說，好像他們只是這樣表示過：這個見解，和我們所敍述的眞理（力學的唯物論），也沒有什麼矛盾。總之他們是靠着下列的那樣思想，來擺脫困難的。卽："人類，是不能容許知道一切的，人類，是不能容許知道自己之起源的，人類，是不能容許洞察物之本質，而得到第一原因的。但是人類，却能夠具有理性和美滿的意圖，人類，却能夠誠實地承認不知爲不知的這一件事，並且他還在不以難解的話語和荒唐無稽的推測以代替自己之無智的當中來完成"（"自然體系"一七八一年倫敦版第　部七五頁）。 這一段話，就是對於喜歡就"自然的認識之界限"而爲哲學的研究的人們之一個警戒。

"自然體系"的著者，基於"理性"的缺陷，來說明人類之一切歷史的不幸。他說："人民不知道權力之眞正的根據，人民不知道從有給與他們以幸福的義務之統治者要求這個幸福………這樣見識之不可避免的結果，便是政治退化爲以多數人之幸福，而供一個或數個特權者任意的犧牲之宿命的技術"、（前載"自然體系"二九一頁）。在這樣見解下面，固然是對於現存的"種種特權"有鬥爭成功的可能，但是要想科

附錄八　蒲列哈諾夫對費爾巴哈的序文和評註　　301

學的理解歷史，那就不可能了。為要更詳細地明瞭這一點，須參看俾利託夫所著的"論一元論的歷史觀之發展問題"和拙著"唯物論史"（"Beitrage zurGeschte des materialismus."）。（四八頁）

（九）　無上命令，是什麼呢？　何以恩格斯這樣輕視的來說這個無上命令呢？　這果真是因為無上命令，只是偷來談談的很高尚的理想嗎？　否，不是因為這樣。

理想究是什麼呢？　俗人們（卽本書五四頁所譯的斐利斯人）答道："理想，是一個目的，我們對於這一目的，雖當努力的保持着道德的義務，但是這却在很高的地方，決不是我們所能企及的"。因此，在俗人們方面，便可生出他們很合意的結論來。卽：伴着"理想的信仰"，同時對於這個理想，採取着一點都不相同的行動，也沒有妨碍。在一八七〇年代，俄國曾有過"理想的"憲兵士官，但他們當逮捕"虛無黨員"的時候，向着虛無黨員象這樣的說："社會主義，實在是很好的東西，考察起來，再沒有比社會主義還好的了。但是理想這東西，却又是難得達到的，生活在地上時，須要對於地上的事着想"、然而所謂"地上的事"，就是這個理想的憲兵士官，要把同樣理想的虛無黨員，"查明報告"。在這時候，這個理想的憲兵士官，是已"查明報告"了的，當憲兵說及對於"理想"的努力時,實在地說來,自然是他們吐的虛言了。再拿另外的一個例子來看: 俄國"合法的"民衆黨,是完全專心努力於自己之"理想"的。然而從他們對於理想之專心努力的態度當中,究竟產生出來了什麼? 須當考察一下。他們的社會的理想,是在不受政府及上級身分的人們之何種干涉,獨立地發展而爲自由的"人民"。在他們的理想當中,政府和上級身分兩種,縱然未能一時的完全廢棄,也要漸漸滌除淨盡的。 民衆黨爲了實現自己的理想起見,究竟做了些什麼? 有的時候,他們只是見着了"支柱"(這是指俄國的村落共同體而言民衆黨以維持村落共同體爲唯一主要的任務——譯補)的解體而發出悲歎來(據烏士柏斯基(譯註一),說他們是"見着數字而泣下")。有的時候,他們曾忠告於政府,要求增加農民分有地和減輕苛稅。 有的時候,他們是"枯坐悶想"。 這時候的他們,已是最徹底最不妥協的人類。可是這樣的一切事情,在民衆黨的理想上,却和俄國的現實,完全不相接近,因之民衆黨,不僅是見着數字而潸然泣下,並是還要歎息自己本身的理想之不幸。 他們既已意識着了自己的理想之完全的無力,究竟這個無力,是從什麼地方生出來的呢? 那是很明白的,就是他們在理想和現實之間,一點什麼有機的關聯都沒有。 現實走到某一個方面,理想則走到別一個方面,再好些說,理想

附錄八　蒲列哈諾夫對費爾巴哈的序文和評註　303

停止着在同一的地方，接着合法的民衆黨諸人，又是共同的"枯坐悶想"起來。因此，理想和現實之間，便日益大大的分開，其結果，理想日益成爲無力的東西了。自然，恩格斯也是要和黑智兒嘲笑這樣理想一樣，來嘲笑這樣理想的。可是恩格斯，並不是因爲這個理想高尙之故來嘲笑牠，而是嘲笑這個理想之無力，嘲笑俄國運動的一般行程中之理想的乘離。恩格斯，是把他的全部生活，供獻於無產階級解放的這樣極高尙的理想當中的，他雖然也有"理想"，但是他的理想，却不曾和現實永遠地隔開，他的理想，同樣的就是現實，不過這個現實，是明日的現實罷了。這個明日的現實，並不是因恩格斯爲理想家，而想象出來的將來存在着的現實，乃是從今日的現實狀態中，而推定出來的將來應當存在的現實。從這個今日的現實當中，能夠稱爲恩格斯理想之明日的現實，是由本身的內在諸法則發展而來的。未有進步的人們，或許對於我要這樣質問罷：如果一切問題，都在現實的狀態之中，那末，恩格斯拿自己的理想，來干涉宿命的歷史過程，究竟是爲什麼事呢？如果沒有恩格斯的存在，那便不能夠成功嗎？這是要從兩方面看來的。從客觀的方面看來，恩格斯的立場，可以說是在由一個形態推移到另一形態的當中，現實已成爲將來變革的一個必要的武器被恩格斯捉住了。再從

機械論的唯物論批唯

主觀的方面看來，可以說恩格斯是進而參加歷史的運動，已把這個參加，看做是自己生涯中的最主要的一個大任務了。社會的發展諸法則，沒有人類的媒介，是很不容易實現的，這正和自然法則，沒有物質的媒介卽不能實現一樣。由這樣說來，"個人"是決不可以忽視社會的發展諸法則的。在個人忽視這個諸法則的時候，所受譴責，至少怕要陷於滑稽的佟奇和特（諷刺說小中的人——譯補）的立場罷。

修塔姆拉在他的有名著作"經濟與法律"（wirtschaft und Recht."）當中，曾表示着很大的疑惑。他的這種疑惑，就是由於社會民主主義者一方面把無產階級革命，看做為不可避免的事情，另一方面，却又認為有幫助這個革命的到來之必要的這一點而來。據他的意見，這一點，好像是和為要幫助天文學上不可避免的月蝕而造出黨來的事一樣的奇怪。但是他的這樣評論，和他的一切旁的著作一樣，都是表明他對於現代社會主義基礎的唯物論哲學，沒有完全地理解。前面舉過的布里士多湼，說的是完全妥當的，他說："各種事件的連鎖，是必要的，然而我們自身的各種決定和行動，却是這個連鎖之必然的一環"（"Though the chain of events is necessary, our own determinations ant actions are necessary links of that chain" Disquisitions, vol, I, p. 110）。康德是把布里士多湼看做為

附錄八 蒲列哈諾夫對費爾巴哈的序文和評註 305

命論者的，但是在這個說法當中，究竟何處有一句定命論呢？完全不是這樣的，並且如布里士多涅本人，在和普萊斯論爭時所表現出來的，確實沒有這樣的痕跡。

現在就無上命令來說一說罷。無上命令究竟是什麼呢？康德是把具有"當為的表徵"之規則名叫命令的。命令可為假定的或者無上的。假定命令，只是規定關於特定的希望行為之意志。無上命令，則規定與什麼追求目的都無關係之意志，規定"還在以自己有不有為那個行為的力量，或者以自己有不有為那個行為的必要，來問自己之前"的這個事情之意志。所以無上命令，在當為的表徵以外，還具有絕對的必然性之表徵。如果對於某人說：足下要為防備後來的不幸時候而勤勞，來貯蓄一點金錢，這是假定的命令。即是他之應當貯蓄金錢，專在不願年老時的貧乏，而且再也沒有他法能夠保證自己貧乏的情形之下。但是不為虛偽之約束的這樣規則，只是關係於上面自己向自己以前的這個事情之人類的意志，而絲毫的不依存於人類所追求的目的。基於這個規則的人類之願望，為先天的所規定，這個規則，就是無上命令。康德說："所以實踐的法則，與由意志的因果性來達到什麼目的毫無關係，只是與意志才有關係。我們為要把實踐的法則看作是純粹的東西，可以把後者（因果性——譯補）………忽視過去"(索柯諾夫譯的"實踐理性批判",聖彼得堡一八九七年刊二一頁)。

從本來的方面說,原只有下列的唯一的無上命令。即:汝只有準據可望抬高到一般法則的那樣規則,汝才能行動"("道德的形而上學之基礎" "Grundlegung zur Net apk-ysk der Sitten" Leipzig 1897, S. 44)。

康德為了說明自己的思想,曾引出了若干例子。第一個例子,是某人不幸遇着了擺脫不去的重要責任之困難境況,這時候,試問他要想自殺,可不可以?對於這一問題的解答,究應求之於何處呢?那便應求之於無上命令之中。因為自殺成了一般法則的時候,其情形怎樣?怕就是全人類的生命要完全斷絕罷。所以這個自殺,是與道德不相符合的。第二個例子,是某人委托他人保管財產,這時候,試問保管財產的人,可不可以隱匿其財產?對於這一問題,也以為很可基於無上命令來解決。因為一切人類,如果都隱匿受托保管的財產,怕誰也不肯委托財產於他人了。第三個例子,是有錢的人,雖能有力量救濟貧人;但他總是不肯救濟,這件事,不是與道德的義務相矛盾嗎?這是矛盾的,無論何人,都不能指望這樣行為,成為一般的法則。何以?因為各人,或許都立於困難地位的緣故。

附錄八　蒲列哈諾夫對費爾巴哈的序文和評註

這些例子,固然是可以闡明康德的思想,但同時也就暴露了他的思想之破產。黑智兒曾很正當指地摘過:委托財產的例子,是不可解的例子,何以?因爲能夠像這樣的自問: 在爲了保管財物而不交還時, 究竟怎樣? 在這時候,如果有人答覆道:財產的貯蓄,更加到了困難,所有這東西,結果成了不可能,那末,對於這個答覆的人,還可像這樣的反問:所有這東西,爲什麼有必要呢?據黑智兒所說,在康德學說當中,未曾把那無環繞最高判斷必要的,無矛盾衝突的,而在牠本身上,很明顯的並且離開其他諸規定而獨立了的道德的法則,當做爲一個東西。這是很得當的,如果看一看自殺的例子,更是格外的顯然。 在這個例子之中,事實上成爲問題的,並不是一般人類全體都自殺, 只是爲生活極端痛苦所折磨了的人類之一部分的自殺。這樣人類的自殺,尚不能使全人類的生命,完全斷絕。

　　黑智兒又說: 在康德所謂各個特定的道德的法則,原是空虛的斷定,原是合於 A══A 的公式之無意味的同義語的反覆──委託財產,就是委託財產,所有,就是所有──。這也是得當的,並是很明顯的。黑智兒與"康德空虛的斷定"對立起來的問題,卽是爲了保管財物而不還付時究竟怎樣?所有爲什麼有必要呢? 這些等等的問題,在康德看來,都不能單純

械機論的唯物論批判

的存在。 康德的理想——他的"目的中的王國"(,,Reich der Zwecke." "Grudndlegung………" S.58),是資產階級社會之抽象的理想,而這個資產階級社會的規範,康德便當做是"實踐理性"的無上命令而表現出來了。 康德的道德,是資產階級的道德——被翻譯在他的哲學言語中了的資產階級的道德。 他的哲學的主要缺點,就是對於前面所說的發展諸問題,不能有完全的解決。 爲要確證這件事起見,只消在我從康德所借用的前揭第三個例子看看就夠了。但是我雖要請讀者注意我的前面,然而康德却是功利的道德之決定的反對者。據他的意見,幸福的原理,其所以成爲規定意志之基礎的,除了具着欲求能力以外,什麼東西都不包含在自己的裏面。但是規定意志的理性,却不能夠顧慮到這個低級的欲求能力。理性和欲求能力,是彼此大異其趣的,所以雖很少的混入了由欲求能力中所派生出來的衝動,也要使"理性的力量和優越,歸於喪失,這恰恰和數學證明的限制,混入了最少的經驗,便把那個證明的一切効果,低減,消滅一樣"("實踐理性批判"俄譯本二七頁)。道德的原理,是對於欲求對象具有獨立性的。

對於欲求對象的這個獨立性,在古來曾造成了洒脫和賦詩的機緣(參看席勒和歌德的"庫塞里亞"三八八——三八九頁)。我在這裏不能夠把牠翻譯出來(原註一),僅想就下面的

附錄八　蒲列哈諾夫對費爾巴哈的序文和評註

一點說一下。即：前揭康德的第三個例子，只有在我們立於功利的道德之見地，使自己"實踐理性"，顧慮到我們的"欲求能力"時，始能承認為有道理的事情"。因為據康德所說，我之所以要救濟別人的，就是我本已，有需別人救濟的緣故。然則這個究竟是怎樣的功利呢？還想請讀者諸君再注意下面的事情。康德當反對功利主義者的時候，他當然是把叫做自愛之原理的那種"個人的幸福"之原理，常常地放在心中的，因此他就不明瞭解決倫理的根本問題之道。事實上，在道德的基礎上，那個人的幸福之衝動並不存在，只是存在着全體者，卽種族，人民，階級，人類的衝動。這個全體者的衝動，與利己主義毫無何種共通之點，反而是每每打算為多少限度的自己的犧牲。社會的感情，因為一代承繼一代，能夠被自然淘汰所強化（達爾文對於此點很適切的評言，可參看他人的類之起源著述），所以自己犧牲，便採取着好像沒有混入一點"欲求能力"之"自主的意志"的事情一樣的姿態，這是往往有之的事。但是這個沒有論爭之餘地的事情，一點也不會排除這個高秘能力（指自己犧牲而言——譯補）之功利的基礎。如果自己犧牲，在生存競爭中，對於特定的社會，階級，或最後的特定動物種類而為不利之事（須想到社會的感情，不專是人類固有的東西），那末，則這個自己犧牲，怕在屬於這個社會，階級，或種類的個體當中,便找不着了。 這是一般的事: 特定的個體,一經出生下來,卽具有先天的"自己犧牲能力"。 這個能力,就和這個個體——據前揭(評註六)朗格所評論——所具有的與生俱來之"呼吸及消化的先天的能力"一樣。並且這個"先天性"當中,也不是有什麼奧祕的事情,這是在長久的進化過程上,徐徐地成立起來的。

(原註一) "庫塞里亞"中還有一段如下。

Gewissenskrupel

Gerne dienih der Freunden, doch thuich es leider mit Neigung

Und so wurmt es mir oft, dass ich nicht tugondhaft tbin

Decisum

Da ist kein an`er Rat, du mussisuchen sie zu verachten

Und mit Abscheu als lann thnn, wie dio Pflich dir gebietet.

良心的疑惑

我願意替友人盡力。但是有點遺憾,却是我自己喜歡這樣做。我担心着,這種事或許不是不道德罷?

決定

此外沒有方法。 只管嫌惡那些友人罷,並且對於義務所命於汝的事情,只管用嫌惡的感情去做罷。

黑智兒雖拿為什麼有財產保管的必要? 為什麼有所有的必要?這些等等的問題,來顚覆了康德的道德的法則,然而這個問題,却從發展及社會的利益見地,很可容易解決的。反覆的再說一句，不能立於發展見地的康德及他的黨徒之無能，在道德說當中，比之在認識論中，更加明顯的曝露出來。在這裏，也和對於康德認識論的時候一樣，常常想起康德本人的話來，卽："徹底這件事，是哲學者最大的義務，但是這件事，通常的却很稀有"，

與康德同時代的亞哥比，是反對康德的道德說的，他在致斐希特的信中這樣說："是這樣的我是無神論者，是無信心者。我是想速反意志所思想的無神論者，這正和一面到了死期一面還吐虛言的德士德謨拉一樣。我是想和詐稱是奧列士德（譯註二）的比拉德士（譯註三）一樣來吐虛言欺瞞自己的。我是想和提護列（譯註四）一樣來殺人的。我是想和巴米倫達士（譯註五）與約翰·德·威特一樣來破棄法律與誓言的。我是想和阿托（譯註六）一樣來自殺的。我是想和大彼得（譯註七）一樣來掠奪神殿的。並且我還想在安息日刈取禾穗，何以？因爲我已饑餓的緣故，又因爲法律是因人類而生出來，不是人類因法律而生出來的緣故"。這種說法，完全是這樣的。黑智兒說："我以爲亞哥比這個思想，實是很單純的。何以？因爲在我的方面之"我是什麽""我想什麽"這樣的話話，不能妨害這個思想的客觀性之故"這一段話，完全是正當的。法律是因人類而生出來的，不是人類因法律而生

312　機械論的唯物論判批

出來的。這樣完全正當的思想，在其實在的意義上，換句話說，在客觀的意義上，對於所能理解的功利的道德，已給與了以很鞏固的基礎。

（譯註一）　烏士拍斯基（一八四〇――一九〇二），是民衆派的著述家。描寫農奴解放後的俄國生活狀態，曾將農村共同體的解體和資本主義的勃興，對照的記述過。

（譯註二）　奧列士德爲阿加米姆倫王之子，因犯了母之罪，爲耶普米里智所追害。他因避免追害，遂偕伏他的至友比拉德士逃到塔里拷去了。因此他們兩人的姓名，便成了友愛的總稱。

（譯註三）　比拉德士，爲古代脫雷戰爭時代的阿加米姆倫之甥，又爲奧列士德士之至友。

（譯註四）　提謨列溫，爲古代柯林得之大將　紀元前四――三二七）。曾殺害其兄弟，而掌握了柯林得的至上權，解放了西拉庫莎在西里諸都市把共和國復興起來。

（譯註五）　耶巴米倫達士　紀元前四一八――三六二，爲古代迭伯的名將。曾因迭伯的獨立而與斯巴達人戰，常常獲着勝利。他除具有武將的才能以外還有雄辨，品性高尙，獻身愛護祖國的幾種優點。

（譯註六）　阿托（紀元前　二二――六七），皇帝勒羅的信任者。

（譯註七）　大彼得，伊士萊耶大帝國的建設者。

（以下是第一版的評註――譯補）試就康德的無上命分來說一說………但是果眞有就這個來說明的必要嗎？隨便一種哲學使，對於這一件事，都比我們在這幾行評註中所叙述，的

附錄八 蒲列哈諾夫對費爾巴哈的序文和評註 313

有較好的闡明。讀者諸君，還可讀一讀勳寶維西·海因佐的"近代哲學史"俄譯本二四五——二五六頁罷。並且我們對於要想知道黑智兒怎樣嘲笑無上命令的人們，還要特別地推薦黑智兒的"精神的現象學"（德文原本第一版）五六〇——五八一頁。 我們在這裏，只想說及下面一點為止。即：恩格斯對於"實現不可能的理想"，其所以採取侮辱的態度的，他不是因為具着了和一切特定的社會秩序妥協起來的哲學傾向，他只是侮辱過其中在康德也看不起的馬尼諾夫主義（譯註一）。我們以為說及這樣一點，便已完成了我們目的。（五四頁）

（譯註一） 馬尼諾夫主義，是從戈可里書中一個名叫馬尼諾夫者而來的名詞。馬尼諾夫，是一個好人，他專從事於很愚蠢的偽惑的空想，而缺少意志和決斷力。

（十）黑智兒早已說明過從道德的見地來觀察歷史的事件之不合理（參看黑智兒全集第一版第九卷"歷史哲學講義"六七頁）。 但是俄國的"進步思想家們"，直至今日，還沒有明瞭這個說明的妥當之點（但是他們或許沒有聽到這個說明，也不可知。）他們對於風俗頹廢，而國民生活之舊的"支柱"——在這個支柱上面，農民曾受了極酷的無情的壓迫摧殘——伴着解體的事，發出了很真誠的悲歎。

他們的眼中所映着的，是把工場無產階級，看做為一切惡德的張本。在科學的社會主義人們的見解，却和他們大不相同。資本主義的生產之發展，不可避免的是借來勞動者的墮落，卽是首先借來永古的旣成道德絕緣，這件事，已從俄國"進步的"著述家論列時的好久以前，爲科學的社會主義代表們所了解了（這種的事例，可參看恩格斯所著"英國的勞動階級之狀態",,Die Lage der arbeitendne Klasse in England." Leipzig 1845, 一二〇頁以下）。可是恩格斯，並不是夢想着家長制的諸關係之復活的。新的道德，卽與現存秩序爲革命鬥爭的道德，爲了消滅勞動者"墮落化"之根源起見，固然早已在那裏製造着不會引起墮落的那樣新社會組織於其結果之中，然而恩格斯却已把這個新道德如何從工場無產階級的"無道德"中產生出來的事，理解清楚了，這是很緊要的一點（參看恩格斯前揭著述二五六頁以下）。我們對於俄國"進步的"思想之現狀，可以像下面那樣的表示出來。卽：在俄國，就是關於，半世紀以前的西歐眞正進步的思想究竟了解了什麼?'這件事的觀念。也不存在，因此，其所以陷於絕望狀態的，實在是應該如此呵！

以上的幾行文字，本是在一八九二年寫出來,的但那時候，我們對於非合法的民衆主義（這是當作"民意主義"的殘餘物保被存着（之論爭,尙在繼續進行,而對於合法的民意派，剛

附錄八 蒲列哈諾夫對費爾巴哈的序文和評註 315

總漸漸地開始論戰，這個論戰，到了一八九五年以後，便已特別地'尖銳化了。現在俄國"進步的"著述家們，對於"舊的支柱懷"之解體已無暇來悲歎了，對於俄國的無產階級之發生，已不懷着遺憾了。換句話說,就是生活這東西，現在已向他們證明了這一階級的革命意義之如何的偉大，而"進步的"出版物，現在對於這一階級已是毫無吝惜的頌禱起來了。諺語說得有，事有遲爲而亦勝於不爲者，但我以爲與其遲爲，還是不如早爲爲好。如果俄國"進步的"人士們，早些排除那單純的把無產階級當做"傳染病"看的一種不合理的見解，並在排除這個見解以後，盡其全力來幫助這一階級的自己意識之發展，那末，那個有名的"黑百人組"（譯註一），恐怕不會演着目下所演的這樣危險的政治上的任務罷。"進步的"英德里格卡,依然繼續的固執着民意派的偏見，的確是他們的政治上的罪過。對於這一罪過，峻嚴的歷史，現在是毫不寬恕的要來懲罰他們的。（六五頁）

（譯註一）黑百人組，是以反革命爲目的，由俄國政府於一九〇五年所組織的反動團體"俄國國民同盟"。

（十一）就原始社會看，馬克思的歷史的見解，已由莫爾甘的各種研究而圓滿的證明了（可看莫爾甘所著"古代社會"，書本係以英文刊行，現在德俄均有譯本，最近中國亦有中文譯本刊行——譯附）。 許多不誠實的批判家，都以為莫爾甘關於血族的生活狀態的結論，只是基於北美赤色人種的社會生活之研究而來。要想知道這種"批判的"評斷之毫不足取，如果讀完了莫爾甘的著述，便已十分瞭然。同時，要想知道莫爾甘和恩格斯所說的古代世界史的一切，究竟是到了怎樣程度的真實，如果詳細的領會着——即由第一等的資料來領會着——這個古代世界史的知識，也便夠了（參看恩格斯所著"家族・私有財產及國家的起源""Der Ursprung der Familie, des Prviateigenthums uud des Staats."）。莫爾甘這種偉大的著作，雖然許多學者拿冷靜的態度來看待，但是他的天才的思想，從現代的人種學看來，却沒有消沉下去。 在北美洲，則受着他的影響而發生了人種學一派，這一學派的著作的刊行，已成為斯密森研究所的極貴重的年"報"（reports 替原始社會史的唯物論基礎， 提供了許多貴重的資料。在歐洲，其基於莫爾甘的各種研究而從事於著述的，第一要算德國同志格・庫諾一些有價值的偉大著作，如他所著的澳洲黑人的血族關係制度，墨西哥及印加國家的社會組織，以及與野蠻種族生產力相關聯的母系等等都是的。並且專就歐洲說來，雖然不得不承認莫爾甘思想的影響，現在還是較為微弱，但是毫無疑義的，就是在歐洲的"人種學"， 也是對於社會

附錄八　蒲列哈諾夫對費爾巴哈的序文和評註

諸現象，日益加多了純唯物論的說明。我本不以爲像加爾·芬＝典＝休瑭連那樣的研究家，是對於史的唯物論具有興味的，我在他的各種著述當中，一點也看不出來他對於史的唯物論的理論，有幾分很少的了解。但是所受莫爾甘思想的啓發，却已不少，在他所著的"在中央伯剌西的自然民族之下"（"unter den Naturvolkern Zentral-Brariliens." Berlin 1894.）當中，"經濟的'，那唯物論者所推許的方法，已始終不易的（並且許多地方是成功的）都被採用着。就是對於唯物論的非難認爲是當然的拉智耶爾（參看他所著的"人種學" Volkerkunde.,, II, S. 631），也還要使精神文化，因果的依存於物質文化。他說："在各個發展階段上的各種民族之文化收穫的總和，是由物質的收穫和精神的收穫造成出來的。這些的收穫，則各有時代不同，各有難易不同，並且所施行的手段也是各不一樣………物質文化的收穫，爲精神文化的收穫,之基礎"（前揭書第一卷一七頁）。這種說法，已經是史的唯物論了，只是思想不徹底而已，所以在幾分不徹底的下面，便有幾分的幼稚。我們就原始"文化"的某種特殊領域或拿馬克思的話語說來，是在供獻於某種"意特沃羅基"發展史的問題之許多著述當中，碰着了像上面所說一樣之自然生長的因而是幼稚的幾分不徹底的唯物論的。例如在這些著

唯物論批評

述當中，那原始的藝術之研究，便是確立在唯物論的地盤之上。　要想把這件事實證明白，本可列舉在歐美的許多著述來。　但我在這裏，只消把譯成俄文了的庫羅塞所著的"藝術之起源"("Die Aurange derKunst.")　和倍西亞所著的"勞動和韻律"("Arbeitu. Rhythmus.")兩種舉出來就夠了。倍西亞的著作，竟成爲對於經濟的發展原因而採取着與唯物論的見解正相反對，的見解者之文筆，那本是很有趣的（倍西亞所採取的這樣見解，從他所說的遊戲和勞動的交互關係裏面，就可明顯與的看出來）。　但是今日的資產階級學者——具着種種偏見而不肯承認眞理的資產階級學者，也萬難逃出眞理的影響，却已顯然無疑了。現値一面要窺探自然科學，同時又要往覆於社會科學的時代，我們是急速地與這個時代相接近，已從種種地方可以推測出來。　在這個時代，雖然一方是以唯物論來說明一切現象但一方却拋棄唯物論的根本思想，而認爲是不中用的東西。　然則關於唯物論的這樣二重關係，究竟可由什麼來說明？　那是很容易知道的。最徹底的唯物論的世界觀，　就是最革命的世界觀，　但是西歐的"有敎養階級"，却沒有具着一點兒革命的傾向。　我的這樣說法，並不是有意誹謗那些"有敎養階級"，這只就美洲人耶特溫 .B. A. 瑟利庫曼的得意著作"歷史之經濟的說明"

附錄八 蒲列哈諾夫對費爾巴哈的序文和註評

("The economic enter-pretation of History." New York. 1902.)看來，便已明白。瑟利庫曼敎授很莊重地說：從學者的眼中看來，史的唯物論，與社會主義爲緊密地結合（參看他的著作九〇頁），因爲不合理的誇張（absurd exaggerations.）之故，一見就知道大大地害了自己本身的。對於一般宗敎，特別是基督敎之否定的態度，就是這個不合理的誇張之一（參看前揭著作第四章全體）。瑟利庫曼承認歷史之唯物的說明，是屬於正當的，並且在希望他人也承認這個的正當之中，還能夠對於歷史之唯物的說明加以擁護。但是另一方面，却努力的證明他沒有左袒許多唯物史觀的朋友們，在過去所達到的無神論的社會主義的結論。我們是要承認瑟利庫曼，爲相當的正確的，卽是說，關於他所提出的論理的推理，在特定的不徹底性之下，確有顯然的可能性。如果資產階級學者們，能夠聽着瑟利庫曼的忠告，對於社會科學，不能說沒有益處。因爲資產階級學者，在否認現代馬克思主義的"誇張"時，固然是不免陷於重大的謬誤，但在完全抛棄史的唯物論時，他們却已經不是陷於一個謬誤，而是陷於許多的謬誤了。所以在這兩個壞處之中，第一個壞處，還是較小一點⋯⋯

所以彥•米海諾夫斯基，在和"俄國的馬克思門徒"論爭時，斷定史的唯物論內容薄弱，不能夠引起學界的注意，那是

機械論的唯物論批判

很錯誤的，現在的學界，確已很注意的從種種方面，牽扯到史的唯物論上面去了。雖然現在資產階級學者，在許多地方，還是基於前述的理由，很少的來承認史的唯物論之科學的價值，然而就是地理學的專門家，也常常在他的專門著作當中，提及到史的唯物論了。例如柏林地學協會的某會員，已經是和史的唯物論有過不少的激烈的論爭，這是具有時代之可賀的而且很重要的意義的。

（以下爲第一版的評註――譯補）關於古代東洋史之經濟上的必要和經濟諸關係的任務，在耶爾・伊・米提尼哥夫所著的"文明與歷史的大河川"（"La civilisation et les grands fleuves historipues."）當中，曾有很好的說明，不過現已物故的這個著者，却沒有直接地涉及這個目的。再涅羅爾曼在他的偉著"古代東洋史"（Histoire ancinne de lorient."）當中，那經濟上的必要和經濟諸關係的任務，也曾被他明白地窺探出來。又關於中世史和中世諸制度之起源而爲論述者，我們復可舉出奧寇斯迭・提爾・基佐，茅涅爾，以及爲部分的說明之佛斯達爾＝＝特＝＝庫蘭焦等等。最後，所有近代史上的經濟諸關係，以及由此派生出來的階級鬥爭之意義，在馬克思的最卓傑的著作"路易・波那帕爾脫的勃呂牟爾十八日"（"Der achtzehnte Brumaire des Louis Bnaparte."）當中，已用

附錄八 蒲列哈諾夫對費爾巴哈的序文和註評

積極的鮮明態度表現出來。至於最堪注目的歷史著作"資本論"，更早已不用我們來說了。一般歷史學的一切進步，都是提供出來了新的證據，來保證"經濟的唯物論"的。因爲這樣，所以多歷史家和著述家的態度，更是離開馬克思而獨立"（卽對於馬克思的理論，沒有一點兒觀念，把早已發見了的美洲這塊小地方，以爲只是現在纔發見出來。再正確的說句，卽他們的態度，以爲是從距離很遠的境域，纔找出這塊小一地方來但是這樣和現代最重要的歷史理論"獨立"時，必然是要受着攻擊的，這件事只消依着翻譯成了俄文的季諾，捷倫所著的家族史一書，也能證明出來。

馬克思的歷史理論，是可作爲後來的許多部分的歷史研究之基礎的。他的完備的歷史理論意義，就是今日的多馬克思主義者，也還沒有完全弄明白。可是像寶爾•巴路特那樣"哲學者（參看巴氏所著"黑智兒及黑智兒學派的歷史哲學〟 Geschichtsphilopie Hegels und der Hegelianer."）們•元來就是能瞠目驚視的這樣質問着：馬克思的理論之正當，究竟能在怎樣地著作之中證明出來呢？由於他們的這樣質問，反而是曝露了自己的無智及判斷力的缺乏——卽，德所認爲完全難以矯正的判斷力的缺乏——。